大夏书系 | 教师专业发展

教育挑战与超越

给教师的60个成长锦囊

王福强———著

华东师范大学出版社

·上海·

目 录

Contents

序言　时光的加冕：超越自己，就能改变教育　1

第一辑　专业成长中的挑战与超越

努力和勤奋并不是一个人职业成功的根本，倘若你拼命工作，但观念偏差，方向错误，极可能南辕北辙，其结果就是"兢兢业业""勤勤恳恳"地戕害孩子。

◇　1. 专业水准：赢得职业尊严的关键　3

◇　2. 培训学习：不做井底之蛙　8

◇　3. 与书为伍：教师专业生活的日常形态　13

◇　4. 教育写作：教师要敢于为自己"立言"　17

◇　5. 上公开课：不断淬火质变的必由之路　21

◇　6. 教学反思：专业成长更源于"个人奋斗"　26

◇　7. 职业取向：做"名师"，更要做"明师"　30

◇　8. 分享意识：要勇于展示自己的风采　35

◇　9. 职业规划：不做糊里糊涂混日子的人　39

◇　10. 成果提炼：让自己不断升华、质变　44

◇　11. 个性发展：让自己与众不同　49

◇　12. 坚持教研：成为研究型教师　54

◇　13. 合作共赢：不做单打独斗的"能人"　59

第二辑　课堂教学中的挑战与超越

　　课堂教学的伦理价值可以理解为学生的生命价值，当一个教师把全部精力关注于知识本身，却忽略了学生的情绪、情感、状态，究竟会给课堂营造什么样的生态呢？缺乏赞赏、缺乏包容、缺乏成功的体验，僵化的、单一的、缺乏灵动的教学过程无力提供生命灵动性生存的环境。

◇ 14. 快乐元素：让课堂成为兴趣之源　65

◇ 15. 目中有人：让学习真实发生　69

◇ 16. 用教材教：别做教科书的搬运工　74

◇ 17. 和而不同：远离"标准答案"的束缚　78

◇ 18. 了解学情：避免教学中的对牛弹琴　82

◇ 19. 建立规则：谨防课堂中的破窗效应　87

◇ 20. 培养习惯：课堂教学的"助推器"　91

◇ 21. 学会倾听：奠定教学效果的基石　96

◇ 22. 有效自学：唤醒学生的"内驱力"　101

◇ 23. 积极合作：激发团队合力　105

◇ 24. 成果展示：搭建学生表现的舞台　109

◇ 25. 打破权威：给学生怀疑的权利　114

◇ 26. 适度瘦身：别让你的课"密不透风"　118

◇ 27. 讲评试卷：摒弃枯燥的"对答案"　122

第三辑　师生关系中的挑战与超越

教育是"造人"工程，不是工厂流水线，更不是程序化模板。我们眼里应该没有"优生"与"差生"的概念，不要放弃对任何一个学生的帮助和关爱。

◯ 28. 以爱为本：请把学生当人看 *129*

◯ 29. 一视同仁：一碗水要端平 *134*

◯ 30. 关注学生：一个都不能少 *138*

◯ 31. 关注个性：多一点欣赏眼光 *142*

◯ 32. 心平气和：请不要"声嘶力竭" *146*

◯ 33. 选择相信：信任是最大的师德 *150*

◯ 34. 心灵对接：融入是教育的开端 *154*

◯ 35. 学生认同：用理性的爱彰显教育智慧 *158*

◯ 36. 赢得学生：渊博的学识是基础 *162*

◯ 37. 学会示弱：帮学生建立价值感 *166*

◯ 38. 亲密有间：师生交往要"宽严有度" *171*

◯ 39. 尊重权利：把握教师行为的边界 *176*

◯ 40. 鼓励自主：给学生选择的机会 *181*

◯ 41. 换位思考：我也曾经是学生 *185*

◯ 42. 放平身段：服务意识很重要 *190*

第四辑　后进生转化中的挑战与超越

对有缺点和问题的孩子，不是奢望倚仗简单粗暴的"管"达到一劳永逸的目的，而是以"导"为主，遵循教育原理，投入足够的时间、精力和耐心，对症下药，因材施教，强调"一把钥匙开一把锁"，使我们的德育要求内化为学生的思想水准。

◇ 43. 成为伯乐：做学生成长的贵人　197

◇ 44. 允许出格："乖孩子"不是培养目标　202

◇ 45. 变管为导：要疏通而不是堵塞　207

◇ 46. 成为同盟：别把学生推到对立面　212

◇ 47. 巧对"逆反"：掐灭矛盾的导火索　217

◇ 48. 化解冲突：挖掘困境的教育价值　223

◇ 49. 创造成功：找到学生向好的起点　228

◇ 50. 利用错误：教育发生的地方　233

◇ 51. 学会批评：爱学生的另一种方式　237

◇ 52. 学会赞美：赢得"问题学生"认可的关键　242

◇ 53. 学会共情：站在学生角度思考问题　247

第五辑 家校共育中的挑战与超越 ▦▦▦▦▦▦▦▦▦

将部分积极性不强的家长带动到责任分配中来，使其自觉承担家庭教育责任，增进双方对教育角色的理解和尊重，建立平等对话平台，有效促进双方的沟通协作，形成真正的教育合力。

◇ 54. 建立同盟：发挥家校共育的作用 *255*

◇ 55. 和谐共处：不把家长当作出气筒 *260*

◇ 56. 凝聚人心：有效组织家长会 *264*

◇ 57. 细致谋划：成功家访的"六步曲" *269*

◇ 58. 多向互动：畅通家校交流的渠道 *273*

◇ 59. 慎请家长：不要用家长来惩罚学生 *278*

◇ 60. 组建核心：发挥家委会的关键作用 *283*

后　记 *287*

2021 年岁末，外出讲课的高铁上，我用手机观看上海徐立先生导演的电影《未来学校》，邻座一个小男孩不时探头探脑看上几眼，一脸好奇。后来我索性冲他一笑，将一只耳机塞入他的耳朵。我至今记得他眼神中的兴奋与神往，尽管他只是简单嘟囔着"我也想去这个地方"，但我知道，那一刻，他被美好的东西打动了。

小男孩七八岁，究竟是什么打动了他，他说不上来，我也说不清。这世界上有些东西无法用语言和逻辑来解释，或许，人性中的美好需要同等重量的美好与人性将之唤出，这正是深藏于一个孩子内心深处的对美好教育生活的自然向往。

此后很久，我的思绪在"双减""五项管理""延时服务""假期托管""家庭教育立法"等一个个里程碑式的教育事件与小男孩儿兴奋期待的眼神中穿梭。教育，由培养合格的劳动者转为培养能终身学习、会解决问题的人；学校，由围墙中的知识提供者转为开放空间中学习资源的设计与开发者；师生，由单向度的教与学的关系转为学习共同体的共建者……时代大潮汹涌，教育正在被重组与重新定义，经历着一场前所未有的最复杂的转型。

作为教育最关键变量的教师，该以怎样的姿态迎接这场挑战？面对历史给出的必答题，每个教师都要重新思考：人性深处的教育动力，传道解惑的现代理解，未来教师的素养清单，教育教学的质量标准，教师自我成长与超越的路径，怎样看待知识，如何理解学习，何以定义师生关系……这一切都与你我息息相关。历史上从未有过一个时期，教师的专业成长与自我超越如此真实与迫切。

这里的"教师"不是概念，不是符号，而是一个个具体真实的"你我"：是那个趟着河水背孩子去上学的我，是那个在校园中和学生一起嬉戏的我，是那个在教室里、在走廊里、在操场上和学生一探知识究竟的我；是那个在复杂人性中寻找熹微之光的你，是那个在嘈杂的环境与观念中俯身躬行的你，是那个执着于自我成长的你；是那些在"躺平"的时代依然怀抱希望的我们，是那些在"内卷"不止的世界中一砖一瓦参与构建从容有序家园的我们，是那些在社会变革与教育转型之际迎接挑战、自我超越的我们。

永远不要抱怨环境的不堪，更不要奢望万事俱备才开始行动。每个人都是一个小的生态系统，做好自己能控制的事，便能推动教育进一步向前发展。安顿好自己，看见彼此，向上生长，是我们对教育的主场感和建设性，是我们这一群人选择的未来。

何谓未来？未来就是命运。决定一代人个体命运的，除了无法选择的大趋势，更有每个人主动融入与打破自我，超越教师成长的天花板，不断压实中国教育"基本盘"的努力与行动。

教师自我超越，意味着要重塑生命状态与生活方式，做一个自我驱动、持续探索的人。

教师，需要传承过去人类心智的创造成果，需要理解当下人类的情感模式与思维方式，需要洞察眼前学生的生命状态与自觉情况，同时需要思考，如何将这一切连接起来。从"传道、授业、解惑"到学习行为设计、情感关系构建、多元心智协同，教师的职责分工、所需技能、思维与行为模式已因时而变。这些，都与教师的生命状态与生活方式息息相关，爱与审美，学与创造，行与改进，都是生命的窗口。洋溢于心的对生活的热爱与对生命的敏感，执着于魂的对教育的探索与创造，充盈于脑的对学习场景的开发与学习设计能力，都要求教师本人是一个亲自下场学习的人，在与他人、与世界的持续互动中，不断调整自己的认知以应对变化，与学生拥有一个共同的身份——终身学习者。

教师自我超越，意味着要突破固有认知，拆掉思想中的墙，做一个走出经验主义桎梏的人。

"教师专业化"并非只包括拥有专业的教育教学知识，还包括对教的身份、作用与价值有准确而深刻的理解，指向的是思维的方式、行动的路径、角色的定位与技能的发展。这要求我们必须警惕教师思维模式中常见的"经验主义"至上的思维误区。在环境单一、情况纯粹、关系垂直的情境中，个人经验凭借体感强、方法熟、效果直接的特性，自有其存在的价值与优势。但面对今天体量巨大的知识体系、超级复杂的环境变量、多层次的教学关系与场景、受教育者身心的巨大演变，依赖经验往往沦为一种低智的选择，片面地将复杂多元的相关因素理解为简单的因果逻辑，只在表面行为上简单重复，造成思维桎梏，乃至处理失当。管理学大师詹姆斯·马奇说："经验有小样本、直观性的特点，但它和现实世界中的复杂性、随机性有根本冲突。"这提醒我们，在现实的教育情境下，更多时候固有的经验已不能适应变化，只能提供解决问题的一种可能性或参考，绝非唯一的标准答案。教师要走出"经验主义"的狭隘，以开放的思维展开自己与世界的对话，以敬畏的心态面对教育场景的变化与无常，在学习中生长，在生长中"破圈"。如此，人的成长就有了更大的环境空间。重塑经验意味着重新选择行为的起点，这让我们打破教师职业生涯的局限，推动自我建设的第一张多米诺骨牌，不被环境所裹挟，不被僵化的思维所束缚，真正转化为向内的自我建设与超越。

教师自我超越，意味着要突破个体局限，主动建立连接，做一个借助外界力量生长和进步的人。

教育的发展，决定了教师将不再主要从事单一维度的知识传授，而是情绪工作者、课程设计师、学习组织者，这注定了教师工作需要高复杂性、高情感性与高协同性。突破个体局限，成为节点去连接，打破壁垒去整合，以一种相对柔软的方式跟他人合作，成为教师必不可少的关键动作。爱因斯坦说："人类以为自我是个独立个体，这是一种错觉，这个错觉对我们来说是一种束缚，使我们的愿望只限于自己及最亲爱的一些人。我们的任务是必须把自己从束缚中解放出来，以扩大与周围的一体感，拥抱所有生物及美丽的大自然。"教师自我超越，意味着要将追求的愿景突破个人利益的钳制，从"小我"的狭隘中走出来，看到"我们"的存在和意义，主动把自己与世界融为一体，求同存异，整合更多的人去做更大的事情。站在大师的肩膀上前行，站在集体的肩膀上飞翔，突破偏狭与定势，让自己的教育生命形成正循环，走上蓬勃发展之路。

教师自我超越，意味着要躬身入局，把观念转化为可操作的技术，做一个在行动中解决问题的人。

不置身事外，不指点江山，根植于真实具体的教育教学场景，把自己变成解决问题的关键变量。教师要有勇气回应一个个真实世界的挑战，面对纷繁复杂的教育困局，以具体鲜活的解决策略和真实的世界过招，这不仅是认知，更是方法。一个能够自我超越的教师不会停留在观念层面与他人争论对错，相反，他会将每一个单摆浮搁的观念转化为一个个可感可知可识可用的"工程学问题"，找到解决路径。所谓"成长锦囊"，就是一个个解决方案，目的就在于给教师朋友以启迪，能以真正专业性的思维，形成化解教育现场真实问题的能力清单和方法清单，以极具可操作性的行动，将教育的先进理念真实落地，变成支持学生成长的强大力量。

"在我们这个地方，你必须不停地奔跑，才能留在原地。"这是《爱丽丝漫游奇境记》里的一句话。这并非童话之语，而是对现实最好的注解。一个万马奔腾的时代，注定要留给骑手和骏马。自我驱动、打破个体局限、做一个能解决具体问题的人，不断自我超越，用成长的能量对冲世界的不确定性，把超越的势能变成自己的压舱石。教师，超越了自我，就一定能改变教育。这一切，既为来路，也为当下，更为立杆于未来。

本书成稿之时，正是北方最寒冷的冬夜，灯火闪烁，又让我想起高铁上小男孩眼里的光芒，许是这一份又一份纯粹的渴望，让我更想坚守教育的美好，让我更有力量将内心的温暖和勇气和盘托出。与教育相濡以沫三十多年，我依然相信教育的美好、人心的向上与文字的力量。我依然相信，一切坚固的东西终将消散，消散的一切又会以另一种方式在心头凝结。在实践的道路上，每一次教育的进步，都会让人回到自身，并且选择重新出发。这是教育该有的姿态，也是教师必然的选择。

愿时光为你我加冕，星辰大海，将永远是我们的征途。

第一辑
专业成长中的挑战与超越

　　努力和勤奋并不是一个人职业成功的根本，倘若你拼命工作，但观念偏差，方向错误，极可能南辕北辙，其结果就是"兢兢业业""勤勤恳恳"地戕害孩子。

1. 专业水准：赢得职业尊严的关键

一个五年级学生的家长在网上向我诉苦，说孩子的数学老师简直不像话，伤害到了自己的孩子，询问我该如何处理。她给我举了两个例子：一是孩子期中考试做错了一道数学题，结果，老师让孩子把整份试卷抄写三遍，又以抄写不够工整为由，当着全班同学的面把试卷撕得粉碎。二是孩子上课迟到了，被老师责令在教室门口反省，后来孩子未经老师同意去了操场，被老师发现后叫回。在楼道内，老师让孩子蹲在地上，用课本抽打、脚踢等实施体罚、批评教育十多分钟，孩子脸部、颈部、腿部等多处红肿。数学老师还在班内公开宣称：我们这里是培养金凤凰的地方，不是养猪场，像你素质这么差，趁早赶紧转学。这个家长非常气愤地说：我的孩子有问题我知道，但您说，这样的老师配得上教书育人吗？……

这位妈妈情急之下的言语很难听，引起我深深思考：作为教师，为什么常常感慨"我们越活越没有尊严了"？我们的尊严究竟哪里去了？

不要一味埋怨社会道德水平的滑坡。寻找教师尊严消失的原因，更要审视我们自身的不足。很大程度上，尊严是被我们自己弄丢了。其中，教师专业水准不高，是最值得警惕的。

所谓"专业"，就是需要专门的知识和技能才能从事的某种工作，它最大的特点是不可替代性。

去医院看病，即使是个很年轻的大夫分析病情，也很少有人指手画脚地反驳。为什么？因为大夫有很强的"专业性"，我们自认为没有资格去评论人家的水平。但为什么一个小学都没有读过的家长到学校来，都可以对班主任、对科任教师的做法指指点点？难道只能怪家长没素质、没修养吗？是不是我们对自己的工作缺乏研究、缺乏专业水准所致？如果我们有深厚的理论做支撑，更科学地工作，能够准确洞悉学生的心理，把解决实际问题的方案细化到让人心服口服，是不是就会少很多质疑？

可是，现实中，有相当一部分教师，抱着自己那点可怜的所谓的经验不放，工作方式简单、粗暴，根本无法赢得别人的信任。就像前面案例中的数学老师一样，如果从专业态度、专业知识、专业能力上，都不能让人心服口服，尊严又从何而来？

所以，教师职业面临的困惑可能很多，但最大的危机是专业水平过低。学生可以原谅教师的严厉、刻板，但是不能原谅教师的不学无术、不思进取、业不精专。

总体看，教师的专业性一直被漠视，教育被人为地简单化了：我们用"敬业精神"替代"专业智慧"，用"天然爱心"替代"专业尊严"，不讲效率，不讲科学，不讲专业化，辛苦地走在高耗低效的路上，更多地拼时间，拼体力，甚至拼健康。

去小学听课，几乎到处都是"棒棒棒，你真棒；行行行，你真行"的声音，大家自豪地说：这是赏识教育。真若如此，教育就太简单不过了！种庄稼，光靠爱不行，会种才有好收成；教孩子，仅有爱不够，会教才有好未来。没有爱就没有教育，这是真理；有了爱，也不等于有了教育，这也是真理。这里所说的"爱"，必须是科学的，是符合规律的。而科学和规律，需要的就是教师专业的技能和智慧。

但遗憾的是，在我们身边，个别教师完全是"跟着感觉走"，忽视教育科学，忽视孩子成长的规律，一味抱怨学生越来越难管，而忽视了自身专业素养上的严重问题。

比如，在个别教师看来：学生上课不听讲，就是"不想学"；不好好写作业，就是"没有认识到学习的重要性"；不守纪律，就是"成心捣乱"；"早恋"，就是"思想复杂、肮脏"；成绩一下降，就是因为"松劲"了。

总之，把所有的问题都简单地归结为觉悟、品质、道德问题，好像只要"认识"提高了，一切就都解决了。实际上并非如此。孩子的问题更多的是心理与能力问题，而心理与能力问题靠一般的思想教育方式根本解决不了。所以，每当教师用错误方式不能解决问题时，就会茫然无措，一味埋怨学生不肯接受我们的教导，却没想到自己开的药方并不对症。

我多次在不同场合跟老师们讲，心理学是实现教育专业的科学支撑。我们去医院看病，大夫往往惯用"心电图、心脏彩超、心脏造影"这些技术与方法，从而切准病根，对症下药。而近年来，心理学与教育学不断嫁接，诞生了教育心理学、教学心理学、教与学的心理学，这些新兴的科学研究成果，就与医生的技术手段类同，能够帮助我们从学生的表现中找到实质性的问题根源，是非教育工作者所没有的方法技术与能力，掌握了它们才能准确地答疑解难，从而找回失落的专业尊严。

法国著名的思想家蒙田说："教育孩子是人类最重要而又最困难的学问。"的确，教师不是一个仅靠热情和勤奋就能干好的职业，它还需要很高的专业技巧和专业智慧。

我们许多人对于教育情境中的各种因果交叉、亦因亦果的非线型关系，懒得去用心观察与思考，许多人都只停留于最表面、最肤浅的层次，轻率地做出所谓的事实和价值判断。因为自己认识肤浅、说不清楚，所以就把"复杂问题简单化"，用一种表面的潇洒来掩盖自己内心对"因果关系的无知"。于是，体罚、罚款、罚抄、歧视等行为的出现，就不再是偶然。

教师专业水准提升是个很大的话题，最后，我想从以下四个方面描述教师专业相对成熟的表现，作为我们努力的目标：

（1）师生关系上：在课堂上创造友善和互助的气氛；为学生提供民主参与的机会；避免使用讥讽的语言；避免当众为难学生。

（2）教师间的关系上：避免责备以前的教师未能为学生做好准备；了解同事的成就并表示赞赏；避免同事间的是是非非；避免在学生面前说同事的毛病；对其他学科领域同事的工作抱着尊敬而非鄙视的态度。

（3）教师与行政人员的关系上：能支持校长和中层领导人的决策；当心中有不满时，能与行政人员商量解决办法。

（4）教师与专业的关系上：自愿地归属于专业组织（教研组）；在专业发展上，希望处于不停息的状态，自觉追求进一步提高；热爱自己的职业，并为之奉献时间和才能。

⌄ 破解锦囊

在读书中思考

苏霍姆林斯基在《给教师的建议》中说："要天天看书，终生以书籍为友""读书不是为了明天上课，而是出自本能的需要，出自对知识的渴求"。通过博览群书，拜读古今中外教育名著，可以与大师对话，与大师心灵相通，不断提高自身的文化素养。对于教师，读书是提高文化内涵和专业水准不可或缺的重要途径。

在交流中学习

你有一个苹果，我有一个梨，如果你我都固守住自己的不放，最终就只能吃到一种水果；如果我们将自己的分一半给对方，我们就能品尝到两种水果的香甜。这就是交流与分享的作用。积极参与各个层面的交流分享活动，可以碰撞出智慧的火花，获得知识、经验和能力上的提升。

在合作中进步

在教师专业发展过程中，校本教研是既实用又有效的研究形式。作为教师，要学会借力，积极向骨干教师、有经验的教师学习，主动做互帮互助、团结合作的人，在一个团体、一个学校进步的基础上提高自己。

在反思中提高

未经省察的人生是没有意义的人生。同样，未经反思的工作是没有意义的工作。波斯纳认为：没有反思的经验是狭隘的经验。他提出了教师成长的公式：成长＝经验＋反思。教师要以检查、总结自己的教学实践为手段，监控、诊断自己的教学行为，优化和完善教学方法与策略，淘汰不良的行为习惯，理性审视自己的整个教学过程，以研究者的角色反观教学，通过循环往复的"实践＋反思"，不断积累经验、汲取教训、减少失误。

在展示中锤炼

舞台有多大，格局就有多大。要敢于利用公开课、各类论坛、沙龙、演讲、分享等机会展示自我。教师行业最不提倡"茶壶里煮饺子"，要善于利用各种场合表达自己的教育思想和见解，力求被人理解，产生影响。要善于把自己的思想写出来，外化成文字，在报刊、网络上登载出来，甚至出版成书，让人捧着，读着，看得见摸得着，产生最大影响力。这种展示，会变成一种重要的力量，助推我们成长。

在研究中提升

要由"经验型"向"科研型"转变。一线教师在教育教学上积极参与教科研实践，不断更新教育观念，以科研带教研，以教研促教改，对提高自身素质大有裨益。

⌄ 自测清单

总结这一节的收获，如果你做到了，请在相应内容序号前的括号里标注"★"。

（　　）1. 能够坚持读书。

（　　）2. 能够积极参与学校的各类教研活动。

（　　）3. 能够与学生形成相互尊重、相互信任的师生关系。

（　　）4. 能够与同事和谐相处、互帮互助。

（　　）5. 能够与领导之间建立相互信任、相互支持的关系。

（　　）6. 能够在教学中体会到创造的快乐。

（　　）7. 能够在各种活动中主动而非被动地参与和发言。

（　　）8. 能够对专业问题保持研究的热情。

（　　）9. 能够坚持反思，在不断调整中改善自己的工作状态。

（　　）10. 能够对教师职业有较高的认同度。

2. 培训学习：不做井底之蛙

某市举行暑期教师培训，偌大的现场坐了将近一千人。来自某师大的教授正在讲课，过深的理论让台下的老师很快失去了兴趣，不少人玩起了手机，更有甚者，交头接耳，进进出出，会场秩序开始混乱。主持活动的领导不得不打断教授的讲座，强调纪律要求，会场这才慢慢恢复了平静。

以上场景是不是有些眼熟？

当校长们不断强调"培训是一种福利"的时候，很多教师却把培训当作了一种负担、一种烦恼。越来越多的培训占据了大量的时间和精力，而一部分培训脱离实际、不接地气，更让大家苦不堪言。所以，满足于应付了事，就成为很多教师对待培训学习的态度。而这种态度，也从一定程度上阻碍了教师的成长和发展。

究竟什么是学习？我们为什么要学习？我们又该怎样学习？对于一名终身引导学生学习的教师而言，这是必须悟透的问题。这么多年持续不断的学习经历告诉我：学习本身是一个自我解惑的过程。我们终其一生，都在追寻自己对学习的认识，而这一过程本身就是学习的价值。每个人也正是在一次次学习的过程中，逐渐完成学习与自我的不断整合，从而让自身变得更加完整、完善。

学习的价值之一，是让我们更好地认识和完善自己。

从某种角度而言，一个人活着就是认识自己的过程，认识这个我们最熟悉的"陌生人"。而这个了解自己、认识自己的过程就是成长的过程。可以说，每个人都是经由"认识自己"这一通道来认识世界与他人的。毫无疑问，教师在师生教育中起着主导作用，也是教育中最大的变量。教育就是人的传递，是生命影响生命，认识自己，完善自己，才能影响他人，影响孩子，影响家长。这是教师的使命和担当，这是一个教师需要持续不断学习的根本原因所在。

学习的价值之二，是完成我们与外部世界的缝合。

过去的认知就是一片土地，通过培训，我们启动了认真汲取与思考的模式，相当于这块土地进入耕作养育模式。不经意间，老师的一个观点，学习的一个感受，与学习伙伴相处的一个瞬间，就会打这片土地上经过，听一听，有点思考，有点分析，有点畅想，或者撷其精华记下几笔，就会把这些点点滴滴的东西安顿在某个角落。这等于完成了一次缝合，它和我们原来的知识体系长在了一处，就会有一株植物长出来。这株植物就让我们现有的体系更完备、更美好、更有活力。我们也借此完成了与外部世界的相识、相伴与相知。

因此，找出各种客观理由躲避学习，就等于把自己封闭在所谓的经验的牢笼里，坐井观天，逐渐与这个时代的发展脱节，从而变得面容模糊、精神贫乏。

那么，怎样学习才有效果？

第一，最好的学习是动态生成与牢固认知底座的过程。

一方面是动态生成。学习中，去印证、弥补、修复、碰撞、撕裂，去重新构建，由此完成认知的提升及独立人格的日臻完善。只有那些敢于时不时地将自己放入"陌生区""不舒适区"的人才不会成为"温水中的青蛙"。所以学习，首先要做的就是从原有的世界勇敢地走出来。

另一方面是牢固与拓展我们的认知底座。学习从来不该是"见异思迁"颠覆式的建构，它是一个碰撞、融合、接纳，最后牢固自我的过程。走过几十年的春秋，丰富的实践和阅历，让我们对生活、对教育、对自我有着相对成熟的认知体系，我们不是一张白纸，每个人已经具备了可以自洽的、相对稳定的认知结构，这是极为宝贵的。学习不是让我们丢掉这些，相反，通过学习，越发懂得自己的所有，从而让我们更加牢固地守住那些常识、规律的底线，扎稳自己的营盘。

一方面是动态生成，一方面是夯实原有认知的牢固度，既打破，又夯实，貌似有些矛盾，但这才是真正的有价值的认知。人类一流的智慧永远是可以同时秉承两种截然相反的认知，但做出最切合实际的通达的选择。

第二，最有价值的学习是实践。

学习不落足于实践，毫无价值。教育教会人们感受与创造幸福的生活，这一目的的达成有赖于实践。学了，想了，实践了，生活才属于我们，才会有教育的发生。这是我喜欢写学习感悟，但又不是单纯记录学习内容的原因。我试图通过这样一种方式，把学习的内容与自己的生活和工作有效嫁接，期待开花结果。行动是最好的学习方式，要"做而论道"，而非"坐而论道"。

第三，学习将越来越跨界。

这是一个知识迭代与链接的大通融的时代。有些教师在培训中总渴望得到"驯服学生"或"驾驭课堂"的灵丹妙药，因此常常觉得培训内容与己无关。真正的学习，越来越走向跨界，从单一的"对口"学习，走向更加丰富的学习场景与内容，这样的学习让我们再一次回到教育本身。人是教育的出发点，也是目的，教育者本身最重要的不是专业知识，而是人味，是人自身的完整与人格的独立，是对自身与世界充满好奇，有情趣与探索精神。一些专家讲的内容可能很快就会忘掉，但他们与众不同的人格魅力、讲学风格却影响深远。因此，养育教育者的土壤应该丰富起来，让教育者置身于"人"的环境，给予他们四面八方的来风，让各种养料经由他们自身去消化与吸收，最终成为一个丰盈的人。因此，从过于功利的学习需求中解脱出来，再去看我们的培训，就会打开另一番天地。

破解锦囊

发现工作中的"伪教育行为"

努力和勤奋并不是一个人职业成功的根本，倘若你拼命工作，但观念偏差，方向错误，极可能南辕北辙，其结果就是"兢兢业业""勤勤恳恳"地戕害孩子。每次培训，可做一件事：通过学习，对人，对人生，对教育，有个更深层次的认识，区别哪些行为虽然习以为常、司空见惯，但却是"伪教育行为"。通过学习，规避谬误，洞悉哪些事坚决不能做，学习就有了效果。

掌握工作中的"核心型规律"

我们往往最渴望通过学习得到基本的教学方法、教学招数，这些都停留在"术"的层面，也就是技术的层面，并非最重要的。更关键的是去学"道"——普遍真理和基本规律。只有掌握了普遍真理，才能一出手就是对的。比如处理学生问题，会有各种各样的方法，但必须尊重孩子的人身权益，必须了解孩子的实际情况，必须采取有效的沟通方式，必须保护孩子的自尊、自信，必须有利于孩子的长远发展，不能目光短浅，等等，这就是"道"。方法千差万别，但万变不离其宗。再有，评价课堂，我们必须准确把握优质课堂的核心规律，比如学生参与率低的课堂是低效的课堂，没有思维含量的课堂是低效的课堂，缺乏有效训练的课堂是低效的课堂，缺乏心理安全感的课堂是低效的课堂，等等。备课时，只要不背离这些，你用什么样的方法都是好方法。

建立工作中的"实质性联系"

学习中海量的信息，似是而非，甚至观点相悖，究竟听谁的？不与现实比对的学习是无意义的，不带着独立思考，将所学内容与现实建立联系的学习是无意义的。学习过程中，要时刻将听到的、看到的，与自己的工作紧密相联，并提炼出自己的观点。这个观点可以是赞同的，可以是反对的，可以是质疑的。培训过程中不要一味抄录 PPT 讲义，要时刻将听到的观点与现实产生碰撞，这样的学习才有价值。

突出工作中的"实践性探索"

学习中，你的价值观逐步形成，在"道"的层面逐渐清晰，并从"术"的角度模仿到很多经验。下一步要做的，就是到现实层面去实践。这些思想、观念、经验、做法能否转化成我的教育生产力？试一试才有效。那种学习时激情澎湃，到了现实层面一动不动的做法是可悲的，也让学习时投入的金钱和精力打了水漂。要敢于实践，哪怕是学到了一个小小的方法，也到自己的课堂来尝试一下；哪怕是看到了人家与自己做法的一点不同，也调整调整，比较一下，看看何优何劣。这才是我们应有的学习态度，才会让学习为我所用。

自测清单

总结这一节的收获，如果你做到了，请在相应内容序号前的括号里标注"★"。

（　　）1. 能够坚持按时参加线上线下学习。

（　　）2. 能够在线上学习时不作弊、线下学习时不溜号。

（　　）3. 能够在现场学习时主动靠前坐。

（　　）4. 能够边听课、边思考、边对号入座。

（　　）5. 能够主动与讲课老师做些交流或现场互动。

（　　）6. 能够经常翻阅、回顾学习笔记或者讲座课件。

（　　）7. 能够主动用学到的方法在工作实践中做些尝试。

（　　）8. 能够积极参加培训之后学校组织的分享活动。

（　　）9. 能够主动写一写学习心得体会。

（　　）10. 能够在学习过程中感受到自己的成长和进步。

3. 与书为伍：教师专业生活的日常形态

案例呈现

在一次教师培训活动中，我一如既往地热心推销自己的"教师读书论"，鼓励在场的几百名教师要多读书，读好书，不断增长职业智慧，彻底改变教师苍白、麻木、贫乏的人生状态。

中场休息时，一个三十来岁的男老师一脸虔诚地跑到我跟前："您讲得太好了，我参加工作这些年早就远离了读书，听您一说才知道，读书对当好老师有这么多的好处。我麻烦您一件事，您能不能给我拉一个书单？只要读了这些书，能让我成为一个名师就行。多一点没关系，我一定有毅力读完。"他的眼神异常诚恳。我一时不知如何作答，只得如实告诉他："这个我恐怕也没有答案。可能读书就像吃中药吧，更多的是慢慢调理肌体的功能，不像西医那样，手术刀一动，就直接解决了某种病灶。说实话，我并不认为你读了哪些书，就一定会成为名师。"

问题剖析

我看得出，那个老师有些失望：既然读书那么有用，怎么就拿不出一个速成的读书方案呢？

有人曾经做过一次调查，结果发现，教师的阅读选择比较集中，绝大部分是跟工作密切相关的教育类图书，有的甚至是教辅类图书。大家往往希望找到速成的方法，阅读的目的性、功利性非常强。很多学校领导，也喜欢选择类似《优秀教师一定要常做的××件事》这样的书籍，希望能够给教师提供立竿见影的解决实际问题的窍门和策略。这真切地反映了教师群体的焦灼心态。其实，教师的阅读应该有着更为宽泛的选择，甚至不一定为了"教育"而读，只有长期的"自由、广泛的阅读"才能陶冶身心，颐养性情，达到阅读的自主、自由境界，形成一名教师内在的气质。这可以称之为"道"。而只看眼前那一点点利益，读书就是为了解决眼前的问题，如此功利性的阅读只能称之为"术"。我想，那个"虔诚"的老师一定认为，我应该知晓能够解决教育问题的秘诀级别的书籍，所以才为我不给他提供书单而略有不快。

我们暂且抛开"读什么"的问题，首先说说为什么要"读"。读书对于教师成长的价值不言而喻。可惜的是，在学校这样一个最应该充满书香气的地方，却鲜有真正爱好阅读的教师。有人说：平时工作太累了，每天与几十上百号并不太听话的孩子"斗智斗勇"，消耗了太多精力，哪还有精神头儿去读书？于是，业余时间全部在无聊的电视剧或者乐此不疲地刷短视频中消耗掉了，似乎这样才能够让疲累的身心得到缓解。

人的生活方式本来就多种多样，只要不违法，各种选择都无可厚非。但我坚持认为，读书生活是一种最惬意、最舒服、最有价值的生活方式。它不仅不会让人疲劳，相反，能够让心灵得到最深层次的放松。

我也算得上是个爱读书的人。我生活和工作的场所，通常是乱糟糟的，这种乱皆源于我的"懒惰"和随手读书的习惯。书就放在触手可及的地方，书桌、茶几、床头、洗手间，到处都是。有点闲暇，读上几行，是最大的乐趣。做校长之后，常常忙得焦头烂额，但越是这种时候，越是离不开书，几天不读书，就有种莫名的空虚感。如果工作不顺利，读上一本自己喜欢的书，烦躁的心顿时就可以安静下来。

让读书成为一种生活方式，你会发现生活原来如此精彩。无聊时读书，历史会告诉你，人生应该怎样度过；先人会指导你，怎样做一个有用的人；大师们会给你讲他们成长的经历；时间会告诉你，它公平地属于每一个人。苦闷时读书，书会告诉你，伟人也曾苦闷过，只是他很快就拨开了黑暗，奔向了光明，每次苦难都是一次淬火，假如你拒绝，一次成钢的机会你又将错过。

读书是一个人最优雅的生活习惯。在这样一个变化莫测的时代，我们每天都可能遭遇到种种风险、冲突，而书籍，能够给我们的心灵提供安宁的栖息之所。在书中，我们与古今中外的人物相遇，览尽世间的命运悲欢，我们从中去把握规律，体验生命的起起伏伏，在与那些伟大的灵魂对话中，得到有益的启示，从而让自己更加自信、镇定、从容大度。

让读书像吃饭、睡觉一样，成为一种生活方式。一盏孤灯，一卷在手，静谧的夜晚，让沉静的心灵沐浴在书香的气息中，岂不美哉？

▽ 破解锦囊

吃透一本经典——拥有看家宝

一定要有一本经典的教育书籍，读通读透。因为这样的书籍往往阐述了教育的基本之"道"，能够让我们真正掌握教育的普遍真理和基本规律，从而达到融会贯通的效果。这样的书籍很多，比如《理想国》（柏拉图）、《爱弥儿》（卢梭）、《民主主义与教育》（杜威）、《给教师的建议》（苏霍姆林斯基）、《教学勇气：漫步老师心灵》（帕克·帕尔默）、《学习的快乐——走向对话》（佐藤学）、《教育的目的》（怀特海）、《教育就是解放心灵》（克里希那穆提）、《写给教师的心理学》（斯科特·巴克勒、保罗·卡斯尔）、《幸福与教育》（内尔·诺丁斯）等。

主攻一个专题——深挖一口井

美国当代管理学家托马斯·卡林经过研究发现："在任何一个领域里，只要持续不断地花6个月的时间进行阅读、学习和研究，就可以使一个人具备高于这一领域的平均水平的知识。"如果说，读书也有"短期速成"的秘密，最关键的就是目标专一。比如研究学生自主学习、自主管理，比如研究学生心理、青春期特点，比如研究学习方法培养、学习习惯养成，等等。六个月到一两年，坚持聚焦一个主题，你就会成为这方面的专家，就会因没有"浅尝辄止"而触碰到甘甜的水源。以此为基础，逐渐由一个主题拓展到多个主题，快速地将"一口井"变成"一片湖"。

精研一位名家——站上巨人肩

管理者可以研究李希贵、高万祥、郑杰；班主任可以研究魏书生、任小艾、丁榕、万玮、郑英；小学语文教师可以研究李吉林、于永正、支玉恒、贾志敏、窦桂梅、薛瑞萍、王崧舟、薛法根、孙双金；中学语文教师可以研究钱梦龙、程翔、韩军；小学数学教师可以研究邱学华、刘德武、徐斌、华应龙、陈惠芳；中学数学教师可以研究顾泠沅、孙维刚、张思明、任勇；从事教育科研的教师可以研究裴娣娜、郑金洲、陈向明。选择认可的名家，读其成长史，解析其教育思想，体验其教育实践，会让你站在巨人肩头，看到更远的风景。

融入一个团队——寻找同行者

和孩子一起读书，和学生一起读书，和爱人一起读书，和朋友一起读书，和志同道合的人一起读书。这都有利于对自己形成激励的力量。可以积极参加教师阅读共同体、读书论坛、读书会等各类线上线下的组织，共同成长。与志同道合的人一起走，会走得更快、更远。

⌄ 自测清单

总结这一节的收获，如果你做到了，请在相应内容序号前的括号里标注"★"。

（　　）1. 能够坚持每天读书十五到二十分钟。

（　　）2. 能够有计划地读书。

（　　）3. 能够有意了解各类图书排行榜。

（　　）4. 能够边读书边做些摘记。

（　　）5. 能够主动与身边人交流读书感受。

（　　）6. 能够拥有一两本对你产生重要影响的书籍。

（　　）7. 能够透过书籍主动关照、反思自己的工作。

（　　）8. 能够有适当的理论书籍的阅读。

（　　）9. 能够主动写一写读书心得体会。

（　　）10. 能够主动参与各类读书组织并积极参与活动。

4. 教育写作：教师要敢于为自己"立言"

案例呈现

有一次我在小区散步，遇到一个老师（面熟，但并不认识）。她非常激动地问我："王校长，您出了那么多专著，想跟您取取经。我马上面临评高职，也想有本自己的专著，您创作一本专著大概需要多长时间？"我说："每本书最终成稿时间有长有短，可能一两年，也可能一两个月，关键在于，前期我已经写了若干相关的东西，变成书稿，只是一个梳理、整合、提炼的过程。您的著作，打算写什么样的主题？有了多少相关文章的积淀？"那个老师一脸困惑："不知道啊，平时工作那么忙，哪有时间写东西！"

问题剖析

大部分教师是不愿意写作的，借口无非是工作忙。每天有上不完的课，改不完的作业，辅导不完的学生，做不完的家务活，哪里还有时间呢？再说也没有写作灵感啊！每天面对的都是如此琐碎的事情，哪里有对教育问题深入思索的机会？没有灵感，当然也就写不出来了。于是，相当一部分教师在资历越来越老、职称越来越高的情况下，选择了安逸的生活，固步自封，画地为牢，不读书，不思考，更不愿意总结与写作，对新事物、新理念的理解与接受变得越来越迟钝。久之，平庸的"教书匠"形象就定型了。

我们总说，教师应该有点书卷气。要造就自己的书卷气，最重要的莫过于写作了。如果说教师的生活过程平淡如水，那么写作便是丰富教师内心世界，让生活变得有滋有味的调料。有人曾经提出这样的观点："古人云'学而不思则罔，思而不学则殆'，把这句话迁移到教师专业成长上，加一句就是'得而不写则庸'。"这个观点非常准确地点明了写作在提升教师专业水平，提升做人品位上的重要作用。

作为一名教师，笔耕不辍的更重要意义，则在于使自己的言行和灵魂不断地获得砥砺。坚持写作，就会使我们逐渐摆脱由于琐碎工作而导致的麻木和迟钝状态，感受人生的色彩斑斓、丰富多彩，不知不觉中积累了学识，丰富了生活，深刻了思想。随着写作的不断深入，我们对教育教学的认识也会越来越深刻。一个能够用文字把教育问题阐述清楚的教师，必然是教育教学上的"高手"。

不少教师没有认识到这一点，平时疏于写作，只是到了评职称的时候，才抱着功利的目的，匆匆炮制。这显然是不好的。对普通教师来说，最初的写作就是简要记录自己的教育足迹、思想历程，是自己和自己的对话，因此，要特别注意平时的积累，把有趣的故事、有意思的场景、有价值的思考和实践，随时记录下来。即使是平时学校领导要求写的计划、总结等，也不要应付了事，因为这些文字很可能是以后你写某篇大文章的重要素材。而且，完成这些材料，也能不断提高自己的写作功底。如果总是敷衍了事，不能具体、明确、文从字顺地表达自己的所思、所做，怎么能奢求写出真正的佳作呢？

教师的写作要追求自然朴实，不能故作高深。不要非把简单的问题复杂化，把朴素的文字加上华丽的装潢。那些玩弄新鲜术语、充斥高深"理论"的文章，不见得就有多高的档次和价值。我们去读陶行知、叶圣陶、苏霍姆林斯基，去读魏书生、李镇西、吴非，会发现，他们的文字都有一个共性：寓真知灼见于朴实无华之中。但谁能否认他们是教育大家呢？用最通俗的语言进行表达，以我手写我心，更为读者喜闻乐见。

在我的个人成长中，有这样一份清单：

先后出版《为师生赋能》《我，就是教育》《教师的自醒力》《做一个有思想的教师》《用心做教师》《经营你的课堂》《用心做教研》等十余部教育专著；一百余篇教学论文发表于《语文教学通讯》《师道》《教师博览》《河北教育》《中学语文教学》《教师之友》《语文教学之友》等国家级、省级刊物；创作《梦落无痕》《花落无声》《中国式教育》三部长篇小说；出版诗集《醒》；经营公众号"王福强的小院"，发表原创文章近一千五百篇；累计公开发表、出版作品六百余万字……

写作，我倾注了太多的心血，也给我带来了无穷的乐趣。

谈到对写作的理解，我常说一句话：向世界发出自己的声音。我在用写作为自己"立言"。通过写作，我与读者交流，探讨人生，思考教育，建立了自己存在的价值，内心世界也变得越来越开阔。

破解锦囊

记录思想的"火花"

教师的生活是丰富多彩的，每天面对不同个性的学生，经历各种各样的教育情境，总有一些收获、一些感悟、一些波折、一些失误，甚至是一个画面、一句对话、一个表情，给我们留下深刻印象，带来思考和启发。这些转瞬即逝的片段，往往是最富原创性质的、可贵的教育资源。养成良好的习惯，及时记录下来，分享给他人，不仅可以加深对教育感悟的理解，还可以内化成自己的教育教学行为。千万不要因为"懒惰"，让这些思想的"火花"烟消云散，失去其价值。

拓宽写作的"视野"

比如来自学生的问题：学生的来源，学生的学习基础，学生的学习习惯，学生之间存在的差异，学生的成长规律，学生的家庭生活、社区环境等；来自课程教材的问题：如何按课程标准教学，如何开发课程资源，如何根据教材的内容制订符合学生实际的教学计划，如何做好新老教材的过渡，如何做好不同学段教学之间的衔接等；来自教法的问题：哪些知识的学习采用讲授法效果会更好，哪些知识的学习采用启发式教学比较好，如何调动学生自主参与学习的积极性，如何组织学生开展有效的合作学习，如何引导学生主动参与学校生活，如何在教学过程中实现师生的交互式发展等；来自教学技术的问题：学科教学中信息技术的运用，教学内容呈现方式（如导入、过渡、总结等），学生学习的方式，教师教学的方式，师生交流互动的方式等。这些都可以作为写作的"点"纳入关注的视野。

研究写作的"思路"

要掌握不同文章写作的基本规律。比如论文写作，通常包括"立题（题目）—构形（框架）—明理（内容）—装潢（排版）"四个步骤。再如教育案例的撰写，通常包括"案例标题""案例背景""案例事件与过程""对案例的反思"，每部分又有基本的写作模式。多加练习，必有长进。

搭建展示的"舞台"

写作不一定都要在传统媒体发表才有价值，自媒体时代，微博、公众号、空间、论坛、微信群等场合，均可将自己的文章予以公开，接受他人的点评，让更多人受益的同时，也为自己搭建了展示的舞台。

⌄ 自测清单

总结这一节的收获，如果你做到了，请在相应内容序号前的括号里标注"★"。

（　　）1. 能够主动记录课堂上偶现的灵感或富有创造性的生成环节。

（　　）2. 能够主动记录身边发生的关于学生、同事、家长的故事。

（　　）3. 能够认真对待各类总结、计划，不抄袭、不套用。

（　　）4. 能够把自己的作品与学生或同事分享。

（　　）5. 能够建设展示自己作品的网络平台。

（　　）6. 能够主动给报刊等传统媒体投稿。

（　　）7. 能够主动通过写作表达自己的教育主张。

（　　）8. 能够关注一些优秀教师的微信公众号。

（　　）9. 能够有自己感觉非常满意的作品。

（　　）10. 能够结识喜欢写作的教育伙伴。

5. 上公开课：不断淬火质变的必由之路

一位山西的网友给我留言，倾诉苦衷：她要上一节全市的公开课，没想到备受折磨。教学设计是教研员谋划的，几乎没有她的想法；上课的问答指定了具体的人，反复彩排；最让她受不了的是，为了保证上课效果，她班里将近四分之一的差生将被取消"上课资格"。

公开课一直饱尝争议，原因之一就在于公开课中越来越多的"虚假成分"。有人将公开课喻为"表演课"：课堂成了"T型台"，教师们精打细算，利用有限的时间，想方设法尽显自己的风采。学生"热火朝天"，教师"热血沸腾"。形式多样，活动频繁，对话流畅，甚至不惜作假来打造一场华丽的演出。这与常态课有天壤之别，公开课似乎是为了"给听课教师讲"，"给听课领导看"，学生不再是公开课受益的对象，而纯粹成为包装讲课教师的"道具"。

是不是公开课就没有了价值呢？实际上，任何事情都有两面性，当我们都在批判公开课的严重作秀，坏了教师名声、坏了正常教学秩序、搅乱了教学行为的时候，不可否认的是，公开课在加强教学研究、促进教师专业成长方面仍然有着不可低估的作用。

公开课最大的价值在于：为教学研究提供鲜活的样本。

公开课的关键在于"公开"二字，公开的目的就在于供大家研讨和分析。那么，一名教师讲了一节公开课，他公开的是什么呢？从表面看，无非是具体的教学内容及呈现内容的过程和方式。我们许多公开课后的评课都会紧紧围绕这些内容进行。如果只限于此，那么，公开课的价值会大打折扣。上公开课也好，评公开课也好，虽然面对的是一堂课，但我们的着眼点却应该是一个比"课"更大的教学单位，那就是从一节课的具体教学内容安排及呈现内容的过程和方法中，找到其蕴含的设计思想，并对这种思想加以评价。评课的"评"字，主要不是对这堂课得出一个好或不好的结论，而是评价这堂课的设计思想好或不好，并在寻找具体修正方案的过程中，摸索出更多的对教学的规律性认知。这才是组织公开课的真正价值。如果我们就这堂课上这堂课、看这堂课，我们注意到的很可能只局限于课堂的组织形式、教学的手段及步骤等这些操作层面上的东西，却没有找到其本质的价值，即这些操作方法所要达到的目的。

这就能给我们几点启示：看公开课主要看它的设计思想以及设计思想的具体运作；这种运作的主体实际上是学生而不是老师，所以公开课主要看学生在干什么，而不是看老师在干什么，或者说是通过看学生在干什么来看老师在干什么；评课的重点不在上课的人而在课本身。虽然听课是考察一个教师教育教学能力和基本素质的重要形式，但评课不是评人。

利用好公开课这个"样本"，对课堂教学的相关问题进行深入探索，是开展教研活动的一种重要形式。既然是"样本"，关键就在于体现一定的教学思想，能为我们的研讨提供相应的话题。这个样本未必追求尽善尽美，即使是一节并不成功的课也没有关系。由一节课而引发出对教学问题的深入思考，公开课也就实现了应有的价值。拒绝"完美"，拒绝"作秀"，使公开课"常态化"，还其教学研究的本来面目，应该成为大家的共识。

回到个人层面分析，很多教师上公开课是带有功利目的的，比如为了职称评定，为了优秀教师和骨干教师的评选，为了干部任用和提拔，为了展示自己的才华以获得大家的认可，等等。如何看待这样并不"高尚"的讲课动机？

我认为无可厚非。在眼下的现实中，一个教师没有突出的成绩很难获得发展机会。那么，什么才算是教师的"成绩"？往往就看你是否参加了某个级别的公开课、优质课并获得奖励，于是，老师们争着参加也就不足为怪了。

但现实就是，不论教师是抱着什么目的来参加公开课，都等于给了自己一个提升的机会。在参加的过程中，他势必要全身心地去研究教材、研究学生、研究教学方法，还要研究教育理论。有的老师在准备过程中会反复演练，进行"实战模拟"，直到滚瓜烂熟，甚至有的老师在正式讲课前让学生"彩排"，希望同学们"配合好老师"演出成功。正是在这样一个过程中，老师对教材的理解越来越深刻，对教学内容的处理越来越灵活，对教学过程的设计越来越科学，由最初的完成教案到最后的智慧生成，由最初的关注表面活动与形式到最后关注学生的思维和课堂的内涵，可以说老师的进步是巨大的。

　　当然，作为教师，要学会以平常心来对待各类公开课，要把公开课当作提高自己的一个平台，最终目的不是为了获奖，而是实现自我提升。如果过分功利地看待公开课，则极有可能走向形式主义、作秀、弄虚作假。

破解锦囊

把握好公开课的准备环节

　　首先要深入钻研教材及教参，查阅相关内容的教学设计，看一些名师讲课的视频等资料，把自己的思路拓宽，然后精心设计自己的教学过程。这是上好公开课的前提和基础。

　　其次要备好课。备课要写详案，必须保证授课语言精练，不说多余的无用的话，因此教师在课堂中要说的每一句话，预测学生可能的回答状况，甚至是举手投足的每个关键动作，都可以写下来。这样的做法看似费时费力，却能让自己的思路越来越清晰。还要做好备学生的工作，备课时就要注意学生在学习中将会遇到什么问题，以及怎样去解决这些问题，设计出有针对性的教学方法去应对。也要考虑学生的心理特征，设计能引起学生注意的问题，创设能吸引学生的情境，使用能使学生觉得有趣的表达。如果是借班上课，充分考虑各种情况就更加重要。同时，还要备听众，考虑听课者的感受，通过优美而富有动感的课件，直观形象地把你所讲授的内容、重点及上课思路投影在屏幕上，使学生和听众一目了然。这并非完全取悦听课老师，如果听课的老师感受不到良好的教学效果，学生也会产生同样的感受。

扛得住公开课的多轮磨炼

公开课一般都要经历多轮的完善、打磨。同事、领导、教研员，往往会鸡蛋里挑骨头，不断寻找瑕疵，这个过程常常痛苦不堪。但正因如此，这恰恰是教师深度思考、反复琢磨、集思广益、不断改进的过程，它给教师带来的专业体验和行为改进是常态课所无法比拟的。许多教师正是经历了"哭鼻子"的委屈和痛苦之后脱胎换骨的。

写得出公开课的课堂实录

如果课后能够写出课堂实录、课例研究报告，那对专业发展的帮助就更大了。虽然辛苦，但收获多多。这几乎是所有教学名师成长不可缺少的训练场。

找得到公开课的理论基础

公开课往往代表教学实践的新创举、新尝试，比常态课具有更高的研究价值。因此，无论说课、评课，还是撰写公开课研究报告，要有意识地寻找教学理论的支持和引领，从而赋予公开课更多的理论色彩和导向。这能将公开课的价值最大化。

自测清单

总结这一节的收获，如果你做到了，请在相应内容序号前的括号里标注"★"。

（　　）1. 能够主动承担各级公开课的教学任务。

（　　）2. 能够积极搜索名师的课例加以学习、借鉴。

（　　）3. 能够写出详案，包括重要的开篇、过渡、总结用语。

（　　）4. 能够积极征求同事的意见与建议。

（　　　）5. 能够根据评课人的意见积极寻求调整和改变。

（　　　）6. 能够坚持真实的课堂，不弄虚作假。

（　　　）7. 能够坦然面对反复评判、修改的"磨课"历程。

（　　　）8. 能够将课堂设计上升到一定的理论高度。

（　　　）9. 能够主动撰写课堂实录。

（　　　）10. 能够拥有自己满意的公开课作品。

6. 教学反思：专业成长更源于"个人奋斗"

某校为了提高教师素质，做出了关于"教学反思"的硬性规定：每一节课教师都必须在教案上写出教学反思，字数不少于100字；每学期上交三份不少于2000字的教学反思，以备上级检查。这个规定遭到教师的强烈反对，在"反对无效"的情况下，很多教师把写教学反思当作应付性任务来完成：要么内容与课堂教学风马牛不相及；要么词不达意，东扯西拉；要么随意摘抄，敷衍了事。

"不识庐山真面目，只缘身在此山中。"这句诗告诉我们一个深刻的哲理：由于人们所处的地位不同，看问题的出发点不同，对客观事物的认识难免有一定的片面性；要认识事物的真相与全貌，必须超越狭小的范围，摆脱主观成见。

这可以引起我们对教育现状的思考：大部分教师，每天忙忙碌碌，备课、批改作业、辅导学生，不可开交，不堪其苦，深陷于繁琐的事务而无力自拔。殊不知，在这种理所当然、周而复始的埋头苦干中，失去了对教育问题的深刻参悟，失去了对教学方向思考的机会，直至自己走上岔路却浑然不觉。摆脱困境的重要方法之一，就是教学反思。

简单说，教学反思会促使教师形成自我察觉的意识和自我监控的能力。只有善于总结和反思，才能在自己的教学工作中更新教育观念，改变传统的教育教学方式，走在教育教学改革的正确道路上。

教学反思更多的时候体现为教师的"个人奋斗"，教学反思具有别人不可替代的个性化特征。一个优秀教师的成长过程离不开不断地反思，

"教然后知困"，通过反思不断地发现一个个"陌生的我""丑陋的我""残缺的我"，从而促使自身拜师求教，书海寻宝。可以说，教师学会反思的过程也是人生不断辉煌的过程。当然，这种"个人奋斗"可以通过教研这个载体得到展现和提升，使反思的结果达到共享之目的，使个体经验上升为一个团队的集体经验。

所谓的"教师专业成长"，就是教师在其整个教学生涯乃至生命过程中，不断地修养自我，反思自我，提高自我。"学而不思则罔，教而不思则殆"，始终坚持每日反思，就会始终与最前沿、最深刻的教育思想保持接轨，就能不断改革自己的教育实践，不断提升自我，超越自我，实现自我。

叶澜教授说："一个教师写一辈子教案不一定成为名师，如果一个教师写三年的反思有可能成为名师。"对教师而言，能否以反思的方式化解教学中发生的种种教学事件，是判断教师专业化程度的一个重要因素。

需要指出，反思是痛苦的。教学反思是一种批判性思维，它需要教师不断对自己既定的教学思想和教学行为进行深入剖析，条分缕析地发掘其积极因素和消极因素，并加以调整。这需要教师有极大的自我调整、自我改变的勇气和毅力。反思的一个根本前提是教师要具有鲜明的问题意识，能从庸常的教学现象中捕捉到反思的对象。这就要求教师要善于抓住教学中转瞬即逝的问题，将其搜索和提炼出来，赋予其深刻的思考。例如，在教学目标方面，可以反思教学目标是否完成，如果没有完成原因是什么，是目标的设置不够合理，还是实施目标的过程和环节不够恰当；在教学方法方面，可以反思什么样的方法比较适合本节课的教学内容，学生对于讨论、小组学习是否适应，在选择不同的教法时应该注意哪些问题；在教学效果方面，可以反思学生的达标率如何，检测内容设置是否合理，后续补救手段是否清晰；等等。有问题才会有思考和分析，建立在问题基础上的"反思"才真正具备了反思的特质。

反思不是就事论事，它往往是从某个教学现象或教学事件出发，将思考引申开来，或联系以往的教学经历，或联系他人的教学经验，或与当下的教育教学实际相对照，从一个更高的层面上去思考教学问题。这样的反思有助于教师诞生对教育教学问题深刻而富有个性的见解，这是那些"为赋新词强说愁"式的应景式的教学反思所无法比拟的。

打破反思的禁忌区

一戒"茫"：不知反思什么，对周围发生的教育现象抱着一种见怪不怪的态度。二戒"窄"：只对教学失误反思，对成功的经验不去反思或反思很少。三戒"浅"：反思只限于一般意义上的教学回顾，难以与教学理论联系，无法得到实质性提升。四戒"浮"：没有把反思作为自己的自觉行动，为了完成任务而反思，流于形式，没有实效。

找准反思的切入点

记成功之举：教学过程中达成预设目标、引起教学共振效应的做法，课堂教学中临时应变得当的措施，层次清楚、条理分明的板书，某些教学思想方法的渗透与应用的过程，教学方法上的改革与创新，善于激发学生兴趣和热情的策略，等等。

记"败笔"之处：某个环节设置不合理、教学方法选择不恰当、对某个学生课堂表现的点评不到位、课堂练习设置难易度不当等。

记教学机智：课堂往往会因为一些偶发事件而产生瞬间灵感，这些"智慧的火花"常常不由自主、突然而至，有很高的价值，利用课后反思及时捕捉，避免因时过境迁而烟消云散。

记学生见解：学生一些出人意料、独具匠心的观点和见解，要及时记录下来，作为对课堂教学的补充和完善，这样可拓宽教师的教学思路，为以后的教学储备更多的养分。

记再教设计：一节课下来，摸索出了哪些教学规律、教法上有哪些创新、知识点上有什么新发现、组织教学方面有何新招、解题的诸多误区有无突破、训练是否到位等，及时记下，写出"再教设计"，做到扬长避短、精益求精，把自己的教学水平提高到一个新的境界和高度。

做个反思的存疑者

要善于"捕捉问题"。时刻以批判性的眼光审视自己的日常教育活动，从平常的教学生活中发现转瞬即逝的教学现象。认真进行分析，究竟是什么问题，是什么原因造成的，怎样解决……

要善于"寻找支撑"。带着问题去学习教育教学理论和相关学科知识，在理论的支撑下去开展实践探索，学用结合，学以致用，增强理论指导的针对性、有效性。有了丰富的理论依托，问题解决起来才更容易，更有价值。

要善于"小题大做"。在平时的学习中、学科教学中、教学情境中，捕捉细微的、有实用价值、有普遍意义的问题，从某一小的切入点入手进行研究，保持研究的独创性和新颖性。这些问题更有针对性和实际意义，一旦拿出好的研究成果用于指导实践，对提高教学效果意义极大。

∨ 自测清单

总结这一节的收获，如果你做到了，请在相应内容序号前的括号里标注"★"。

（　　）1. 能够按学校要求及时撰写教学反思。

（　　）2. 能够认真记录每堂课的"教后小记"。

（　　）3. 能够经常与同事们就自己上课情况进行分享交流。

（　　）4. 能够定期组织学生座谈，听取意见和建议。

（　　）5. 能够经常性地对惯用的教学方法做些改变。

（　　）6. 能够认真听取同事和领导给自己的意见和建议。

（　　）7. 能够准确分析自己的问题所在。

（　　）8. 能够将课堂现象与一定的教育理论产生关联。

（　　）9. 能够从自身寻找问题根源，而非推给他人。

（　　）10. 能够把反思当成日常的专业生活形态。

7.职业取向：做"名师"，更要做"明师"

一个语文老师跟我诉苦：为了评省级名师，她费尽了很多周折，整理资料，公开讲课，参加答辩，折腾得够呛，结果最后以微弱的"劣势"失败了，心情很郁闷。我笑着安慰她：只要你的学生认可你，这就是最大的荣誉。

大凡有进取之心者，常常把成为名师作为自己奋斗的目标。想想也正常，毕竟我们生活在这样一个凡尘俗世之中。不过，究竟怎样才能成为名师？固然不能摒弃教师自身的努力，但归根结底，决定成名的主要因素是社会的认可度，而不是个人的意志。社会是很功利的，有时候也是很无奈的，也许你有了超乎常人的学识和贡献，但缺少机缘，也无法成为"名扬四海"的名师。这就是现实，往往是个人无法改变的。因此，从某种意义上说，名师是可遇不可求的。

当然，教育界喊出了一个非常响亮的口号："打造名师工程"。对这个提法，我一直不太赞同。"名师"是可以打造的吗？而且还升华为"工程"？人的成长是教育的终极目标，而将"人"纳入一项工程，便存在将"人"工具化的嫌疑。而且，以浩大的"工程"方式来打造人，难免落入"整齐划一"的窠臼，必然得强调规划与步骤，强调按照某个模子来培养和塑造。而属于人的那种"个别化"的自我领悟、自我定向、自我发展的过程如何体现？况且，哪一个权威机构有资格实施并宣称完成"工程验收"，宣告工程竣工呢？因此，这些做法，无非是一种追求功利的表现，渴望通过"策划"和"包装"，迅速涌现出一批"名师"，从而作为一种政绩资本而已。各地"名师工作室"纷纷挂牌开张，"教育家培养工程"争先恐后上马，不就是很好的证明吗？

当然，一名教师争取做名师值得肯定，但应该有个前提：欲成"名师"，先做"明师"。未必谁都有资格被列入"名师工程"花名册，但做"明师"，却可以把决定因素牢牢攥在自己手里。

有这样一位教师，发现一个学生上课时老爱举手，而真正问到他时，却又答不上来。事后问其原因，学生哭着说："别人都懂，我不懂，同学会看不起我。"老师想了想，便告诉他，以后上课，会的就举右手，不会的就举左手。于是，每当他举右手时，就叫他回答问题，见他举左手时，就不提问他。这样一来，学生的自尊心得到了尊重，学习的信心增强了，劲头更足了，成绩提高得非常快，渐渐地成为名副其实的优秀学生。

"明师"什么样？"明师"要明白事理，不固执，不迂腐，宽怀大度，理解人心，尊重人性，通晓教书育人之道。

有这样一位教师，让学生记录她一天里的表扬和批评，结果自己吃了一惊：15 条批评，5 条表扬。她想：要是把学生换成自己，坐在弥漫着这样氛围的班级里，能有学习的劲头吗？于是，她开始每天细细地寻找学生身上的优点，哪怕一点一滴，都加以表扬和鼓励。结果呢，班级气氛更融洽了，学生之间更宽容了，学习起来更有干劲和乐趣了。

"明师"什么样？"明师"要明辨是非，善于学习，善于研究，善于反思，善于调整和改变，按照规律来教书育人，始终努力走在正确的道路上。

有这样一位教师，他坚持对学生提出"小要求"：在校园里见到老师，不论是否认识，要主动打招呼；放学离开学校，一定要和老师说再见；在平时的交流中，要学会说"请""谢谢""对不起"。他的学生，都那样温文尔雅，谦逊有礼。

"明师"什么样？"明师"要明白方向，要给予学生终身受用的东西，而不是急功近利，杀鸡取卵，火烧眉毛只顾眼前……

这些，不都能够被我们老师自己所掌控吗？简而言之，"明师"就是明白的老师。这个明白，是对人生、对教育、对教学、对学生、对学科中的众多内容了如指掌，明明白白，并按照规律去做事。当然，这样的要求未免太高了。但如果终其一生，能对教育教学的某一个领域做到"门儿清"，看得明白，说得清楚，做得正确，便难能可贵了，可以称之为"明师"了。

"明师"与"名师"，虽然只是一字之差，却有天壤之别。"明师"未必出名，"名师"未必明白。有人说了这样一段话，阐述二者的关系，我觉得非常有道理，摘录下来与大家分享：

"名师"与"明师"的区别，让我想起"名僧"与"高僧"的区别。有人说，要找名僧很容易，你只要往各大寺院一跑，保准能找到名僧；可是要找高僧就不容易了。因为，高僧要么混迹于普通人群之间，要么匿迹于深山老林之中。无论是混迹于人群还是匿迹于深山老林，高僧其实都需要耐得住寂寞。现下社会浮躁，人心不古，要拒绝外界的诱惑实在不是一件容易的事。正如优秀作品往往诞生于"夜半无人私语时"一样，"明师"往往诞生于孤独的体悟与思考。那么，作为普通教师更需要耐住寂寞，关照内心，寻求教育的真谛。

可见，做"名师"固然风光，但做"明师"却会更从容，更淡定，更幸福。一旦至此境界，"名"与非"名"，已变得无足轻重了……

破解锦囊

读懂学生

"明师"之"明"，首先在于明白学生、读懂学生，既要了解他们的共性，又要了解他们的优缺点，因人而异地采取不同的教育方法和对策。

孩子们的内心是个神秘的世界，他们不是"小大人"，有其独特的思考方式。著名教育家陈鹤琴说过："我们教小孩子必须先要了解小孩子的心理。若能依据小孩子的心理而施行教育，那教育必有良好效果的。"教师要俯下身来和学生进行交流，读懂他们的认知特点、兴趣爱好、情感态度，激发学习的内在动力，让他们积极主动地参与到学习中来。不能违背学生的心理特征做事，避免以成人的固有认知分析他们的思想和行为。多和学生聊天，多组织各类座谈，多听取他们的意见和建议，应成为教师的常规动作。读懂了学生，教育才有了根。

读透教材

教师不能做教材的传声筒和复印机，那种机械照搬教材内容进行教学的方式最不可取。要由"教教材"变为"用教材教"，强调在对学生研究的基础上，创造性地使用教材。教师首先要备齐全套教材，看到教材全貌，对教材进行通读；其次，要亲自动手，完成教材中的例题、练习、作业，下水实践，找到潜在的困惑点、疑难点；第三，要读懂教材编排的思路和意图，不能只看眼前，对教材中某些章节与整体教材体系的关联不清晰，对学生已有知识基础和后续学习的内容不了解，导致教学的"稀里糊涂"；第四，要持质疑好问的态度去解读教材，多问几个为什么，在吃透教材、智慧解读教材的基础上，深入挖掘教材的内涵，为学生创设亲历学习过程、促进主动发展的学习平台，使我们的课堂因"用好、用活教材"而活力四射。

读清自己

每个人都有自己的优势：你善于运用多媒体教学，我会灵活运用游戏帮助学生学习，而他又是讲授法教学的高手，让人感受到清新的学术见解、独特的风范气度……教师只有看清自己，才能明白自己的教学个性。我们要能够对自己的能力、特点做清晰的分析，扬长避短，充分发挥自己的教学优势。不妨做个自我分析，列一列自己的独到之处。或者请身边的同事，帮忙审视一下，透过他人的眼光，看清自己。找到自己的优势，充分发挥出来，而不是"东施效颦"，费力不讨好。

读熟政策

对教育的法律法规、重要规划、政策类文件，以及学校的各项规章制度，要多学习，多掌握，吃透相关精神，把握教育的发展方向和动态。第一，有助于建立自己的行为边界，不出格，不越轨；第二，有助于站在教育发展的前沿做事，利于取得相应的成功。建议订阅几本班级管理、教学教研方面的期刊，新鲜的资讯会让你受益匪浅。

∨ 自测清单

总结这一节的收获，如果你做到了，请在相应内容序号前的括号里标注"★"。

（　　）1. 能够掌握不同年龄段学生的基本心理特征。

（　　）2. 能够掌握提高学生课堂参与度的基本操作方法。

（　　）3. 能够为学生提供丰富多样的教学方法。

（　　）4. 能够通过课堂表现、作业情况对学生进行快速、准确的评估。

（　　）5. 能够不循规蹈矩，总有一些新的"点子"。

（　　）6. 能够从身边同事处寻求资源和帮助。

（　　）7. 能够因人而异地采取不同的教育方法和对策。

（　　）8. 能够变"教教材"为"用教材教"，创造性地使用教材。

（　　）9. 能够准确界定自己的优缺点，明晰努力方向。

（　　）10. 能够订阅教育期刊并坚持阅读。

8.分享意识：要勇于展示自己的风采

学校举行论坛活动，一个四十多岁的女老师被数学组一致推举为发言代表。那个老师非常优秀，不仅教学成绩好，而且深得学生的爱戴、家长的信任和同事的认可。她一直担任学科组长工作，带领大家备课、做研究，有模有样，卓有成效。但是，这次参加论坛，她却有很大的抵触情绪，一遍遍强调：我真的不行，不会总结，表达不好，一上台就紧张，要我去，一定会"砸锅"的。

想成为一名优秀的教师，必须敢于展示自己的风采。

教师工作的日常样态，决定了一个人能带动周边群体共同成长才是真正的优秀。因此，作为一名教师，要努力扩大自己的影响力，不仅影响学生，也要影响周围的同事，让你的品格、你的工作态度、你的工作方法、你的工作业绩，成为大家追随与学习的榜样。这时候的你，才会成为真正的佼佼者。

"越分享，越快乐""越分享，越成长""我就是专家"，这是我在学校不断倡导的一些观点。互联网时代就是分享的时代，学会分享使人进步，自我封闭必然落伍。

我曾经到北京十一学校参加他们的春季年会，参加年会的是全国各地慕名而来的人，而站在巨大舞台上分享的，就是十一学校普普通通的老师。他们很年轻，但站在台上，侃侃而谈，鞭辟入里，话题可能不大，却深入浅出，入脑入心。那一刻，我深刻理解了这所学校的魅力，而这种魅力，就来自每一个教师的自信、洒脱。

模仿十一学校，我也在学校组织教育论坛，让每一个人站上舞台，讲自己的故事，说自己的成长；我坚持每个学期末，组织教师进行述职。这是在给普通老师搭建舞台，提供分享的机会。

一开始，总有人害怕分享，颇为抵触，问起来，原因不外乎三个：一是对自己没信心。我一介无名之辈，又不是专家、不是名师，有什么资格和能力分享？殊不知尺有所短，寸有所长，只要肯挖掘、肯展示，每个人都有自己的闪光点。二是害怕被超越。分享对象跟自己是同行，我好不容易摸索出来的经验高招，让别人学了去，抢了饭碗怎么办？殊不知，在今天这个互联网信息秒速更新、创新无时无处不在的时代，一切皆有可能。你以为你能独善其身，瞒得了、守得住吗？或许今天你觉得还是个宝，明天可能就会变得一文不值。三是对分享有偏见，误认为这是浪费时间，不如省出精力来，集中干自己想干该干的事情。这样的人，难免僵化保守，闭门造车。

但在坚持分享的过程中，这些认识不断改变，教师们由一开始的紧张焦虑，变得从容自信；由一开始的肤浅空洞，变得丰富深刻。这不就是教育最好的成长方式吗？"分享"文化的价值逐步凸显，这是"分数"舞台远远不能相比的。

那么，如何进行分享呢？

首先要利用一切机会表达自己的思想。能做不说固然不错，但能做能说才更为可贵。一个人能在多大的场合发表言论，证明这个人有多大的影响力。一个有所作为的教师，要善于利用一切机会，比如评课、教研、学生会、家长会、教师会、年终总结等种种场合，表述自己的教育思想，让人了解，被人接受，并对人产生影响。中国不是个重视演讲的国家，历来推崇"讷于言而敏于行"。但从现代教师的发展来看，这一点应该努力改变。

写作也是重要的分享方式。教师和学生相处一两年时间，总有那么几个感人的故事，总有那么几个教学实践上的精彩点子，但大都遗憾地被湮没了。如果能够勤奋地拿起笔，随时记录下来，发到网络和报刊上，这既是对自己的肯定，也是努力使自己的劳动不被湮没的好方法。写作的幸福感将使你更加热爱思考，一个热爱思考的教师，注定是一个不断向着大师靠拢的人。

此外，还要积极参加各级各类的讲课比赛、演讲比赛、论文评选，这也是一种分享。辛苦一点不算什么，当我们年终盘点的时候会发现，自己在各种活动中所收获的显性和隐性成果，远比当初的付出要丰富得多。

破解锦囊

对听众有所了解

分享中要牢固树立"对象意识"。听众是什么人？文化水平如何？他们希望听什么，不希望听什么？他们的内心渴求有哪些？必须深入了解听众，据此设计内容和表达方式，才不会"自说自话""对牛弹琴"。

开场白引人入胜

一句格言、一个问题、一个故事、一个案例、一次对听众观点的调查、一段视频、一个出乎意料的举动、一个让人好奇的物品（道具、模型等），都可以引发听众的兴趣。演讲伊始，要创设能够引人入胜的情境。

关键点思路清晰

我分享的内容，有何价值？我所讲的内容，与听者有什么关联？我希望影响听者思想和行为上做出哪些改变？能够让大家有什么感悟和提升吗？要有清晰的观点，使人耳目一新，千万不能只是就事论事的工作总结，跳出事务之外的独到见解，才能给人启迪。

结尾处简洁有力

可总结要点，可激励行动，可感谢参与，不宜拖沓，更不宜严重超时。

紧张时适度调整

分享前设计几个演讲的姿势和动作，演讲时适时地变换这几个动作可以消除紧张情绪；适时的停顿和提问，可以给自己更多的思考空间；可以多注视台下熟悉的人，让自己更有信心。

用真诚注入力量

不虚伪，实实在在，真诚表达，语调平和但有自信，如涓涓细流，沁人心脾。真正优秀的演讲不靠大喊大叫。

分享前准备充分

无论是什么类型的分享，都要认真准备，保证逻辑清晰、案例充实、语言有感染力。最好形成翔实的发言稿，如果是现场即兴发言分享，也要理出一个基本思路，或几个关键词，以此保证分享效果。正式登台前，可反复对照镜子进行训练，让表情、手势、动作更加自然。

∨ 自测清单

总结这一节的收获，如果你做到了，请在相应内容序号前的括号里标注"★"。

（　　）1. 能够在评课、教研、会议等活动中主动发言。

（　　）2. 能够积极参与各类论坛、总结、汇报、经验介绍等活动。

（　　）3. 能够主动做到参加一些读书分享会之类的活动。

（　　）4. 能够对倾听对象的要求有所洞察。

（　　）5. 能够有意识地根据分享的对象设计分享内容。

（　　）6. 能够以欣赏的态度倾听和接纳别人的分享。

（　　）7. 能够做到分享时坦诚、大方、自然，具有一定的感染力。

（　　）8. 能够在办公室主动分享自己日常点滴的工作感悟。

（　　）9. 能够拥有较高层次分享活动的亲身体验。

（　　）10. 能够在分享中克服自以为是、自我中心、居高临下的问题。

9. 职业规划：不做糊里糊涂混日子的人

我到一所学校做调研，举行教师座谈会，参加座谈的大概有十几位教师，包括老教师和青年教师，当问到个人的"职业规划"时，大家面面相觑，无法作答。有几位老师为避免尴尬，临时谈了自己的一些想法，基本是空洞、凌乱的，属于"临时抱佛脚"。从中可以看出，这所学校的教师，普遍缺乏对教师职业规划的理解和实际行动。

美国哈佛大学曾对一批大学毕业生进行了一次关于人生目标的调查，结果显示：27% 的人没有目标，60% 的人目标模糊，10% 的人有清晰而短期的目标，3% 的人有清晰而长远的目标。25 年后，哈佛大学对这批学生进行了跟踪调查，结果是：那 3% 的人 25 年间始终朝着一个目标不断努力，都成为社会各界的成功人士、商业领袖和社会精英；那 10% 的人，他们的短期目标不断实现，成为各个领域中的专业人士，大都生活在社会的中上层；那 60% 的人过着安稳的生活，也有着稳定的工作，却没有什么特别的成就；而剩下的 27% 的人生活没有目标，并且还在抱怨他人、抱怨社会不给他们机会。

这则案例告诉我们，人要想获得大的成就，就要有理想和信念，为自己设立远大而又切实可行的目标。有了目标的指引，人才能感悟生命的价值和使命，才能勇往直前地驶向成功的彼岸。

在影响教师专业发展的诸多因素中，教师职业生涯规划的作用不可忽视。一个人的职业生涯能否获得成功、幸福，尽管会受到机遇、命运或他人的影响，但最根本的往往取决于自己是否具有管理和计划其职业生涯的能力。

教师职业生涯规划，是指教师从自身优势和特点出发，根据时代、社会的要求和所在学校的共同愿景做出的能够促进教师有计划地可持续发展的预期性、系统性的自我设计和安排。可以说，教师职业生涯规划是教师的"心灵蓝图"，也是"虚拟实境"的演练！

教师职业生涯规划具有很强的专业性，做好规划必须强调两点：

首先，有效的职业生涯设计需要对自我及环境有充分的了解。深刻分析自我和环境是做好职业生涯规划的第一步。一个人的职业发展与个人的兴趣、性格、受教育情况、职业观、生活观以及个人的天赋或缺欠等都有着密切的关系。只有真正了解自己，详细估量内外在环境的优势、限制，设计出合理且可行的职业生涯发展方向，才能更加有效、可靠。

作为教师，我们既然从事了这个职业，尽管可能不是我们理想的选择，但本着对自己人生负责的态度，就必须在现有的位置上思考自己的各种利弊，发掘个人的优势，确定发展的方向。我们看到，同在教师岗位，有的教师能够走得很远，有的教师却在原地踏步，除了努力的程度之外，能否深刻地分析自我，剖析自我，反省自我，发现自己的长短处，深谙自己的优劣势，是一个很重要因素。

其次，有效的职业生涯设计需要切合实际的目标，将能力与期望结合起来思考。每个人能力提高是有极限的，任何超出个人能力限度的期望都会使自我陷入困境。所以，我们要在制订规划时把握两个目标，并使其相互匹配并行。这两个目标是指"发展目标"和"能力目标"。前者是指可以测量实现的目标，后者是指实现"发展目标"所应达到的个人能力要求。如一名教师希望自己三年后成为市级骨干教师，这是"发展目标"，而要想实现这一目标，这名教师就需要在教学能力、科研能力等方面为自己设立提升的目标，这就是"能力目标"。只有当这两个目标相互匹配时，才能最终达成自己的职业目标。所以，职业生涯规划要充分考虑设定目标的高度和两个目标的合理匹配，做好目标的评估，切合自身的实际，找准自己的定位。

从现实看，许多教师的成长规划还停留在模糊的、隐性的水平上，阻碍了教师成长的自主性。为了有效促成自我成长，作为教师，必须制订一个清晰的、显性的规划，讲究规划的策略，这是教师职业生涯发展演进的重要路径。

当然，需要特别说明的是，教育是培养人的工作，教师职业生涯规划的本质，与其说是业务方面的专业发展，不如说是教师个人德性的成长。教师做好职业生涯规划，不仅仅是为了提高技术手段，促成职业成就，更是为了使个人道德的理性持久处于高度自觉状态。而这种自觉状态，才是主宰、凝聚和支撑生命价值的灵魂。

破解锦囊

了解自己

第一，你要了解自身现有的各种发展水平。教师的现有发展水平可以从课堂教学生活、同事交往生活及家庭生活三大部分加以考察，从而得出关于自身能力、素质、师德等方面的一些量化或质性的结论。

第二，要了解当下现状产生的过往因由。你必须分析现有水平背后的原因，即为什么我在这些方面会比较优秀，而在另外一些方面会显得比较薄弱。看清现象背后的实质，才有可能找到一个人清晰的发展路径。

第三，还要对自己的潜力进行自我评估，这是了解自身的真正目的。发展潜力的评估要立足于对发展原因的分析。有些方面虽然优秀，但是凭超常努力赢得的，潜力不大；有些方面可能稍有不足，但自己有兴趣，接受起来也容易，这应该就是你的潜力所在。

洞悉学校

可以从两个层面加以把握：

一是学校的发展潜力，即学校里有哪些东西是基本不会改变的，有哪些东西是近期内可以改变的，有哪些东西是今后必然会改变的。

二是自己可从学校获得的发展资源。比如：学校重视科研，你就可以获得更多的进行教育教学实验的机会；学校优秀教师聚集，你就可以把

"拜师学艺"作为自己的最佳成长通道。

明确目标

想成为骨干教师、高级教师或是特级教师，以此为职业目标无可厚非，但需知，教师的长远目标应当是教育水准的不断提升，教育思想的渐进深刻，教育影响的持续拓宽。任何一所学校，都有不少优秀教师，各有特色，有的擅长课堂教学，有的擅长班级管理，有的擅长教育科研，你可以根据自身的知识结构、职业素养、兴趣爱好来选择发展路径。

建立关系

首先是与同事之间融洽相处，用一颗真诚的心去对待他人，多站在他人角度思考问题，在事业上互相帮助、互相扶持。其次要处好师生之间的关系，这不仅有助于自己的教学，也会在学生眼中树立一个好老师的形象。同时，要做好家校共育工作，能够和家长成为"一个战壕里的人"，目标一致，形成合力。

写好规划

可按如下基本内容撰写：

××老师××年教育职业生涯规划
（××年×月—××年×月）

一、发展目标

（指职业发展方向和当前可以预见的最长远目标。）

二、社会环境

（包括对政治环境、经济环境、法律环境方面的分析，还包括职业环境分析。）

三、学校环境

（包括行业分析，以及对学校制度、学校文化、学校管理者、学校品牌和服务、办学理念等的分析。)

四、自我评价

（个人目前状况，含发展潜能和自身优势、劣势。比如，有可能从普通教师发展成为学校领导。）

五、他人建议

（记录对自己职业生涯影响最大的一些人的建议。）

六、发展路径

（分析制定、实现目标的主要影响因素，通过目标分解和目标组合的方法做出果断明确的目标选择。）

自测清单

总结这一节的收获，如果你做到了，请在相应内容序号前的括号里标注"★"。

（　　）1. 能够清楚了解自己职业发展所处的阶段。

（　　）2. 能够准确把握自身优势和不足。

（　　）3. 能够根据实际情况，设定自己职业发展的长、中、短期目标。

（　　）4. 能够主动听取对自己职业生涯影响较大的人的建议。

（　　）5. 能够了解相关政策对教师职业的约定和标准。

（　　）6. 能够分析出学校的文化、制度等对自身职业发展的影响要素。

（　　）7. 能够设计出自己职业发展的路径与策略。

（　　）8. 能够拥有成为优秀教师的职业热情和追求。

（　　）9. 能够主动与周围的同事探讨职业规划的话题。

（　　）10. 能够撰写出清晰的职业规划文本并严格实施。

10. 成果提炼：让自己不断升华、质变

案例呈现

某教师开展了"使用激励手段，转变后进学生"的课题研究，取得了较为丰硕的成果，经过省教育科研部门专家组验收，顺利结题。在学校组织的表彰大会上，该教师被评选为学校教科研先进工作者。学校领导对该课题给予了高度评价，给课题组教师颁发了荣誉证书。但是，大会之后，该课题的研究成果被"束之高阁"，再也无人提及。

问题剖析

相对而言，我们的教师群体普遍具有"不善表达"的特性，沉默着工作，并把任劳任怨、埋头苦干、"不言不语"作为一个优秀教育者的标准之一。其实，就教师这个职业而言，由于占据着自己特有的课堂，实施教学行为具有自主性实质，就不可避免地产生大量与众不同的体验。这种体验，经过自身的思考加工，就可能成为别具一格的具有普适意义的教学"真理"。如果这一切只存在于教师的意念和自身的行为之中，并随着退休而"消亡"，不能对他人产生借鉴作用，显然无异于浪费。

因此，对教师而言，如果渴望能以自己的思想对他人产生影响，就必须学会"立言"，要主动地把自己的故事、自己的思考讲给他人听，这样才能创造属于自己的生活世界。

从宽泛的意义上讲，能够把自己的经历和体会说出来，写出来，就是收获了教研成果。很多人之所以不敢奢谈教研成果，就是把它想象成了高高在上、高不可攀的东西。其实，教研成果不仅仅包括专著、科研课题结题报告、长篇大论的科研论文，还包括教育日志、教育叙事、教学案例、教学反思等。这些东西篇幅短小，理论性不强，外在形态生动活泼、灵活

自由，是教师完全可以信手拈来的东西，又有什么可畏惧的呢？

优秀的教师总是善于总结的。他们就是在记录纷繁复杂的教学经历中，不断思考、提升与成长的。相反，也有一些教师，一提到写写教学总结、写写教学反思，头就疼得要命，拼命胡编乱造、应付了事，平时教学中遇到的那些鲜活案例了无踪影，平时教研中接触的新鲜观点去向不明。如此一来，教师便长期沦陷在枯燥和繁杂中，被职业倦怠所擒获，创造力全部枯竭。

这是一件很可悲的事情。

拿起笔来，随时记录点滴的感受，总结成功的经验和失败的教训，聚沙成塔，集腋成裘，收获的不仅是教育的智慧，更是生命的光泽。

其实，成果就在我们身边，关键是我们有没有做个勤于积累的有心人。在我们的日常交流中，在我们片刻的感悟中，都有知识、经验和学问。对这些点滴的东西，进行日常记录，并利用闲暇时间加以整理，就极有可能诞生一篇不错的文章。

有一位青年教师这样谈总结经验的话题：

我常常从学校的例会记录中、班级晨会的发言中、办公室闲聊中、班级日记的摘录中获得启迪，并加以整理。时间长了，也就有了更多我自己的东西。这也许就是人们常说的"做生活的有心人"吧。

学校开展教研活动，给我们搭起了一个相互交流学习的平台，知识在这里发酵，智慧在这里酝酿，灵感在这里展现。如果我们在会上加以记录，会后有所选择地加以整理，我们的感性认识就得以升华，成为我们自己理性的东西——而不仅仅是"我们说说而已"。

如果想当一个生活的有心人，如果想当一个好教师，如果想在三尺讲台上有点成绩，如果想要一点自己写出来的东西，那么我的建议是：拿出我们的草纸，记下你我的发言和闲谈，记录你我的启迪和灵感（哪怕是只言片语）；然后花上一点时间（哪怕是一节课、一上午的时间）进行整理。不论成熟与否，那绝对就是我们自己的东西（这就是我们自信心的源泉）。如果把我们的东西再加以交流，经过别人批判，那么我们就能获得长足的进步和质的飞跃。也许假以时日，还会插上腾飞的翅膀呢（这就是我们成就感的动力）。

这位青年教师给我们做出了很好的表率，在日常的学习和工作中，多学一点东西，多记录一点东西，多整理一点东西，多交流一点东西，那么，我们每一个人都会获得更多的新的感悟。

这不需要学校安排，不需要外在动力，行动起来，就会发现我们自己工作和人生的乐趣。

当然，教研成果总结出来，还要想方设法进行推广，这样其价值才能得到真正的体现。有些老师崇尚"沉默是金"，即使有了很好的想法和做法，甚至已经提炼出来写成了文章，也不愿意拿出来与大家共享，生怕不被周围的领导和同事认可。其实，教学研究本身就是一种摸索，只有在交流、碰撞中，真理才会逐渐凸显。因此，学会借助各种机会，譬如经验交流会、教师论坛、校报校刊等，充分发表自己的见解，哪怕这些见解算不上十分成熟也没有关系，如此，我们自身的业务素质便能够突飞猛进。

> **破解锦囊**

学会写教学案例

主题：案例想反映什么问题，动笔前要有明确的想法。

背景：向读者交代故事发生的时间、地点、人物、起因等。

情境与细节：对原始材料进行筛选，剪裁情节，写清楚关键细节，做到引人入胜。

结果：写清解决问题的措施和最终效果，以及在此过程中学生的反应和教师的感受等。

启示：交代应吸取的成功经验或失败教训，引起人们的共鸣，给人以启迪。

问题探讨：根据案例事件中反映出的问题，设计能引起别人对案例进行深思、探索和深入学习与讨论的问题，可以涉及学科知识、教学手段和方法、学生学习效果的评价等方方面面。

学会写教学后记

教学后记是通过对教学实况的回顾与反思及时生成的小结性文本。撰写教学后记要强调四点：一是"趁热打铁"——强调及时性，如果时过境迁之后再去"追忆"，效果就大打折扣了；二是"删繁就简"——将"成功"与"失败"扼要记录下来，要言简意赅，力求精辟；三是"突出重点"——不能眉毛胡子一把抓，处处都写则等于"处处不写"；四是"抽其要义"——对于日积月累的大量教学后记材料，要进行归纳总结概括，从中吸取经验教训，以便摸索教学规律，不断提高教学质量。

学会写教育叙事

一要有意识地收集教育教学原生态事件资料。

二要注意收集与教育教学相关的背景资料。

三要注意从教学事件中思考和寻找规律。

四要注意对资料的整理和分析。

五要注意写作时明确研究和表述的问题。

六要注意掌握书写的方式。

学会写教学论文

选题要适当。不选自己没有实践而只能东拼西凑的主题；不选自己不认同又不知所云的主题；不选太平常而一说就完的主题；不选自己似懂非懂的主题；不选太大过宽、内容空洞的主题。

观点要正确。必须表达自己对教育教学某些问题的独到见解。

材料要充分。选材时，一定要注意不去做大而无当的联系和比较。

思路要清晰。最忌讳天马行空，写到哪里算哪里，思路不清，逻辑混乱。

表达要准确。要舍得删减材料，该舍就舍，该去则去，决不姑息。要讲究文采，在语言的准确性、学术性、可读性等方面下功夫。

总结这一节的收获，如果你做到了，请在相应内容序号前的括号里标注"★"。

（　　　）1. 能够增强将自己的教学经验提炼为成果的意愿。

（　　　）2. 能够坚持写教学后记。

（　　　）3. 能够根据工作感悟撰写教学案例、教育叙事、教学论文。

（　　　）4. 能够主动申报并承担课题研究工作。

（　　　）5. 能够主动甄别和借鉴已有的教学成果。

（　　　）6. 能够主动记录工作中的故事或感悟。

（　　　）7. 能够积极参与经验介绍之类的活动并主动发言。

（　　　）8. 能够意识到提炼成果对教学工作的促进作用。

（　　　）9. 能够积极做好教学资料的搜集与保存。

（　　　）10. 能够撰写出相对规范、严谨的教学论文并发表。

11. 个性发展：让自己与众不同

案例呈现

一名英语女教师，课堂教学不拘一格，没有什么固定套路，学生读一会儿，演一会儿，过后又画一会儿，跳一会儿，"四不像"的课堂与学校提出的"高效课堂"模式格格不入。学校领导几次找她谈话，指出她的课不符合"好课"要求，希望她整改。这个老师很有个性，坚持自己的做法，因为她的课学生学得好，学得快乐，连公认的"差生"也很喜欢，教学成绩又好。学校领导也无可奈何，只能"睁一只眼闭一只眼"。后来，省里面的教学专家到学校调研，偶然间发现了这位老师的课，备加推崇，她这才得以"名正言顺"。

问题剖析

有一位教育家说过：在教学中，一切都应当以教育者的个性为基础，只有个性才能影响个性的发展与定型，只有性格才能培养性格。

21世纪是创新的世纪，是尊重个性、张扬个性的世纪。个性孕育了创新，创新展示了个性。独立的人格，独特的个性，独创的精神，是未来一代生存的基本素质。

《中国青年报》曾发表过一篇题为《一位语文教师毁誉参半的教改实验》的文章，报道了青岛市一位高中语文教师王泽钊教改屡撞南墙的事。王泽钊老师认为教材中的"课文没几篇有人文价值"。他进行改革，自编《新语文》，将相当多的古今中外文学作品精选其中，有鲁迅、巴金，有海明威、卡夫卡，有池莉、北岛、崔健，甚至还有学生的优秀作品。他在高三仍鼓励学生读《庄子》《史记》《追忆似水年华》《尤里西斯》。他的学生上课不要起立。他的课堂可以在崂山风景区，可以是唇枪舌剑的辩论会。他的语文课走进了音乐、走进了摄影、走进了美术……他的学生对他最真切的评价是"博学""幽默"。就是这样的老师，因为与学校的现行管理不协调，18年被调换了4次学校。王泽钊老师矢志不渝，无怨无悔，"就是撞到南墙也不回头"，执着地追求自己的教育理想！

一个有个性的教师是特别难找的！有个性的教师绝不会人云亦云，他们有自己的头脑和独特的思想，他们开放、自信而叛逆。知识的开放与思想的开放使他们能够适应不断变化的教学，对教学内容和教学手段进行积极的探索；他们充满自信，笑对人生的挫折与磨难，积极投入竞争激烈的时代洪流，充满着教育的理想，不满足于现状，坚信通过自己的努力定能获取成功；他们富于挑战，不盲从，不唯上，不唯书，不唯人，只唯真理，有批判精神和进取心。王泽钊老师就为我们展现了个性教师的魅力。

我们不难发现，受学生欢迎的教师，都有自己独特的风格。他们的教学，符合所教学科的特点和教学规律，能激起学生的兴趣，调动学生的学习积极性。而这一切又取决于教师个性，教师的个性差异决定着如何通过教学过程形成自己的教学特色。

当然，教学特色非一朝一夕就能形成，有一位老师曾这样论述：

一个教师要形成特色的教学风格，首先要有坚实的专业知识，没有厚实的专业知识积淀，是不可能在教学中厚积薄发、处处得心应手、左右逢源的，也不可能创造性地开展教学工作，形成自己的教学特色。其次，要有"杂家"的角色意识。要使学生信服，教师必须在信息量上盖过学生。在信息技术时代，知识翻新速度之快令人瞠目结舌，要有捕捉、判断和处理信息的学习与创造能力。只有不断吸收各类信息，才能不断吐故纳新，才能适应当今的教学，才能满足学生的需求，使课堂教学充满生气。第三，要有博采众长的气度。要形成风格，必须博采众长。"三人行，必有我师"，向同行学习，向他人学习，取长补短是明智之举。如果固步自封、孤芳自赏、夜郎自大，则必然妨碍自身发展，难以独树一帜。第四，要有不拘于时的胆识。要形成独特的教学风格，要充分发挥自己的特长、个性，大胆地去思考、去探索，只要有利于提高教育教学质量的办法都可以去尝试；至于别人的方法、经验，只有和自己的实际相结合，才能形成自己的风格。第五，要有良好的精神风貌，要注意情感投入。一个有特色的教师，无论上什么课，都应让学生可亲、可敬、可信，愿意和老师神交，乐意听你的课。一个教师，是否有特色，最有发言权的也是学生。所以要多征求学生的意见和建议，多倾听学生的心声，不断改进教学方法。

思想是行动的先驱，是一个人的灵魂，每个教师首先应该有自己所推崇的教育思想。苏霍姆林斯基的教育思想是"个性全面和谐发展"，陶行知的教育思想是生活教育理论……这些理论是他们独创的，作为一个普通老师，我们不可能达到那样的理论高度，但我们可以根据自己对教育的理解，从人类教育思想宝库中选择我们信奉的理论作为我们行动的指南。

也许我们成不了思想家，但我们可以形成自己独特的思想意识；也许我们成不了教育家，但却能通过我们的教育培养出真正意义上的教育家；也许我们永远默默无闻，成不了名人，但我们却可以培养出各条战线的精英；也许……太多的也许让我们一往无前，义无反顾。当我们的教师都呈现出个性鲜明的特质，我们的教育天地才会万紫千红、生机盎然。

破解锦囊

不冒充万能的"主宰"

教师应该是维护真理的人，而永远不会是真理本身。知识爆炸时代，海量信息铺天盖地而来。电影、电视、广播、网络，越来越开放的媒体进入生活，学生的视野开拓了，获取信息的途径增多了，新事物、新人物、新思想，也许我们并不知晓，而学生已经相当熟悉。从这个意义上说，学生反倒在某些方面成了我们的老师。如果我们还死死抱住"我是老师，我无所不知"的观点，就不免成为笑话了。教师从高高的神坛上走下来，别再冒充万能的"主宰"，以一个普通人的心态，"蹲下身子"，和学生一起探索真理，完成教育任务。相信，这样的教师能够更多地得到学生的尊重和拥戴。

发现自己的"短板"

教师身上经常存在着各种不良的个性倾向，导致我们有意无意地出现不当的教育行为。比如权威型不良个性倾向，表现为排他性、固执性、刻板性等特点，在教育行为中往往以家长的专制面目出现，武断固执，盛气凌人，对学生多半采用训斥、压服、快刀斩乱麻的方式，常出现因处理不当而伤害学生感情的结果。再如自恋型不良个性倾向，表现为盛气凌人、争强好胜、固执己见，好表现自己，老想获得他人的注意和称赞，不能接受别人的建议和批评。其他还有冲动型、强迫型、社会型、依赖型等不良个性倾向。发现自身的个性不足，弥补自己的短板，是教师走向个性化的前提。

坚决不做"墙头草"

一名教师，如果要在教育改革中占据潮头的位置，就必须按照教育的本质去行动，形成自己的认识和主张。一味生搬硬套他人的经验，左右摇摆，注定要失败。有的教师说，我也想有自己的教学定力，但学校领导非要去学"××"教学模式、"××"教学策略，我能有什么办法？我还能得罪校长？我是迫不得已才做"墙头草"的。这的确是个事实，有些教育管理者，盲目推崇某些所谓的教育改革经验，急功近利，总奢望靠"拿来主义"，将"舶来品"引入学校，省时省力换得功成名就，这必然给教师的工作造成一定影响。但是，教师这个职业的最大特点之一就是要有自己的个性和思想。我们完全可以在不与管理者发生直接冲突的情况下，坚持自己的教育教学理念。所谓"强行推行"，并不能成为我们做"墙头草"的理由。

形成自己的"风格"

雨果说："风格是打开未来之门的钥匙。"有人说，我一个小老师，如果妄谈教学风格，会不会被人耻笑，扣上"不够谦虚"的帽子？殊不知，如果我们连"风格"二字都不敢去触摸，风格就会永远向我们关上大门，教学也只能永远止于教学经验和所谓特色的层面。要学会做自我分析，找到自己的风格定位：理智型、情感型、幽默型、技巧型、自然型……教师可以对号入座，根据自身特点，逐步摸索，找到追求的方向。当然，不能急功近利，应该着力于扎扎实实地做好眼前的事，这是形成自身风格的重要基础。

⌄ 自测清单

总结这一节的收获，如果你做到了，请在相应内容序号前的括号里标注"★"。

（　　）1. 能够有一定的自己的教育教学主张。

（　　）2. 能够对他人的经验、成果秉持怀疑的基础上进行借鉴。

（　　）3. 能够对自身教学特点有一定剖析。

（　　）4. 能够分析自己教学上的薄弱点并有意加以改变。

（　　）5. 能够与他人分享自己的见解。

（　　）6. 能够保持乐于探索的良好的精神面貌。

（　　）7. 能够保持开放状态，汲取多元信息。

（　　）8. 能够主动放弃"我是老师，我无所不知"的观点。

（　　）9. 能够主动求变、求新、求异。

（　　）10. 能够主动展现自己，具有风格意识。

12.坚持教研：成为研究型教师

案例呈现

某校数学组组织主题为"数学学科核心素养与课堂教学有效结合"的研讨会，规定时间到了，教研组的人却迟迟不齐。大家一等再等，将近半个小时，最后一位教师才姗姗来迟。教研组长提示大家，应该按时参加教研活动，来晚的那位教师却生气地说："我那还有一大堆作业没批改，还有学生问题要处理，哪有闲工夫干这些没用的事？再说了，什么核心素养，我教了这么多年了，从来没想过这个问题，不照样教出了那么多优秀学生？"

问题剖析

作为教师，从走上讲台起，不论是否自愿，你都不可避免地要参与五花八门的教研活动。教师的专业成长，主要依靠多种形式的教研活动，依靠专家引领、同伴互助、实践反思等。遗憾的是，我曾以教师、教研员、学校管理人员等多重身份参加过各种级别的数不清的教研活动，但每每活动结束，总难免有些失望：这些教研活动给人虚假、浮躁之感，缺乏点实效性，缺乏点针对性，热热闹闹的活动之后，往往难以达到预期的目的。

于是，大家开始困惑：我们搞教研有什么用？不是有教研员吗？这跟我们普通教师有什么关系？

其实，我们的生活、学习、工作、娱乐都离不开研究。不研究，能不能生活，能不能工作，能不能学习？答案是肯定的：能。但是不研究，生活不会更幸福，工作不会更出色，学习不会大提高。举个例子，你业余时间喜欢打球，如果你边打球边研究打球的技巧，让打球的水平有所提高，那么你的娱乐圈子就会越来越大，自信心就会越来越强，打球的兴趣就会越来越浓。反之，有的人起初还有几个爱好，但懒得研究，懒得动脑，一直没有提高，慢慢地也就失去了兴趣。

同样道理，教学工作也离不开研究。一个富有研究精神的教师，和一个疏于研究的教师，一生所取得的成就，一生所获得的成功感和幸福感，会有天壤之别。

其实，教学研究并不神秘。我所理解的教学研究，说白了就是让课堂更像课堂，让学生学习力更强一些，让师生关系更融洽，让自己更加乐于工作。但不少老师认为教研与自己的教学相去甚远，是专家才能做的事，一谈到教学研究，就与什么理论、什么专家引领、什么领导支持、什么课题组等挂起钩来，简单的事情复杂化，于是望而却步，主动退到教研的大门之外。

其实，教研非常简单，比如你想研究分组互助学习，不过是将分组互助的划分方法陈述清楚，将互助形式叙述明白，将互助组的优劣点分析透彻。若有相应的对比资料，如实行与不实行班级的情况比照，实行前和实行后学生学习状态的不同，研究内容就会更有说服力。将自己互助学习组的组建、实施、效果等内容付诸文字，几篇教育随笔或教学论文就初见端倪，简陋也好，粗糙也罢，都是自己教研中的点滴收获。沿着这样的思路走下去，教研就会走进自己的工作中，成为工作不可分割的一部分。

这样的教研繁琐吗？实在是再简单不过的事，只是由于平时我们缺乏持之以恒的精神，才常常半途而废。

参与教研工作，与教师生涯的专业化程度息息相关。

首先，教师做教研有利于获取优异的教育教学成绩。可以打个比方：教师相当于农民，而教研人员则相当于技术员。农民进行具体生产操作时，由于技术员人数特别少，不可能有效地监督观察每位农民的操作过程，也就不能很好地纠正偏差，这就形成了"种成啥样算啥样"的局面，还怎么能指望获得高产呢？假若农民不是依赖技术员，而是抓紧学习和提高，不断思考分析生产过程中面临的各种问题，把曾经取得的经验和一定理论结合起来，探索、交流、创新，即使没有技术员，照样可以获得丰收。以此类比，教师从事教研工作，也是必须的。谁越是坚定地及早开展此项工作，谁就越是主动，越能取得好的成绩。

其次，教师做教研有利于解决实际的教育问题。譬如，在某所学校，学生作业质量总不令人满意，抄袭作业、不交作业现象严重。教师通过跟踪调查、问卷、座谈、家访等方式，对此类问题的产生原因进行深入剖析，并提出相应的教学改进措施，如分层布置作业、作业当堂完成、家长共同监督等，效果很好。

再次，教师做教研有利于提高自身的专业素养。教研活动为提高教师的理论水平、实际工作能力和专业素养搭建了宽广的平台，有助于教师从"教书匠"向"教育家"蜕变。

最后，教师做教研有利于形成新的职业生活方式。苏霍姆林斯基说：如果你想让教师的劳动能够给教师带来一些乐趣，使天天上课不至于变成一种单调乏味的义务，那你应当引导每一位教师走上从事一些研究这条幸福的道路上来。教师这个职业是辛苦的，甚至是枯燥的，年复一年，日复一日，难免会丧失激情。如果投身教研，往往能发现另一种全新的喜悦体验，最终形成一种新的充满活力的教师职业生活方式。

破解锦囊

明确教研活动的目的

每次参加活动前，要了解活动的主题、内容，带着思考参加活动。

熟悉教研活动的形式

对学校常规教研活动的主要形式、方法、要求、特点等，要做些分析，非常了解，不能只凭个人意志、只凭自我感觉、只凭工作习惯或只凭几分热情去参加活动，一定要坚持科学的态度和方法。

着眼小问题开展研究

在教研选题上着眼于实实在在的具体问题，以小见大，钻深研透。比如，如何导入新课？怎样提问更有效？怎样让预习更有效？如何布置减负增效的作业？怎样进行课堂评价更有效？要时时留心周围的一切，自觉以研究者的眼光审视、分析和解决教学中出现的各种问题，要本着"教什么、研究什么"的原则，紧密结合本职教学工作去开展教研活动，使教学工作和教研工作融为一体，只有这样才能收到"教研相长"的效果。

用教研重塑职业形象

实用性的研究，很容易显性形成教师实用性的教学教研素质和后发优势，帮助教师实现可持续发展。很多名师的成功经验启示我们：教师完全可以通过教研活动来重塑自己的职业形象，形成一种新的工作与生活方式，教师应善于在和学生一起成长的过程中完善自我、成就事业。

体验教研带来的快乐

一个温馨和谐的教研组能让每一名教师产生家一样的归属感。和谐相处、平等对话、取长补短、智慧共享的过程，是一个幸福、快乐的过程，这种快乐来自和谐的人际关系，来自宽松的研究氛围，来自丰硕的研究成果，来自大家庭每个成员的共同进步、共同成长。学会赞美别人的分享，学会分享他人的成功，我们就能体验到教研给我们带来的更多的快乐。

⌄⌄ 自测清单

总结这一节的收获，如果你做到了，请在相应内容序号前的括号里标注"★"。

（　　）1. 能够做到参加教研活动时面带微笑，不抱怨。

（　　）2. 能够了解学校各类教研活动的基本要求。

（　　）3. 能够做到每次参加教研活动前有所思考、有所准备。

（　　）4. 能够认真聆听每个人的意见、建议，并主动与自己的工作相结合。

（　　）5. 能够积极参与大家的讨论并提出自己的见解。

（　　）6. 能够按时出席教研活动。

（　　）7. 能够带好笔记，并认真做好记录。

（　　）8. 能够自觉将教研成果在工作实际中尝试应用。

（　　）9. 能够主动赞美他人的分享。

（　　）10. 能够对别人的付出表示感谢。

13. 合作共赢：不做单打独斗的"能人"

案例呈现

一个学生平时表现不太好，班主任苦口婆心，想尽办法使尽手段，他终于表示"回心转意""悔过自新"。不料，才好了两天，在数学课上因听不懂与旁边同学讨论时，被老师狠狠训斥：狗改不了吃屎！他闻此言极为反感，但却不做任何解释。从此，他自动沦为了班中最难管、校内名气最响的"后进生"。

问题剖析

从上述案例我们可以看出，如果班主任能够将自己的教育成果与其他老师通个气，如果其他老师了解班主任的工作进展，如果其他老师能与学生平心静气地交流，故事就可能会有另一种结局。可惜，再好的"假设"也无法改变一切，老师的一句气话，在顷刻之间将班主任的所有心血化为乌有。

由此可见合作的重要性。无数实践证明：如果某一环节缺陷，一定会给其他环节构成困难，从而影响学生的正常成长。集体性是教师的职业特点之一，教师的工作是在相互交流合作、彼此协调宽容、共同探讨支持的基础上顺利开展的。学生素质的不平衡性、社会对人才需求的多样性，都要求教师强调合作精神，发挥集体的教育力量。从这个意义上说，没有合作就没有教育。

然而，现实中，教师的合作状况却不容乐观。某地曾对部分教师做过一个调查，其中有一部分内容涉及教师的合作。在"如果自己拥有教学上的秘密武器，你将会_____"一栏中，有 15.93% 的教师表示"不会告诉别人"；在"如果别人的教学成绩比自己好，你会觉得_____"一栏中，填"没面子""自己下不来台"等的也不少。个别教师主观地认为，哪怕是某个教师暂时的优势也会招来嫉妒；大多数教师在竞争中采取保守姿态，不愿与人合作交流，甚至有 8.2% 的人认为交流仅仅是为了相互利用。希望学校领导或教研组长指导自己教育教学工作的，只占 29.12%（其中又以新教师为主）；13.19% 的教师完全不想别人"干涉"自己的工作，19.22% 的教师对自己学校的发展漠不关心，3.85% 的教师认为对成绩突出者可以采取讽刺打击的方式对待。这些数据，显现出部分教师集体合作意识是何等淡薄！

而现实中的一些现象也证明了这一点：同年级同学科组教师的教学，进度不统一；组织单元或章节测试，命题不一致；印刷练习试卷，只负责自己所教的班；平时备课方面的交流很少，甚至在关键时刻有所保留；在各种公开课、优质课的评比过程中，也常常是参赛教师单枪匹马地准备，缺少群策群力；等等。

造成教师缺乏合作积极性的因素有很多。首先，教师文化的保守性和封闭性使教师群体难以以开放的心态去接受新事物。其次是教学模式的影响，在分科教学模式中课堂是封闭的、互相独立的，教师在教学过程中互不干扰，各自为政，只要完成自己本学科的教学任务就可以了，不需要与其他教师进行交往或合作。再次是客观因素的影响，如教师工作负担过重、学校客观条件的限制、教师奖惩制度的影响、教师缺乏合作的技能等，这在很大程度上阻碍了教师进行合作。

实践证明，合作具有非常积极的作用：从人际关系上来说，合作是一种黏合剂，它能使同事之间的关系融洽，能使人带着愉快的心境投入工作，提高工作效率；从课堂教学上来说，合作又是一种催化剂，它能集中集体的智慧，相互捕捉新信息、新想法，萌发新灵感，使我们少走弯路，实现资源共享，从而提高课堂教学的质量；再从我们的现实来说，合作是减压器，合作能使我们在繁重的教学任务中得到解脱，众人拾柴火焰高，解决各自为战不能解决的课题、难题。此外，教师间的良好合作，也为学生提供示范的样板，诠释了合作的真谛。要把一切力量拧成一股绳，认准一个教育目标，切准突破点，多管齐下，同心协力。否则，何谈教育？

作为一个群体中的个体，必须坚守一种信念：一花独秀不是春，百花竞放春满园。大家有共同的、明确的奋斗目标，有责任感，有宽容和理解的心态，相互认同，允许碰撞出"火花"，这样的集体才是一个充满活力的、有上进心的、有希望的集体，而集体中的每个成员也能够健康成长、发展和提升。

破解锦囊

虚怀若谷，知己知彼

每个人都有自己的长处和短处，不同性别、不同年龄的教师也有各自特点。正确认识自己的优缺点，真正做到知己之不足，知人之所长，就会更多地发现别人的长处，虚心学习别人的长处，取人之长补己之短，既有利于搞好团结协作，又能尽快地提高自己的业务素质。

严以律己，以诚待人

面对不如意，面对矛盾，要以谅解、宽容的态度，多为别人着想，以心换心，换位思考，开诚布公，以诚相见，以诚立身，只有这样，才能做到以诚待人。

相互帮助，通力合作

提倡同行相亲，同行相助，追求教育教学的整体效果，在集体奋斗的成功中实现个人的价值。要反对"同行是冤家""教会了徒弟，饿死了师傅""文人相轻"的错误观念，不把自己的知识和经验当成私有财产，乐于将个人知识上升为组织知识，杜绝对其他教师搞资料封锁、搞专题保密，避免自私保守、固步自封的不良倾向。

关心集体，忠于职守

良好集体的形成，离不开每个教师的心齐和努力，就像一盆燃烧的炭火，只有每一块炭都燃烧发热，才能温暖自己，也温暖别人。要做到关心集体，从我做起，忠于职守，用实际行动为集体做贡献，达到团结协作的目的。

珍惜情谊，利莫当头

在与同事的协作交往中，不能只强调物质利益，开口要钱，闭口言利，事事"利"字当头。要看到集体当中比金钱更宝贵的东西，这就是人与人的情谊和每个人做人的人格与尊严。

∨ **自测清单**

总结这一节的收获，如果你做到了，请在相应内容序号前的括号里标注"★"。

（　　）1. 能够理解合作的价值。

（　　）2. 能够主动关注并支持他人的工作需求。

（　　）3. 能够主动向他人求助。

（　　）4. 能够发现并借鉴他人的优点和长处。

（　　）5. 能够就学习经验、学习资源等与他人共享。

（　　）6. 能够积极参与集体教研类的活动。

（　　）7. 能够主动给予他人帮助和支持。

（　　）8. 能够允许他人存在不同观点。

（　　）9. 能够做到平和、坦荡。

（　　）10. 能够找到集体中的归属感。

第二辑
课堂教学中的挑战与超越

　　课堂教学的伦理价值可以理解为学生的生命价值，当一个教师把全部精力关注于知识本身，却忽略了学生的情绪、情感、状态，究竟会给课堂营造什么样的生态呢？缺乏赞赏、缺乏包容、缺乏成功的体验，僵化的、单一的、缺乏灵动的教学过程无力提供生命灵动性生存的环境。

14. 快乐元素：让课堂成为兴趣之源

某日，一数学教师因病不能到校，班主任将情况告知学生，全班顿时掌声、欢呼声雷鸣般响起。班主任无奈地说：这样的情形不是第一次发生了……

问起学生为何会有如此反应，学生直言不讳：数学老师根本不把我们当人看，除了训斥，就是打骂，整天板着个面孔，好像谁欠了他钱似的，上他的课就是煎熬，活受罪，一丁点儿的快乐都没有。

什么叫快乐？有一群年轻人到处寻找快乐，但是却遇到许多烦恼、忧愁和痛苦。他们向苏格拉底询问：快乐到底在哪里？苏格拉底说：你们还是先帮我造一条船吧。年轻人暂时把寻找快乐的事放在一边，找来造船的工具，用了七七四十九天，锯倒了一棵又高又大的树，掏空了树心，造了一条独木船。独木船下水了，年轻人把老师请到船上，一边合力荡桨，一边唱起了歌。

苏格拉底问："孩子们，你们快乐吗？"

学生们齐声回答："我们快乐极了。"

苏格拉底说，快乐就是这样，它往往在你为了一个明确的目标忙得无暇顾及其他的时候，突然来到。

这个故事能给我们的课堂教学带来有益的启发。快乐是一种愉悦的心理体验，是一种乐观向上的积极态度。把这样一种体验和态度迁移到课堂之中，就是快乐课堂。快乐的课堂能使学生的个性得到充分张扬，使其在享受精神愉悦的同时，身心得到健康、和谐的发展。

然而，在我们的中小学课堂里，"快乐"似乎成了稀缺物，在强大的应试教育思想下，在如山似海的作业与考试下，我们的课堂中缺失的恰恰就是快乐学习的动力源。

试想，在我们的课堂上是否有以下情景？

情景一：以"严师"自居，从不肯"恩赐"给学生笑脸，总是用严厉的面孔和高压的态度强加于学生，学生见到老师如同老鼠见猫，唯恐避之不及。

情景二：讲课时"心中有案，目中无人"，宁可望着天花板，也不和学生做感情交流，很少在课堂中设计与学生互动的环节。即便提问，也常常叫不出学生的名字，指指点点。课堂教学就是干巴巴的知识搬运，没有丝毫的人文关怀。

情景三：说话尖酸、刻薄，动不动就出口伤人，不懂赏识教育，不会使用艺术性的批评手法。对优生笑脸相迎，对"差生"不理不睬，典型的"偏心眼"。

情景四：面孔呆滞，神情冷漠，语言啰唆，没有激情，俨然"催眠高手"，学生觉得索然无味，昏昏欲睡。

情景五：把海量作业作为获得教学成绩的最大法宝，美其名曰"精讲多练"。

情景六：考试成绩不理想，把责任都推到学生身上，只说学生不努力，不讲自己没教好。

这些普遍现象，直接导致许多学生过得并不快乐，甚至开始厌学。

苏联教育家赞可夫曾说："不应当把儿童在课堂上的积极而充实的精神生活理解成连续不断的紧张状态，所谓儿童的生活并不是指让每一个人单独地去苦思冥想。孩子是在跟教师、跟同学一起交谈自己的想法，有时是相互争论。这里面有游戏的成分，有开玩笑，也有笑声……"

可见，学生在课堂中能否真正体味到快乐，并因快乐而对学习产生持久的兴趣，很大程度上取决于教师所赋予学生的课堂生活状态和学生所处的交际网。课堂的丰富多彩，师生关系、生生关系的融洽、和谐，都会使学生从课堂中得到更多的乐趣和热情。

我曾经在学校的毕业生中做过一个问卷调查，其中有这样一个问题："你认为你的学校生活中存在哪些不足？"学生的回答主要集中在："学校很少教会我们创造性和独立性""教师的教学方式过于单调、枯燥""我们缺少勇气替自己做主，常把自己的学习问题推给老师和家长去决定""学校里我们很少思考，更多的是枯燥乏味地背书""学习出现问题时，缺乏来自老师和同学的实质性帮助"。这些回答从一个侧面揭示出我们课堂生活中存在的问题。

其中，我认为和谐的师生关系是激发学生学习的积极性、主动性、创造性的原动力。因为，课堂教学的伦理价值可以理解为学生的生命价值，当一个教师把全部精力关注于知识本身，却忽略了学生的情绪、情感、状态，究竟会给课堂营造什么样的生态呢？缺乏赞赏、缺乏包容、缺乏成功的体验，僵化的、单一的、缺乏灵动的教学过程无力提供生命灵动性生存的环境。"人"不见了，教学还有什么意义？

破解锦囊

教师的快乐是最直接的源头

课堂的快乐源于教师的快乐，而教师快乐与否取决于教师的思维取向。习惯看到生活中积极一面的教师，总是引导自己的学生也看到生活中积极的一面，因而习惯以积极的态度学习和生活。相反，如果一个教师总是陷在个人的一时得失中难以自拔，总是用悲观的、消极的、负面的观点看世界，天天都是凄风苦雨，天天都是"秋雨梧桐叶落时"，天天都是满世界对不起自己，又怎么可能将快乐带到课堂中，带给学生呢？因此，抛弃生活的琐碎与不堪，每天面带微笑走上讲台，是教师的能力，更是教师的职业道德。

把学生当"人"看是快乐的基础

"见分不见人"，学生出一点问题，你就大发雷霆，甚至采取各种极端手段进行体罚和变相体罚，头脑里丝毫没有学生的基本权利，在这样的课堂上，学生岂能寻觅到乐趣？把学生当人看，就是要把学生当作一个独立的人、发展的人、独特的人，无论学生的成绩高与低，他努力了，他就成长了，我们都要学会对自己说："有这样的学生真好！"带着这样的思想走进课堂，我们看到的每一张脸都是那么可爱，每一双眼都是那么单纯。尊重学生的个性，尊重学生的差异，相信每一个学生都能成才，课堂就会快乐起来。

"善变"的教学方式是快乐的沃土

我们给学生的感觉不能永远都是一张"滔滔不绝"的大嘴，一页页呆板机械的PPT，更不能永远都是千篇一律的开场白和结束语，枯燥乏味的练习与测试。每一节课都要精心设计，寻求变化，这样才能紧紧吸引住学生，让他们在不知不觉中接受知识、掌握技能。千万不能满足于做一头蒙着眼睛的驴子，在苦熬岁月的同时，也被自己的学生所鄙弃。对教师而言，这无疑是最可悲的境地。

自测清单

总结这一节的收获，如果你做到了，请在相应内容序号前的括号里标注"★"。

（　　）1. 能够理解快乐对课堂的价值。

（　　）2. 能够关注课堂中学生的情绪状态。

（　　）3. 能够用积极的心态面对生活的各种际遇。

（　　）4. 能够控制自己的情绪。

（　　）5. 能够与学生心平气和地交流。

（　　）6. 能够尊重孩子的"不完美"。

（　　）7. 能够发现每个孩子与众不同的亮点。

（　　）8. 能够主动营造和谐的师生关系。

（　　）9. 能够在课堂中主动"求变"。

（　　）10. 能够微笑教学，让自己成为课堂的快乐之源。

15. 目中有人：让学习真实发生

案例呈现

我去听课，一位高三政治教师讲授"解决台湾问题实现祖国完全统一"。她为了强化学习的内容，没有拘泥于课本本身，而是适当对教材内容进行了拓展，补充一些历史材料去证明"台湾自古就是中国领土的一部分"，这就让教学的内容更加丰富。看得出，这个老师花了很大的功夫，亲自查找到许多相关资料，做好精致的课件，在课堂上完完整整地给学生讲解，学生的任务就是认真听和仔细记。下课后，我带着这个老师与学生进行了反馈交流，结果发现学生学得并不好。她有些失望，不知道问题出在哪里。

问题剖析

跟这个老师交流之后，她才恍然大悟：她以为查好资料，直接把知识教给学生，可以省时省力，效率更高。但事与愿违，时间看似节约了，可学习效果并不好。

后来到其他班级上课，她做了调整。课前提前安排，让学生们自行收集整理"台湾自古就是中国领土的一部分"的相关资料，可以单干，也可以合作。结果发现，学生们能力很强，收集整理得很完整，从三国卫温至夷洲（当时台湾名）到隋朝派人至琉球（当时台湾名），从元朝澎湖巡检司管辖澎湖和琉球（当时台湾名）到清朝郑成功收复台湾……大大出乎她的预料。课堂上，进行到补充相关资料的环节时，她干脆让学生上台讲解，然后其他同学补充，课堂气氛十分活跃，课堂效果相当好。

我们来比较两种不同的授课方式和教学效果，背后蕴含着深刻的道理：前者"目中无人"，只是一味灌输，学生处于被动接受的地位；后者"目中有人"，重视学生参与，发挥了他们的主体作用，调动了学习的积极性。不同的思路，成效截然不同。

在学校，我无数次地告诫我的同事们："在课堂教学中，一定要坚持做到八个字——心中有案，目中有人！"

构成课堂的要素有三个：教材、教师、学生。三者之间的地位变化，导向了不同的课堂结果。如果以教材为本，课堂上教师就会成为教材、教参的奴隶，成为传声筒，而学生则是一只只被填食的鸭子。而以教师为中心的课堂呢？学生只是台下的观众、听众、过客，甚至是睡客。无论是教材本位，还是教师本位，这样的课堂都忘记了教育的根本，忽视了教育的真正对象——学生，是一种"目中无人"的课堂教学。

试想，如果一个教师站在讲台上，满脑子只有教案本上的东西，甚至要把教案本举在眼前，按照课前安排的内容，"一步一个脚印"，沉浸在自我的世界里，完全看不到学生的欣喜或茫然，怎么能奢求良好的效果呢？

学习是学生自己的事，无论教师讲得多么好，如果不调动学生的积极性，不激发他们内在的动力，不培养他们的自学能力，是无论如何也学不好的。

教育专家孙云晓在《教育的秘诀是真爱》一书中说，教育的本质从某种意义上说就是唤醒，是解放。人民教育家陶行知提出"六大解放"的教育主张：解放学生的头脑，使他能想；解放学生的双手，使他能干；解放学生的眼睛，使他能看；解放学生的嘴，使他能谈；解放学生的空间，使他能到大自然大社会去取得丰富的学问；解放学生的时间，要给他一些空闲时间消化所学，并且学一点他自己渴望要学的学问，干一点他自己高兴干的事情。特级教师于永正在课堂上不管是讲课还是在黑板上板书，都会停下来几秒钟，看一看学生参与情况如何，看看学生是否有疑难或困惑。一个小小的停顿，其实就是老师在关注学生。这样的细节，看似浪费时间，实则是把握了学生学习的动态，随时调整自己的教学预设。

这些，都是在强调"目中有人"。真正创设机会让学生自己去探索知识、揭示问题、发现规律，能让学生整理的让学生整理，能让学生表达的让学生表达，能让学生动手的让学生动手，能让学生思考的让学生思考，让他们在动脑、动手、动嘴中锻炼能力。

作为教师，要学会时刻反思：我的眼中有学生吗？当我们辛辛苦苦地查阅资料，详详细细地写出教案，课堂上罗列出一二三四，把知识讲得滴水不漏，而学生却并不领情的时候，我们是否想到，只重视讲的严谨，却忽视学的规律，不能从学生学的角度科学地调整自己的教学方式，教学肯定会走进"误区"？

我们的服务对象是学生，套用一个时髦的说法，说学生是"上帝"其实也并不过分。课堂上，教师是不应该置"上帝"于不顾的。因此，"目中有人"是教师必须具备的教学习惯。

破解锦囊

关注学习准备

学生课前准备什么？是怎样准备的？准备得怎么样？学生课前准备的习惯怎么样？教师不妨在课前转一转、看一看、问一问、聊一聊，如此，对学生的基础学情有了较多的了解，教学自然会更为有效。

关注学习动机

教师在教学过程中，除关注知识内容外，要始终重视内在认知动机的激发，要想方设法调动学生更多的兴趣和热情，让学习逐渐成为学生自我维持的过程。可以围绕两个要点展开：一是把握教学难度，新旧知识的差距要设置合理，符合维果茨基提出的"最近发展区"理论，让学生跳一跳能摘到"桃子"；二是促使学生"卷入"学习任务，设法传授有效的学习方法和思维技巧，为学生创造更多的成功机会，采取正强化的方式，使学生减少遭受失败的威胁。

关注学习内容的选择

到底要教给学生哪些内容？是否照搬教材，不做丝毫调整就算万事大吉了？显然，这样也会丢失学生。要时刻找到学生的基础和起点，以此为基本依据去选择、调整和重组学习内容。教材的深浅、内容的搭配、例题的选择，必要时都可以发挥教师的作用予以改变。

关注学习方式的组织

同一个内容，选择何种学习方式，结果会截然不同。"目中有人"的课堂，教师始终会认真审视每一个教学行为的有效性和针对性，要符合学生的心理特点、学习能力和学习习惯。比如，学生可以自主合作探究的时间留有多少？提供了哪些评价形式？怎样确保有序进行？学习的质量如何？这些都是教师始终关注和思考的问题。

关注学生的主动有效参与

学生参与的人数、时间、过程、质量是否心中有数？教学设计、课堂气氛是否有助于学生表达自己的奇思妙想？学习目标是否面向全体学生？是否关注不同学生的需求？特殊（学习困难、残障、患病）学生的学习是否得到关注？

关注特殊情况的处理

课堂上出现的特殊动态，教师是否能够及时捕捉？对有利于教学进程和教学效果的情况是否给予关注和提炼，使之点燃学生群体的学习热情？对与课堂学习相悖的学生行为，教师是否及时予以纠正和控制，以防止"事态扩大"而不可收拾？

自测清单

总结这一节的收获，如果你做到了，请在相应内容序号前的括号里标注"★"。

（　　）1. 能够理解课堂中"目中有人"的含义。

（　　）2. 能够随时判断学生课堂中的学习状态。

（　　）3. 能够了解学生课前准备的完成情况。

（　　）4. 能够发现课堂上"走神"的学生并及时提醒。

（　　）5. 能够有意识地强化学生的学习动机。

（　　）6. 能够走到每一个学生身边，并记住每一个学生的名字。

（　　）7. 能够关注学生课堂反馈的情况。

（　　）8. 能够不放过每一个学生的"错误"。

（　　）9. 能够建立正强化模式，鼓励学生保持学习热情。

（　　）10. 能够为学生提供更适合的学习方式。

16. 用教材教：别做教科书的搬运工

案例呈现

一次教研活动中，一个年轻的语文老师提出了自己的"困惑"："我们班的学生，几乎每人手里都有一本教学参考，弄得我都没法讲课了。讲吧，很多学生知道答案；不讲吧，又怕学生掌握不好。真是两难啊。大家说，我是不是应该强行把学生手里的教参没收？"

这个问题引起了大家的共鸣，有人提议：掀起一个在课堂上树立"正气"的行动，告诫孩子，要认真学习，谁也不许偷看教参，偷看关于教材解读的书籍！

问题剖析

上面的案例，让我想到一个流传甚广的比喻：教师就是教材的"传声筒"和"复印机"。备课就是把教参涉猎的东西原封不动地搬到教案本上，而上课就是将这些东西原封不动地搬给学生。不去研究学生，不去深入探讨教材的体系与学生认知水平的差异，造成思维僵化，模式僵化，内容僵化。长期以来，教参成了教师走路的"拐杖"，离开教参，教师就会一片茫然，手足无措。

怪不得有的教师怕学生读教参呢！学生把"拐杖"拿走了，教师岂不是要栽跟头了？

须知，教师除了承担着教授知识的责任外，还担负着开发学生智力、塑造学生灵魂的重任，教师应当按照自己的教育理念和教学目标，创造性地运用教材。

应该强调一点，"用教材教"，而不是简单地"教教材"。教材的编排水平再高，其承载的信息也是有限的。教师要能够根据学生的认知规律和现有水平，在领会教材编写意图的同时，真正消化教材，既让教材为我所用，又不受教材的约束和限制，学会灵活、能动地运用教材。大胆改革教材中的不合理因素，根据学生的实际增删、调整教学内容，对教材知识进行重组和整合，对教学内容综合化地拓展渗透，这样才能从"有限"的教材中再生无限，于"滞后"的教材中开掘鲜活，在"片面"的教材中构架完整，设计出活生生的、丰富多彩的课来，从而激发起学生自主学习的热情和意识。

一个优秀的教师，应该比教科书的编者看得更远。

创造性地使用教材要依据学生情况而定。教学不仅仅是为了完成教材上的内容，更重要的是培育富有个性的活生生的人。我国幅员辽阔，地域差距巨大，不可能编排出适应每一所学校、每一个学生的教材。就算选到了优秀的教材，教学质量还要取决于教师对教材的感受、理解、把握、创造、实施的效果。更何况，我们面对的学生，千差万别，各具特色。了解是教育的前提，创造性地使用教材，必须根据学生的认知水平、心理特征、学习规律而定。现行教材留下了更多的"空间"，目的在于给教师和学生提供创造性使用教材的机会。教师要在教材的基础上，根据需要适当补充和拓展内容，这才是正确使用教材的方法。

创造性地使用教材还要考虑实际的教学资源。多数教师教学中往往更关注硬件，诸如教学场所、实验器材、多媒体教学手段、网络技术、图书、教具、学具等。殊不知，优越的硬件设备只有在先进的教育理论指导下，通过教师的努力，才会发挥更大的效能。教师创造性地使用教材，一定要依据所在学校实际，力求用最朴实的教学资源及手段去上最好的课，这才是依据教学资源灵活使用教材的最好做法。一味追求教学硬件"上档次"，或因学校硬件设备滞后而苦恼于教材"难教"，都不是正确的态度。

教师可依据自身的教学特长决定如何对教材进行创造性使用。再好的教科书，不好的教师也难以教好。不好的教科书，好教师一样能教好。搞好教学工作的关键在于教师素质。不同的教师有不同的特长，有的擅长美术，有的擅长音乐，有的擅长朗读，有的擅长板书，有的擅长运用多媒体手段。充分发挥教师的特长，更有利于教师用自身形象及人格魅力去感染学生，更便于挖掘教材的内涵，为学生学习活动提供有效的服务。教师是一个决策者，其直接表现就是创造性地教学。有的语文老师上课，带学生到大自然中去，体验生活，记录生活；有英语老师打破教材局限，把学生感兴趣的一些内容，如体育明星、影视作品等，编排成英语文章让学生来学习。这都是一个教师创造性的体现。如果单纯地"执行"教材僵化的内容，往往会使教师的个性被抹杀。

破解锦囊

不迷信教材，破除"教科书＝圣经"的神话

教科书是教师开展教学活动的一个工具、一个平台，是为学生学习提供的一种"范例"，是课程资源的组成部分。教师可以根据教学实际和学生的实际情况，灵活地、创造性地使用教科书。所以，在认识上要打破教科书作为唯一课程资源的神话，不迷信教科书，合理调整课程资源结构，开拓课程资源功能，体现出时代发展的多样化需求。

不照本宣科，对教科书进行"二次开发"

根据所在地区学校的实际情况，根据学生"认知结构"水准和"学习动机"水准，创造性地设计和改造教材，增删教学资源，以满足自己教学和学生学习的需要。可以采取以下方式：探一探——在很多地方，顺其自然地向深处走一点，常有水到渠成的效果；扩一扩——及时弥补和更新，增添最新资讯，作为对教材内容的扩展，既让学生感兴趣，又扩大学生的视野，可谓一举两得；引一引——走出教材，到广阔的社会空间中实践和认证教材传递的信息，多开展一些诸如搜集、整理、专题研究等开放度较高的活动。

不因循守旧，与动态生成的课程资源相互补充

所谓动态生成是指教学活动中，根据现场的具体情况和学生的实际状态来灵活教学，生成新的教学内容。教师可以根据学生学习过程中反馈的

信息及时调整，让学生瞬间闪现的问题、困惑、情感、智慧等因素转化为课程资源进入课堂，丰富教学内容。

∨ 自测清单

总结这一节的收获，如果你做到了，请在相应内容序号前的括号里标注"★"。

（　　）1. 能够理解"教教材"和"用教材教"的差别。

（　　）2. 能够了解整体的教材编排体系。

（　　）3. 能够试着调整教材顺序，形成新的编排思路。

（　　）4. 能够试着更换教材上的例题。

（　　）5. 能够主动把新鲜的资讯纳入教学范畴。

（　　）6. 能够判断学生的认知基础并据此设置教学内容。

（　　）7. 能够考虑地方文化的不同适当补充、删减、改造教材。

（　　）8. 能够试着改造教材和练习册上的试题。

（　　）9. 能够引导学生将所学内容在生活中应用。

（　　）10. 能够试着与其他学科知识进行整合。

17. 和而不同：远离"标准答案"的束缚

在一期"儿童益智"类的电视节目上，主持人问："气球为什么会飞上天空？""小猫为什么要洗脸？"……有一个孩子回答："气球飞上天空是去找小鸟。""小猫没有抓住老鼠，非常伤心，哭花了脸，所以要洗脸。"本来孩子的答案很有创意，可是主持人却冷冰冰地说："回答错误。"接着公布正确答案："因为气球里装的是氢气，氢气比空气的密度小……"

如果单从让孩子学习知识的角度来看，主持人的回答无可非议，但是孩子的回答充满了幻想和童真，我们就忍心打击他的创造性思维吗？那到底是保护孩子的想象力更重要，还是让他学习科学文化知识更重要呢？

诚然，在教学中，"标准答案"的确能给教师的教学指明正确的教学方向，但如果时时刻刻都以"标准答案"来指导自己的教学，把它固定成自己的一种教学方式，却未必正确。因为这样一来，学生的发散性思维和创造性思维全被"标准答案"所挤占，只要学生回答的不是自己设计的答案，教师为了确保万无一失，便严格要求，不假思索"一棍子打死"，久而久之，对学生的成长是极为不利的。

很显然，"标准答案"阻碍了学生的发展，极容易将学生变成"答题机器"。学生是学习的主体，教师教的效果要通过学生得以体现，但这种体现并不仅限于学生能够标准化地解答教师的各类问题。到一个地方有若干路径，我们不仅要使学生会走，更主要的是，要让学生根据自身条件选择一条适合自己走的路；一个问题有很多种解决方法，更重要的是，要让学生掌握这些方法并能根据实际情况选择一种自己喜欢的方法。只有这样，学生在以后的学习过程中，才能做到举一反三而不是唯一而从，从而得以拓展思维空间。"标准答案"只会把学生变成一问一答的"机器人"，学习环境稍有改变，他们便会无所适从。

跟老师们聊起来，大家都很担心：不追求"标准答案"，会不会影响考试成绩？分数没有了，如何体现教师的劳动成果？看起来这种担心很有道理。考试追求"标准答案"，会倒逼教学中唯答案是从，"怎么答就怎么学"。一道论述题，老师划重点："这道题一共三个要点，一是……二是……三是……"每个要点都是"得分点"，记住两点不行，创新四点也会错。不容置疑的"标准答案"一旦被确立，"顺我者昌，逆我者亡"的机制立即被激活。"一个春天的夜晚，一个久别家乡的人，望着皎洁的月光不禁思念起了故乡，于是吟起了一首诗。这首诗是？"一个学生答："举头望明月，低头思故乡。"结果被判为错误，"标准答案"为"春风又绿江南岸，明月何时照我还"。令人担忧的是，学生一旦把答案当成权威，深信不疑，还怎么能拥有质疑精神？"我们的学校为何培养不出一流的人才？"钱学森之问，犹在耳边，而一流人才，绝不会止步于"标准答案"。因此，作为一个有良知的教师，不能仅仅为了眼前的一个分数，而给学生加上太多的条条框框，使他们不敢"越雷池半步"。要鼓励学生敢想敢说，敢于创新。更何况，目前考试也在不断改革，试题主观成分越来越多，力求考查学生的个性化见解与开放性思路，这也要求学生必须摆脱"标准答案"的束缚，才能取得好的成绩。

还需要注意的是，"标准答案"不仅影响到了学生，也同样阻碍着教师的发展。如果教师满足于"标准答案"，遇到问题不是试图探寻多元化的解决途径，必然造成自己的教学越来越僵硬，很难适应教育形势的发展。如果凡事都以"标准答案"为准，那教学方式何必分什么启发式和填鸭式呢？恐怕将答案一一"填给"学生更为方便和快捷。

从现代教育的评价观看，考试、评价的基本功能是培养人，教育人，塑造人。中小学生的思维正处于发展中，一味采用"标准答案"去鉴定他们，只会扼杀学生思维的发展，达不到"育人""发展人"的目的。同样，教师的教学要想真正变得"有声有色"，绝不能把一本教参作为"救命稻草"，不能把抄写"标准答案"、背诵"标准答案"作为最重要的教学方式。当我们的教学打开了教师和学生的大脑，使思考和质疑成为了课堂的主流，答案是不是彻底"标准"，又有何妨呢？

破解锦囊

尊重学生的非标准答案

课堂上，针对提出的问题，可以让学生说出不同的看法来，即使不对也没有关系，允许大胆地表达，然后再小心、科学地去验证。不能随便扼杀学生非标准答案背后的创造性，使学生树立敢于怀疑并挑战权威的信心。对创新思想不是扼杀，而是予以大胆鼓励支持。对一些灵活性较大的题目，要让学生真正地写"我"所想的、所做的、所认为的，打破学生的思维束缚，潜移默化地鼓励学生去思考多种答案，培养求异思维。

创设安全的课堂心理环境

要在课堂上给学生提供一种稳定的、放松的、愉悦的、积极的、开放的心理环境。学生能无所顾忌地发表自己的见解，而不担心被讥讽、被指责、被批评；学生能积极主动地参与自我探究、小组合作、交流分享，而不感觉到紧张、自卑、孤独；学生感到师生、生生关系和谐，没有任何沟通交流的心理障碍；学生时常被尊重、被重视，而没有被伤害、被冷落、被歧视的感觉；学生真切感受到学习的乐趣和生命的意义，而没有痛苦感、乏味感；学生敢于尝试、敢于冒险，而不怕失败、无所畏惧。脑科学研究表明，在安全的环境下，人脑能够更有效吸收信息，快速反应，学生学习的主动性与创造性更加强烈，思维更加活跃，理解与记忆更加准确，学生更加敢说、敢疑、敢问、敢写、敢演。

重视过程大于重视结果

在和学生探讨一些话题的时候，不要急于给出答案，也不要急着评判学生思考结果的正误，而是先让学生自己思考后创意作答，不需太计较答案的对错。关键在于，教师要主动带着学生一起回到推理的过程，去讨论其中各种细节，提出各种疑问请学生做出解释和说明。这样一个过程，是学生思维得以锻炼和提升的过程，当然，这对学生的解题思维也很有帮助，有助于学生提高学业水平，因为这也是一个推理求解、自我检查、自我论证的过程。

不做固步自封的教育者

自满的人往往固步自封，自以为是，喜欢抱着"标准答案"不放。教师若不善于学习，不屑于提高，自然就发现不了学生的创新点。即便看见了学生的创新，受本身专业水平的限制，也无法给出正确的评价和恰当的引导。因此，教师要不断学习，提高自身的专业素养。唯有这样，当教师给出评价时，才可能不单纯地以"标准答案"为参照，而是停下来多想一想：他的思路行不行得通呢？他的做法是不是同样也可以达到目的呢？教师思维的一次短暂停留，也许就能实现学生的一次小小探索，促成学生的创新发展。

∨ 自测清单

总结这一节的收获，如果你做到了，请在相应内容序号前的括号里标注"★"。

（　　）1. 能够认识"标准答案"的局限。

（　　）2. 能够多元化理解各类问题。

（　　）3. 能够主动设计开放性话题或提问。

（　　）4. 能够主动设计开放性教学环节。

（　　）5. 能够控制自己急于纠错和评判的欲望。

（　　）6. 能够创造学生争论的机会。

（　　）7. 能够不在课件上展示"标准答案"。

（　　）8. 能够不让学生背诵、抄写"标准答案"。

（　　）9. 能够试着更多地展示学生的思维过程并给予评价。

（　　）10. 能够杜绝课堂上的嘲讽声。

18. 了解学情：避免教学中的对牛弹琴

案例呈现

一名语文教师上全区公开课，本来踌躇满志、信心爆棚，却不料大失所望：公开课远未达到预期效果，无论从课堂氛围、学生活动还是教学实效来看，结果都令人不满意。这位教师很郁闷，拿着教案找到我，不解地说，他上课借鉴了特级教师余映潮的一个教学设计，这个设计好评如潮，既简单实用，又不乏艺术性，怎么上起课来却会这样糟糕？

问题剖析

我想，这位教师的疑惑，也反映了部分教师的苦恼：同样一个教学设计，为什么在这个班能够顺利施教，而到了另外一个班就磕磕绊绊？

这就涉及一个"学情"问题，如果不去考虑学生的实际情况，再优秀的教学设想也未必能够达到预期的目的。

我们备课时，大多会对教材内容及教材的呈现方式深思熟虑，但有多少人会真正琢磨自己所任教的班级和学生呢？没有"备学生""备学情"，怎可期待课堂的生动有效呢？

真正优秀的教师，都善于进行学情分析。所谓"学情分析"，指教师对执教对象——学生的情况进行分析。

每个班级的管理模式、思想状态、群体行为习惯不同，教学的内容、手段应该有所区别；每个学生成长背景各异，在发展方向、发展速率和最终发展程度上也有较大差别。这就注定了，如果要取得良好的教学效果，教师在备课时必须考虑班级的情况、学生的基础，才能在课堂教学中有的放矢，对症下药。

一般来说，教师在备课时，要围绕以下问题思考学情：

◎对于这节课的教学内容，学生的基础怎样？

◎相关的知识学生掌握得如何？

◎相关的学习能力、学习方法学生掌握得怎样？

◎学生对于这部分内容的学习兴趣如何？

◎在教学过程中学生可能会产生哪些问题、遇到哪些障碍？

◎出现问题时教师如何设置台阶来解决难点？

◎在学生的学习态度、学习方法、学习习惯上尚有哪些与本课教学内容不相适应，需想办法改善？

◎不同的问题究竟应该考虑让哪些学生来回答？谁来完成练习？该让谁来板演？

这些问题，既考虑到较浅层次学生的知识基础问题，也涉及较深层次的挖掘，了解学生的潜意识，预想教学中可能出现的问题；既涉及单纯的知识、能力问题，也涉及学生管理、规范建立、习惯养成方面的问题。

建立在这样一个对学情细致把握的基础上，教师便可深入思考：就这个学情而言，究竟应该讲什么？不讲什么？哪些内容重点讲？哪些内容简单处理？以怎样的方式去讲、去组织学习？设计哪些练习更有效？

教师好比导演，如果对剧本不了如指掌，对演员不彻底了解，也就不会导演出内容生动、剧情感人的好戏来。教师只有对教材内容、教学对象、教学方法深思熟虑，了然于胸，才能把课上得妙趣横生、引人入胜。

相当一部分教师在教学中总是难以把握一个度，尤其是班级内学生之间知识和能力程度差异较大的时候，对于到底教什么、怎么教就犯了愁：教的内容太浅了，怕优秀孩子吃亏；教的内容太深了，又怕一部分孩子掉队。

这种担心不是没有道理。因此，在分析学情的基础上，必须准确定位学生的学习目标，做到"保底性目标"和"发展性目标"相结合。

所谓"保底性目标"，就是指根据课程标准和教材的要求，学生必须达到的知识性和技能性目标。这部分内容往往是考试的重点内容，与"分数"息息相关，是教师和学生的"命根"，自然不能丢，称之为"保底"，就是说全体学生都应该"达标"，这样就为一个优良的教学成绩奠定了基础。

但很多教师只看到了这样的目标，所有的课堂教学过程都围绕这样的目标来进行，不敢越雷池半步，结果造成教学内容过于肤浅和呆板，限制了一部分优秀孩子的发展。

因此，除"保底性目标"之外，还需要强调"发展性目标"，即方法、情感、态度、习惯、价值观等方面，也要纳入教学中来，积极引导学生主动学习、合作、交流，促进学生积极参与到学习过程中来，培养积极的情感、态度和正确的价值观。

这些非智力因素虽然不直接成为试卷上的考题，但对学生发展而言，却是非常重要的助推力。

我们去观察那些优秀的教师，他们无不是在"发展性目标"的培养上下足了功夫，从而使自己越教越轻松，越教越有效。

"知己知彼，百战不殆"，心中有学生，眼里有学情。

优秀的课堂，不是教师牵着学生走，而是学生的思维、学生的表现推着教师走。教师既不扼杀学生的看法，又不搁置学生的问题，对学生的行为、思想情感、学习情况等做到心中有数，才能有的放矢，顺势而为，直抵学生的心灵。

破解锦囊

资料分析法

材料包括档案、笔记本、练习本、作业、试卷、成绩单、成长记录袋等。通过查阅有关资料，可以比较系统地了解学生的学习、生活、思想、个性等方面的情况，并以此作为教育教学的重要依据。分析书面材料，必须注意其客观性、可信性。例如看评语，一看评价是否全面，二看评价是否认真，三看评价用语是否得体。对于千篇一律的评价权作参考，对于切合实际的评价要加深印象，并与学生的现实表现结合起来，发展性地评价学生。看成绩单，既要看各门学科是全面发展还是有偏科现象，又要看成绩稳步前进还是忽高忽低，以便指导学生时心中有数。

自传分析法

可以要求学生写一篇介绍自己的"自传性作文",也可以填写表格式的个人情况调查。"自传"能够反映出学生的家庭背景、性格特点、学习成绩、兴趣爱好、人际交往、个人理想等情况。由于学生对这样的自我介绍颇感兴趣,能勾勒出一幅较为逼真的"自画像"。也可以通过让学生互写题为"我的朋友×××""我的同桌×××"的作文,从侧面了解到每个学生的突出特点。

谈话洞察法

教师可以访谈学生家长、访谈其他教师,也可以直接和学生交谈。通过这三种交流,对学生的成长有一个比较全面的了解。还可以进行不同角度下的对比分析,增强学情分析的可信度。做好访谈,应该事先确定访问对象、制订访谈计划、预设访谈问题;谈话时态度要亲切、诚恳、和蔼,针对不同谈话对象的性格特点,注意说话的方式;在访谈中要注意循序渐进,不时变换交谈角度,初期进行全方位的开放式观察和访谈,然后逐渐聚焦,进行选择性访谈;及时做好书面或录音记录,保存第一手资料。

问卷调查法

问卷比较适合大面积调查。问卷中有开放式的主观性题目,设置问题应尽量简洁明了,如:"你有什么样的感受?""你什么地方读得懂,什么地方读不懂?""你用什么方法记生字?""你怎样背诵英语单词?"要最大化地反映学生学习的自然状态及个性化学习特点,从而了解学生学习的原生状态。问卷中更多的是封闭式的选择题、判断题,答案要量化,以方便统计。问卷设计必须体现效度原则,即卷中问题应能反映问卷的目的要求,具有鲜明的针对性,要突出主题,简明扼要,易于回答。

课堂观察法

教师可以通过日常教学过程,细致了解本班学生的学习习惯、学习方式、思维特点、认知倾向等，进而设计符合特定学生的思维路径。在信息技术条件好的学校，最好采用摄像机记录课堂教学过程，教师在课后进行课堂行为的微格研究。

测验摸底法

测验摸底法适合于收集学生的知识水平、能力情况等学习信息。根据教学需要，设计相应的练习题或试卷，规定在特定的时间内作答，教师根据学生的答题情况，收集相关信息，为评价学生的学习水平提供依据。

⌄ **自测清单**

总结这一节的收获，如果你做到了，请在相应内容序号前的括号里标注"★"。

（　　）1. 能够形成较强的学情意识。

（　　）2. 能够根据学情设计教学的起点。

（　　）3. 能够主动接触学生，听取学生意见。

（　　）4. 能够定期召开学生座谈会。

（　　）5. 能够在学期初设计简要的学情问卷并进行分析。

（　　）6. 能够主动接触学生父母。

（　　）7. 能够掌握分析学情的基本操作方法并尝试实施。

（　　）8. 能够设定"保底性"和"发展性"教学目标。

（　　）9. 能够对任教学段学生心理特点有充分了解。

（　　）10. 能够根据课堂实际学情调整教学内容和进度。

19. 建立规则：谨防课堂中的破窗效应

我到一位教师的课堂听课，发现班里的孩子很没规矩：课桌上大多乱七八糟，毫无秩序，连必备的课本和练习册也放置得毫无章法；上课过程中不乏交头接耳、东张西望、注意力不集中的学生；当教师提出某一个要求后，学生大多慢慢腾腾，丝毫没有紧张感……

我跟上课的教师讲，课堂秩序建立的基本方法就是建立规则。该教师一脸无奈，指着墙上一张纸说：喏，我们有课堂规范的，您看，一条条，列得多清楚、多全面，可是真正到了课堂上，学生们根本不按这个做啊！

千万不要以为教师的工作就是把课本上的知识输送给学生。"没有规矩，不成方圆"，每个教师都能做到认真备课、认真上课，但未必能做到认真训练课堂常规。

良好的规范和良好的习惯是完成学习任务的前提，尤其是在低年级，这点尤为重要。在传统教育教学观念与现代教育教学观念的对峙和冲突中，部分教师放弃了"秩序"，这使得课堂教学走向另一个极端——课堂秩序混乱，教学质量低下。没有限度、规则、秩序造成了课堂上的无政府主义，教学效率的提高又从何说起呢？

课堂常规的内容很多，需要我们循序渐进地落实，教师不妨根据学校的统一要求和自己的理解，制定自己的课堂常规。譬如，一位青年教师在自己的课堂上提出了如下要求：

1. 预备铃响后，立即进入教室安静坐好（课间准备好上课用品）。

2. 不迟到、不早退、不旷课。课上不换座位、不下座位，不随便出教室。

3. 迟到的学生必须先喊报告，经老师允许方可进入教室。

4. 上课要坐姿端正，专心听讲，积极思考，认真记笔记，做好课堂练习；老师讲课时必须目视老师。

5. 上课不准吃东西、喝水，课桌上不摆放任何与学习无关的东西。

6. 回答问题时要起立，得到老师允许再坐下。提问题时先举右手，经允许后再起立发言，确保安静的课堂环境。

7. 下课时将桌上的东西收拾干净。

这些要求看起来并不复杂，比如"老师讲课时必须目视老师"，这对提高学生的专注力以及教师透过学生的眼神了解学生学习状况很有好处。但是，需要教师反复要求、反复强调，才能形成习惯。不能以为规定出台了，就可以一劳永逸。要想真正形成习惯，需要在较长一段时间内不放松，坚持不懈才能见成效。除了学生必须养成的一般规矩外，也可以训练学生专属于某个教师的特色课堂常规。这样，当学生来到张老师、李老师的课堂上，就可以相应地完成好老师的要求，他们懂得在什么情况下该如何做，不该如何做，并相应地做好物质的与精神的准备。从外部观察起来，这样的学生是"训练有素"的。

当然，仅仅满足于制定出课堂规则是不行的，关键在于落实。

就像案例中的那位教师，他的无奈或许并不是个案，我们有不少教师想凭借"规章制度"来管理自己的课堂，但最终，拟定的那些条条款款并没发挥实效，变成了"一纸空文"。

课堂教学如同比赛一样，学生需要知道其规则。当师生一起研制出一套合理的课堂规则，下一步就是帮助学生从始至终遵守这些规则，并在执行过程中不断修改。教师要时刻有规则意识，学会运用规则来管理课堂，对学生的行为及时监控，并随时予以相应的评价。这样，规则才会逐渐深入学生的内心，并成为真正约束和引导他们自身行为的"指向标"。

需要注意的是，对课堂常规的训练也需要循序渐进，不要奢望一步到位。有的教师性子急，一下子弄出几十条甚至上百条要求颁布给学生，结果并不理想。常规要求应该尽量简单易行，要努力避免过于刻板、让学生无法适应从而引发抵触情绪的条款。

破解锦囊

落实课堂规则三部曲之一：宣传

中小学生思想还不成熟，缺乏自主性和稳定性。若没有一个长期持续的灌输和影响过程，很多学生就会将所谓的"制度"和"规则"置之脑后，因此采取多种手段，对课堂规则进行宣传，强化学生的意识非常重要。

宣传中最典型的方法是写出规则并张贴于班级中，定期组织学生学习和解读规则的内容，阐述规则背后的实质意义。也可以不定时地让学生谈一谈最近一段时间班级在执行课堂规则中的得失、感受。特别要注意的是，当有新生加入到班集体时，新生也需要仔细阅读课堂规则，可以指派班上表现好并得到其他同学尊重的学生来帮助新生学习课堂规则，要保证班级里的每一个学生都在规则的管理范围之内。

需注意的是，规范只是手段，不是目的，每个人都应当做规则的主人，而不能成为规则的奴隶。在规则背后要看到人，学生是有思想、有头脑、有个性、活生生的人，并不是任教师摆布的"玩偶"。因此，课堂规则的宣传一定要发挥学生的能动性。例如，"课堂上不准随便说话"，为什么不能随便说话？应该如何去做？对规则背后的东西，要让学生了解其意义，这样才能由"被动接受"转化为学生的自觉行动。

落实课堂规则三部曲之二：监督

教师在教学过程中应始终坚持认真地观察课堂活动，密切注意学生的动态，做练习、写作业时要经常巡视全班，应能在学生的不恰当行为造成混乱之前就有所察觉。教师要对学生的行为进行及时的监控，定期召开讨论会以确信他们的行为与课堂行为标准相一致。可以运用奖励手段鼓励正当行为，通过惩罚制止不良行为。奖惩的具体办法很多，例如教师表情上的赞同与不赞同，表扬与批评，给予学生某种荣誉或取消荣誉。在实施奖惩时需注意以下几点：一是根据实际情况灵活运用，以奖励为主；二是维护课堂规则的权威性，严格按规则实施奖惩；三是惩罚手段不能滥用，更不能体罚学生。需要强调的是，教师的行为非常重要，如果教师的行动与自己所制定的规则相违背，规则就会失去效力。如果教师在执行课堂规则的过程中时紧时松，课堂规则的建设和巩固就很容易陷入僵局。

落实课堂规则三部曲之三：修订

课堂规则的制订与执行是一个过程，一成不变的课堂规则一定是低效的。规则要在执行过程中不断地调整与改进，做到"有规范而不唯规范"。当有学生或教师指出一些规则正在降低学习效率或侵犯了学生的权利时，就需要对规则做重新讨论。因此，在班级里定期组织针对课堂规则的讨论活动非常有必要，及时剔除已经失去意义或无法落实的条款，增加与现实情况吻合的新的要求，课堂规则才能始终保持其现实意义。

▼ **自测清单**

总结这一节的收获，如果你做到了，请在相应内容序号前的括号里标注"★"。

（　　）1. 能够与学生协商确立规则并使学生理解背后的意义。

（　　）2. 能够形成书面的课堂规则并张贴公布。

（　　）3. 能够让学生熟知规则内容并自觉遵守。

（　　）4. 能够持续检查督促，坚决执行确定好的规则。

（　　）5. 能够让规则的条款表述简洁清晰，不模糊。

（　　）6. 能够运用规则进行奖惩。

（　　）7. 能够经常就规则问题与学生进行探讨。

（　　）8. 能够根据学情及时调整规则。

（　　）9. 能够以身作则，和学生一起遵守相关规则。

（　　）10. 能够通过规则形成良好的课堂风气。

20.培养习惯：课堂教学的"助推器"

查看某个班级的数学作业本，发现了这样的现象：学生的作业本上，有教师非常详细的批阅记录，不仅有对错标志，还有教师详实的提示语或说明语，但可惜的是，这些错误就那么摆放在那里，并没有学生修改、订正或者重新做过的痕迹。而下一次的作业又经过了这样的处理，教师也没对上次未改正的错误提出新的要求。

学习是一个积累知识的过程，同时也是一个补漏洞的过程。那些做作业、练习、考试时出错的地方往往是学生的知识漏洞最大的地方。教师可以帮学生整理一个"错题集"，让学生将做错的题目都记录下来，督促他们经常看看这些题目，时间长了漏洞就会补上。

这是非常好的学习习惯。

为什么有的教师带低年级的学生时还算得心应手，但随着年级的升高，却越来越难教，成绩越来越差？其中有一个很重要的原因，就是我们常常只注重单纯的知识传授，没有注意对学生良好学习习惯的训练。随着年级升高、知识难度加大，学生和教师就都难以适应了。学习成绩是一时的，这次考得好，下次未必考得好，而学习习惯是终生的，它对人的影响是广泛的、深远的。教育归根结底是培养好的习惯，良好的习惯是学生所储存的资本，会不断地增值，而人的一生就在享受好习惯带来的利息。

有人总结了学生学习中的十大坏习惯，应该引起足够重视：

一是学习无计划。不明白自己要干什么，该干什么，总让老师和家长在后面推着屁股走。

二是学习不定时。必要的学习时间无法保证，学习时完全凭情绪，情绪好的时候可以学到深夜，情绪不好的时候，什么都不干。

三是学习不定量。喜欢搞集中复习、临考突击，每天该记忆的内容、该做完的作业、该复习的东西，总喜欢拖延。

四是学习马马虎虎。上课时忘带课本和学习用具，作业经常能以最快的速度完成，但字迹潦草错误率高，考试时草稿纸上明明做对了，可就是忘记誊写到试卷中。

五是学习时一心二用。上课做一些与学习毫不相干的事；自习课时常沉迷于空想，或者东翻西看，浪费时间；做作业或复习时，常做一些小动作，一边听歌一边写文章、算题，与"左邻右舍"交头接耳。

六是不懂的东西也不问。太爱面子，不懂装懂，不会的东西从来不向别人请教；对学习心里没数，似乎什么都懂一点，但又没有完全掌握。

七是有错也不改。作业本发到手里，虽然上面有老师的订正，可很少往心里去；测验题和考试卷基本都是只看看分数便扔到一边，从不认真分析原因、检查和修改错误。

八是课前不预习。很少预习第二天要学的内容，上课只带了一双耳朵，连最简单的东西都要等着老师告诉。

九是上课注意力不集中。课堂上思想开小差、易分神、小动作多、坐不住、爱说话，快到下课时就更听不进去了，心思早已飞到课后的娱乐上。

十是不复习就做作业。做作业前不看书，不看参考资料，不先消化和理解所学的内容，作业拿过来就做，做完了万事大吉。

在学生身上，不是好习惯代替坏习惯，就是坏习惯代替好习惯。教师要把扭转学生身上的坏习惯作为习惯培养的出发点。克服坏习惯，首先要使学生认识到坏习惯的危害，树立克服坏习惯的信心和决心。其次是锻炼学生与坏习惯斗争的意志力。学生的不良习惯积累越多越不容易建立良好的习惯，要想改变它，必须做出巨大的努力，花费很大的气力。例如，有的学生形成上课不集中注意力听讲的坏习惯，即使在教师的教诲下有了改正的决心，好了几天却又犯了。犯了就改，改了又犯，改正坏习惯需要长期的意志锻炼，有时是非常痛苦的。所以，那种认为学生还小，可以放纵一些，等年龄大点再来培养学习习惯的做法是完全错误的。一旦坏习惯在学生身上扎了根，再去纠正就相当困难了。

破解锦囊

用教师示范培养学生的好习惯

教师的行为习惯经常成为学生的模仿对象，小学生经常说："我们的老师是这样说的。"而中学生，更成熟一些，但仍能从教师那里"模仿"或学习到相应的行为习惯。教师在要求学生养成良好习惯的同时，自己也要养成良好的教学习惯。如果要求学生主动学习，勤于思考，而教师却没有读书学习的意识和行为，要求学生做作业时画直线要用直尺，教师在讲课时却徒手在黑板上画弯弯曲曲的"直线"，要求学生写正确规范的字，自己却在学生作业本上龙飞凤舞，试问，学生怎么可能养成良好的学习习惯呢？

从小处着眼培养学生的好习惯

在教学中，有许多的"细节"，诸如坐的姿势和读书的姿势要端正、回答问题的声音要响亮、及时整理笔记、作业本上的错题要及时更正等，教师必须从一点一滴的小事抓起。习惯不是一朝一夕就能形成的，必须有一个过程，千万不能一曝十寒，浅尝辄止。奢望一蹴而就，通过提一两次的要求就能够养成，这只能是一个空想。只有坚持不懈地进行要求和规范，习惯才能形成。

按系列规划培养学生的好习惯

培养哪些习惯，如何培养，要作为一项教学内容写进教案，使之明确化，以便随时训练，有的放矢。例如，培养学生主动学习的习惯，及时完成规定的学习任务的习惯，各学科全面发展、不偏科的习惯，预习的习惯，认真听课的习惯，上课主动回答问题的习惯，多思、善问、大胆质疑的习惯，上课记笔记的习惯，课后复习的习惯，及时完成作业的习惯，阶段复习的习惯，定计划做事的习惯，都应纳入习惯培养的序列。当然，并不是要求这么多的习惯齐头并进，一股脑儿丢给学生，每个教师要根据学生的特点，灵活做出部署。

凭家校配合培养学生的好习惯

如果家长不能把教师对学生的学习要求贯彻到底，则学生很难养成良好的学习习惯。教师要根据学生的实际情况，主动和学生家长沟通，让家长配合好教师的工作。比如，培养学生读书的习惯，可以将书目选择要求、阅读要求、读后的反馈方式等，明确告知家长，通过家长的陪伴、监督，或共同阅读，逐步养成学生的好习惯。

借生活场景培养学生的好习惯

把教学内容和实际生活紧密相连，让学生在生活中循序渐进地养成良好习惯。例如：微信、微博等手机 APP 软件快速普及，可以让学生根据每天学到的知识要点制作相应的短视频、简短的学习体会，让朋友、同学和家人们来点评。坚持下去，既能让学生巩固所学知识，又能让学生养成总结梳理的良好习惯。

⌄ 自测清单

总结这一节的收获，如果你做到了，请在相应内容序号前的括号里标注"★"。

（　　）1. 能够将习惯培养内容写入教学计划。

（　　）2. 能够发现学生的不良习惯并及时矫正。

（　　）3. 能够注重自身的榜样作用。

（　　）4. 能够让每个学生清楚自己在习惯上的优势和劣势。

（　　　）5. 能够在习惯培养上与父母有所沟通。

（　　　）6. 能够主动强化对学生课堂常规的训练。

（　　　）7. 能够与学生一起制定较为清晰的作息时间表。

（　　　）8. 能够督促学生独立记录作业。

（　　　）9. 能够督促学生养成课前物品准备和课后收拾书桌的习惯。

（　　　）10. 能够督促学生完成作业后独立检查。

21. 学会倾听：奠定教学效果的基石

一位教育学博士带专家组到某所学校搞课堂教学诊断，教师讲授"因式分解"，课堂气氛极其沉闷，课后的测验效果很差，根本没能达到应有的教学效果。大家帮这位教师会诊，一致认为，这位教师的课堂教学方式过于陈旧，一味"包办代替"，如何体现"自主、合作、探究"，如何培养学生的"创造性思维"？于是，大家集思广益，重新帮这位教师备课。在第二节公开课上，以"学生发现"为主导思路的课堂设计展现出可喜的局面，课堂气氛异常活跃，在教师引导下，学生积极思考、探索，竟然发现了十来种解题的方法，有些解法甚至是教师没有想到的……

就在大家为这节课的成功击节叫好的时候，课后的测验结果却给大家泼了一瓢冷水，让大家清醒下来：测验题要求学生运用尽可能多的解法来完成一道"因式分解"试题，而大多数同学只会用一种方式，只有一少部分同学正确运用了两三种方法。至于课堂上曾出现的丰富多彩的解题思路，在测试中并没有得到广泛应用。

为什么测验结果会与课堂上学生的"发现"大相径庭呢？以此结果判定，是不是也证明了课堂教学并没有达到应有的效果呢？专家组认真研究发现：原来，学生掌握了的只是课堂上他们自己想出来的那种解法，至于其他同学提出的思路，尽管在课堂上进行了交流，但他们根本没有掌握。再细细追查下去，答案终于揭晓：造成课堂效率低下的原因是学生在课堂上只欣欣然于自己探究的成果，根本没有认真倾听其他学生的发言，这种情况下，又怎么能奢求他们掌握更多的东西呢？

这个案例给我们很多启示：课堂本是一个信息场，只有诸多的信息在流动中进入每个人的视野和思维，这些信息才会更加有用。

不难看到，课堂教学中，很多教师不太注意这一点。学生回答问题，教师就专注于回答的这个学生，甚至学生声音如蚊子"哼哼"，教师也不介意，甚至"人性化"地把自己的耳朵送上前去"聆听"，而忽略了其他的学生到底在干些什么，这个学生的回答对也好，错也罢，对其他学生而言没有任何作用；小组讨论的时候，教师将不同的问题给了不同的组，可在汇报学习成果的时候，教师没有注意到，各组只沉浸于自己的任务，至于其他小组的问题和结论，他们不去关注，教师也不需要他们去关注……就在这样的教学过程中，教师有意无意地把一部分学生甩到了有效信息之外，他们不需要倾听，不需要识记，不需要判断，更不需要纠正，又如何实现"人人参与"？

我们习惯于把学生的学习说成"听课""听讲"，这里的"听"，如果简单理解为"听"老师的，就未免过于偏狭了。现实的课堂上，学生往往忽略了从同伴那里获得信息。常常见到这样的画面：别的同学在发言时，有一部分人或在拼命举手想获得下一个发言机会，或在埋头做其他事情，好像他人的发言与己无关，只有老师张口时，全班同学才会静下来，听听老师在说什么。造成这样的结果，不能简单埋怨学生，要从教师的教学中找问题。之所以学生在学习过程中不善于倾听，恰恰是因为教师没有给出"听"的指令，没有明确通过"听"的过程具体完成怎样的学习任务，更没有有意识地引导学生形成"倾听他人"的习惯。

需要注意，"听"不同于"倾听"："听"是与生俱来的听见声音的能力，是人的感觉器官对声音的生理反应。而"倾听"是将声音转换为意义的过程，它包括感知、理解、评价和反应四个阶段。倾听不仅局限于声音，还包括人的表情、动作等非语言信息，简单点说，"倾听"就是"细心听取"的意思，要求在听的过程中持谦虚认真的态度，明确说话人的意思并及时应对。

所以，倾听是一种人类特有的有意义的活动，是一种了解别人的方式，更是一种与人交往的智慧。

用榜样性促成"倾听"

日本佐藤学教授说:"如果每位老师每天在课堂都跟学生示范如何听,再小的声音老师都愿意听,说得再断断续续的话也耐心公平地听,这样我们的小孩每天就在看如何听,久了他就会学会倾听。"教师是学生学习最直接的一面镜子。要学生学会倾听,教师必须自己先学会倾听,为学生做出榜样。不论在课堂上,还是在平时生活中,对学生都要十分耐心,对学生所说的事、所提的问题都要十分认真地听,不能敷衍了事。有些时候,我们不但要用耳朵倾听,还要学会用心去倾听,尤其去倾听那些孩子没有表达出来,却想表达的声音。要用我们的实际行动告诉学生:学会倾听不仅是一种学习方法,同时也是一种必不可少的优良品质。

用专注力促成"倾听"

生理和心理因素都可能导致精力不集中:生理上的原因主要是体力上的,体力不支使得精力不易集中,我们要告诫孩子,每天保证充足的睡眠,不要熬夜,还要坚持每周有一定的时间锻炼身体,这样一来,就能解决由于生理原因而造成的不能很好倾听的问题了;心理上的原因主要是缺乏兴趣、对教师认同感不够、课堂上缺乏安全感等,这需要教师对症下药,逐一破解。

用价值感促成"倾听"

在倾听能力的培养中,教师不能吝啬对学生的赞扬,要让学生品尝到成功的喜悦,体验到倾听带来的愉悦感、价值感。比如:"老师看到这个同学一直在听老师讲话,还不时地回应老师,真是一个好孩子。""这位同学不仅能认真听,还能知道别的同学哪个地方说得不够清晰。""这位同学的发言有自己的想法,我们应该向他学习。"这些富有感染力的语言,拉近了师生之间的距离,创造了民主、和谐的氛围,使课堂呈现活泼热烈的气氛,学生的学习兴趣浓厚,倾听的效果也会明显提高。

用提示语促成"倾听"

善于用课堂提示语引发学生的注意，引导学生总结或者相互评判，从而达到提升倾听效果的作用：

• "听一听他讲的，看他讲了什么内容，你能简单地说出来吗？"——对对方发言要点进行把握、概括与转述。

• "他讲的与你想的一样吗？有什么不一样的地方吗？"——对对方言语传递出的信息进行分析比较。

• "听了他的发言，你觉得他说的是否有道理？你有什么不同看法吗？"——对对方观点进行正误判断。

• "听了这几个同学的发言，你觉得他们的发言有什么共同点？同学们一共谈了几种观点？"——对对方观点进行归纳、综合或抽象概括。

• "听了他们的发言，你有了哪些新的收获？有了哪些新的想法？"——思考别人发言给自己的启示，从而更新或者创新自己的思考。

• "从他的发言中，你听出了他内心在想什么？他是否有言外之意？"——对对方的潜台词进行分析推测。

• "谁的发言对你完成学习任务有帮助？你的发言对谁获得结论有帮助？"——对"倾听本来是互相合作"进行价值体验。

• "听了他的发言，你好像看到了什么？你有什么感受"——结合对方发言展开想象、体会情感。

• "谁能把前面几位同学的发言做个梳理，形成一个完整意见？"——对凌乱的信息进行综合概括。

……

经过反复地布置任务，教师可以引导学生建立起这样一套"倾听学习"的规范：认真倾听，对听到的内容进行分析、梳理、概括，进行价值判断，并通过转述、评价等方式，对自己的思考进行完善和改进。这是进行信息加工的基本要素，是重要的学习本领。久而久之，学生便会在不断完成任务的过程中提高倾听的能力，体验到相互合作的价值。

自测清单

总结这一节的收获，如果你做到了，请在相应内容序号前的括号里标注"★"。

( ) 1. 能够发现学生倾听方面的优势和缺陷。

( ) 2. 能够认真、耐心地倾听学生的表达。

( ) 3. 能够关注到学生语言表达背后的内容。

( ) 4. 能够给足学生在课堂上回答问题的时间。

( ) 5. 能够不轻易打断学生的发言。

( ) 6. 能够重视学生的每一条意见，即使是错误的意见。

( ) 7. 能够在课堂上创设更多的相互倾听和评价的环节。

( ) 8. 能够及时肯定、表扬、鼓励学生的发言。

( ) 9. 能够掌握引导学生倾听的提示用语。

( ) 10. 能够在自己的课堂上形成良好的倾听氛围。

22.有效自学：唤醒学生的"内驱力"

案例呈现

有位教师在导入新课以后，让学生自主学习："下面用五分钟的时间看书。"有的同学迅速翻开书本，拿起笔，边读边写；有的自言自语地念叨；有的眼睛盯着书本，目光没发生任何移动；有的随意翻动着课本，似乎没有找到引起注意的地方；有的渐渐找到了睡觉的感觉，开始闭目垂首……时间就这样流逝着，教师除了在讲台上来回走动几次，没有说话，也没有和学生进行交流。

问题剖析

这能算是真正的自学吗？既无自学目标的确定，也无自学方法的指导，更没有对自学结果的检验，学生陷入迷惘、混沌，无所事事，五分钟的时间完全被白白浪费了。

仔细审视课堂教学中形形色色的"自学环节"，大致存在以下不足：

一是无明晰的自学内容，或者自学内容过多、过繁。要求学生自学，但自学教材的哪部分内容、哪些段落？思考和解决哪些问题？达到什么目的？学生一概不知，无的放矢，效果自然不好。有时又走向另一个极端，大屏幕上密密麻麻地列满了自学提纲，学生眼花缭乱，无从下手，这样的自学内容设置显然也不合理。当然，如果一节课需要自学的内容比较多怎么办？可以考虑进行分解，将一个大的自学环节划分为两三个或三四个小的自学环节，使每一次自学行为相对独立，如此，自学才会扎实有效。

二是自学时间不合理。第一种表现是没有明确的自学时间，教师对学生完成自学内容所需时间没有一个预判，一进入自学，课堂就完全处于"放羊"状态。即使大部分学生已经完成了自学要求，无事可干了，教师仍不结束自学环节，致使课堂结构松散，学生疲沓、懈怠，注意力涣散。第二种表现是自学时间过短。布置了具体的自学任务，但学生刚刚静下来开始读书，还没有完全进入自学状态，教师就沉不住气了，马上开始提问，导致自学行为"流产"。因此，教师要根据自学内容的多少与难易，以及学生的实际水平，给学生一个明晰的自学时间要求，让学生在这个时间里集中精力，"像考试一般紧张"地完成自学任务。

三是无法保证安静的自学环境。有些教师要么不能在自学前将要求说清楚，开始自学了却不断提出要求；要么就是沉不住气，不放心学生，絮絮叨叨，百般叮咛，打断学生的思维。这种做法，虽然美其名曰"自学"，但学生已经成为课堂上的傀儡。自学过程中，必须保证有一段相对独立的"静默"时间，教师不能说话，不能板书，不要到处走动。另外，自学伊始，千万不能让学生讨论，否则，不以学生的独立思考为基础，所谓的"讨论"也会落空。

四是缺乏明确的自学要求。采取什么样的自学方式？学生得到的自学成果如何呈现？是写在笔记本上、批注在课本上，还是在大脑中进行加工？自学结束后，教师将采取什么样的方式对自学情况进行检验？是学生回答问题、小组讨论，还是进行书面的检测？这些要求，在自学开始就要明确地告诉学生，让学生在自学过程中有方法、有依据、有方向。给足"自学成果"展示和交流的时间，才能真正激发学生的自学热情。

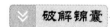 破解锦囊

营造民主氛围

学生自主性得以发挥要依赖于民主的课堂氛围。民主、合作的课堂管理方式能够逐步养成学生在课堂上的行为自律，有助于激励学生潜能的释放，引导学生积极参与学习活动，让学生更多地依靠自己来管理自己的学习。

变换教学形式

改变传统"秧田式"座位排列方式，创设便于活动和交流的空间，开

展师生、生生之间的互动，使每个学生都有自我表现的机会，从而提高学生的自信，培养独立思考能力和判断力。

培养学习兴趣

可以组织学生进行合作交流，相互评价，提倡大胆发言，对发言积极的学生给予表扬和奖励，并鼓励不善发言的学生。学生发言时，教师应让其他学生认真倾听，并适时进行引导。对回答不准确的学生，教师应采取鼓励的态度，让每一个学生都处在宽松的环境中，这样就能使学生积极主动地参与学习、发言。另外，教师应引导学生积极展示，大胆质疑，从而激发学生自主学习的动机。

注重自学思路

组织自学环节要做到"四定"：定时间、定内容、定方法、定要求。譬如，一位数学教师在PPT上展示自学要求：

请阅读教材第130页的内容（定内容），用时四分钟（定时间），用铅笔画出不明白的地方（定方法），并思考下列问题：（1）什么叫平行四边形？如何表示？（2）平行四边形具有四边形的什么性质？自学结束后，各组三分钟交流讨论时间，然后我们随机抽取号签来找同学代表小组回答（定要求）。

这就充分体现了自学的"四定"要求，学生遵循这样的要求进行自学，自然能达到较好的学习效果。

强化同伴合作

自主学习不是简单的学生自学，而是在自学的基础上与同伴合作交流，要教学生学会小组合作学习的方式方法。对全班学生合理编组，学生可经共同讨论后给自己的小组命名，并设计组徽、组训、口号。教师还可让小组各成员参与商讨、制定本组的课堂纪律、学习纪律等组员共同遵守的相关准则——"组内公约"，实现学生参与管理、自主自治。小组建成后要精选小组长，对小组长进行业务培训，定期召开小组长经验交流会，分享管理成果。课堂中有集体荣誉感的驱使，有组内舆论的压力，有小组长的监控，有教师的评价激励，有竞争机制的调动，这样就能使学生积极主动地学习。在小组学习中，学生学会了合作、交流、展示、质疑、释疑，从而真正实现了自主学习。

总结学习成果

在学生自主学习过程中，学生解决问题的速度是因人而异的，学习效果并不一定都是教师所期望的。教师在总结时，要能根据学生的不同情况做出不同评价，并能对学生的学习成果合理修正和补充。只有当学生自己感觉到学到的知识和技能能够解决学习和生活中的问题时，学生才会认识到学习知识的价值，从而激发起学习的兴趣，并逐步形成终生学习的良好习惯。

⌄ 自测清单

总结这一节的收获，如果你做到了，请在相应内容序号前的括号里标注"★"。

（　　）1. 能够自觉摆脱"满堂灌"的教学误区。

（　　）2. 能够辨识学生的学习基础，并据此设计教学思路。

（　　）3. 能够让"自学"变成不可缺少的教学步骤。

（　　）4. 能够给予学生一定的自学时间。

（　　）5. 能够从心底里相信学生的学习能力。

（　　）6. 能够熟练运用"四定"的自学方法组织教学。

（　　）7. 能够拥有成型的学习小组。

（　　）8. 能够有意识地培养小组长。

（　　）9. 能够适当调整教室的组织形式。

（　　）10. 能够看到自主学习给课堂带来的积极变化。

23. 积极合作：激发团队合力

孩子们围坐在一起，老师一宣布小组讨论，前排学生"唰"地回过头，满教室是嗡嗡的声音，每个人都在张嘴，可谁也听不清谁在说什么；有的小组长唱"独角戏"，一个劲地嚷嚷，其他同学只能当听众；有的学生茫茫然，不知所措；更有同学干脆借机偷偷做些不该做的事……几分钟后，老师一声令下："停!"全体同学立即安静下来。站起来回答问题的同学一张嘴就是"我认为怎样怎样"（压根就没有合作的痕迹）。

很显然，这样的学习有"为合作而合作"的嫌疑，表面上热热闹闹，背后更多的可能是放任、随意和低效，空有其表，而无其实。

合作意识、合作精神在现代学科日益细化的今天无疑有着极为重要的价值，提倡合作学习自然成为新型课堂的重要标志之一。但是，教学讲求的是实效，以学生"学会"和"会学"为目的，如果合作学习完全取代了学生的独立思考，或没有契合实际的合作方式，其价值就该画上一个大大的问号。

仔细辨析起来，不难发现，这种动不动就分组讨论，七嘴八舌、人声鼎沸的"繁荣"背后，往往隐藏着种种不尽如人意：

其一，从众心理往往使部分学生在讨论过程中过分盲从于优秀生的观点，能偷懒时且偷懒，滥竽充数，失去了真正锻炼自身思维品质的机会。从某种意义上讲，这是由教师的"一言堂"衍变为尖子生的"一言堂"，危害的本质是相同的。从教学实践看，小组中基础较差的学生，往往沦为学习中的"弱势群体"，进而导致缺乏主见、人云亦云的性格缺陷。因此，讨论必须基于每个学生的独立思考，同时要建立小组成员"随机汇报制"，将发言的机会留给每个人，彻底剥夺小组优生"发言人"的特权。至于"差生"在发言中可能出现的缺陷，则要强化"小组内部补充"，将个人表现与小组表现"捆绑"，从而提升小组合作的实效。

其二，每个小组讨论的问题往往有分工，在课堂交流时，由于缺乏对其他组问题的深入思索，对其他同学的陈述往往不甚了了。由于缺乏教师必要的引导，学生只重视小组的讨论研究而忽视小组汇报，学生往往没有足够的兴趣和注意力听取其他小组的研究成果，造成教学效率的低下，极易导致学生知识体系的不完整。因此，对几个小组各行其是、"分包"一块的做法要慎用。

其三，片面理解合作的内涵，把课堂小组活动作为合作的唯一方式，忽视学生在课前课后的合作。课堂 45 分钟是有限的，难以全部完成合作学习的任务。搜集相关学习资料，针对社会生活展开的调查，对课堂教学中存在问题的深入研究，部分课外实践作业的完成，都必须通过合作与独立完成相结合的方式进行。这样，合作精神和独立思考的习惯便能完美融合了。

合作，必须在每个个体都以积极的态度投身于学习的基础上展开，才能达到相互促进、共同提高的目的。否则，以扼杀学生独立思考为代价的"合作"，将徒有其表，流于形式，与教学初衷背道而驰，除了赚取课堂上虚假的"繁荣"外，再无其他意义。

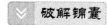

合理分组奠定合作基础

分组时，应在综合考虑学生学习情况、性格爱好、家庭背景等因素的基础上，按照"组间同质、组内异质"的原则分成 4～6 人的小组，把合作小组建成团结、互补、高效的小集体。组间同质指小组间尽量减少差异，使其各方面情况相当，特别是学业成绩方面，尽量使各小组之间的竞争公平、合理，而不是根据学生座位前后四人为一个合作小组，也不是简单地把几张课桌拉在一起组成小组。组内异质表现为小组成员在性格、成绩、动手能力和表达能力、家庭等方面有一定的差异性和互补性。小组建立后，要优化分工组合，形成组内互帮互助的良好氛围。一般来说，小组内应分设以下角色：

（1）小组长：由成绩较好，有良好的组织能力的学生担任；（2）收集员：主要负责作业的收发以及收集小组成员的学习问题和意见建议；（3）监察员：负责检查小组同学的学习情况和纪律情况，发现问题及时提醒，解决不了的事可以找老师帮忙；（4）指导员：在小组里充当小老师的角色，为小组成员答疑解惑，同时掌握本小组学习的进程，安排发言顺序等；（5）发言人：负责小组意见的总结和陈述，每次由小组讨论发言后，推荐组里一名学生集中发言，陈述本组结论；（6）记分员：执行小组的评价体系，是小组的信息采集员，每个小组的记分员必须做到及时、公平、公正、公开，随时接受科任教师和班级同学的查阅与提问。

独立思考作为合作前提

合作学习建立在个体需要的基础上，只有学生经过独立思考，并且思考达到一定的程度时展开讨论，才有可能出现一点即通、恍然大悟的效果。教师在组织学生参与讨论之前，一定要留给学生独立思考的时间和空间，让每个学生都投入到思考中去，都能独立地尝试解决问题，经历解决问题的过程，感受解决问题的喜悦，并尽可能地用多种不同方法。学生只有在独立思考的基础上，产生了自己的想法，才能对所讨论的问题进行多元化理解，在自己理解的基础上提出问题，从而为进一步的合作学习做好铺垫。

恰当时机激活合作热情

一是学生遇到困难时可以合作。由于思维受阻，学生内心产生了困惑感，自然而然渴望与伙伴交流、探讨、共同解决问题。这种渴望的情境，往往能激发学生强烈的求知欲。教师应及时抓住这一时机，有效组织学生进行合作学习，使学生积极地进行思考探究，合作交流。二是单凭个人力量无法完成时可以合作。有些学习任务比较复杂，单凭个人的力量难以完成，这时教师可运用小组合作学习的方式，让学生通过合理分工，共同探讨，依靠集体的力量和智慧来解决，使学生在互动中取长补短，体验合作思维的丰富性。三是学生认识出现分歧时可以合作。由于不同学生对同一问题思考的角度和理解的深度、广度都存在差异，学生的意见往往会出现分歧，此时正是开展小组学习的好时机，小组成员互相讨论与争辩，彼此之间的思维就会产生碰撞，对问题的认识将更加深入，思维角度也会更加全面。

教师指导深化合作效果

在学生开展合作学习的时候，教师不应无所事事，而应该深入到小组中去，倾听小组成员的发言，掌握各小组学习的进程，及时了解各小组在合作学习过程中遇到的困难和问题，做到心中有数，并且给予必要的指导，帮助学生提高合作技巧，顺利完成学习任务。

自测清单

总结这一节的收获，如果你做到了，请在相应内容序号前的括号里标注"★"。

（　　）1. 能够认识到合作学习的价值。

（　　）2. 能够有意识地锻炼学生相互合作的品质。

（　　）3. 能够遵循"组间同质，组内异质"的原则分组。

（　　）4. 能够对分组教学的基本规则提出要求。

（　　）5. 能够对小组成员进行合理分工。

（　　）6. 能够对小组长及组内不同角色进行相关培训。

（　　）7. 能够以小组的方式对学生进行评价、表彰。

（　　）8. 能够克服合作中的随意性，选择适当的合作内容。

（　　）9. 能够在合作学习前给学生独立思考的机会。

（　　）10. 能够看到合作学习给课堂带来的积极变化。

24. 成果展示：搭建学生表现的舞台

▽ 案例呈现

历史老师教学"三国鼎立"，出示了探究学习的内容：你怎样看待三国分立这一局面？（可以从三国分立的背景、原因、影响等多方面考虑）常言道"乱世造英雄"，总结三国时期人物的一些事迹，吸取他们的经验教训，假设你是出生在三国时期的一位君主，你将怎样治理你的国家？经过学生自学和分组讨论之后，课堂气氛非常热烈。可惜的是，进入合作成果分享环节，学生兴致正浓，却被老师拦了下来，以时间有限为由，草草收场。

▽ 问题剖析

无可置疑，我们的课堂正在发生变化。最鲜明的体现就是学生逐步摆脱了完全"被灌输""被学习"的位置，拥有了更多的自主学习、自主探究的时间和机会。学生在教师引导下，尝试对教材内容富有个性化的解读，并能够独立思考和解决力所能及的一些问题，进而产生教师"耳提面命"所不能达到的教学效果。

但是不是可以简单地以此来认定，这就是学生的课堂了？事实并非如此。在课堂中，很多教师忽略了学生自学、讨论之后的后续手段，不太注意学生自求自得成果的展示与交流。换句话说，学生绞尽脑汁得到的、极富个性化的见解并没有对外"发布"的机会，即使教师设置了交流和展示的环节，也往往是蜻蜓点水，浅尝辄止，稍一放手便被教师迅速"大包大揽"回去，致使学生再好的创建性意见也得"胎死腹中"。

问到原因，教师往往无奈：没有那么富余的时间啊！

这个回答似乎无可挑剔：学生的展示、交流，真的需要花费较多的时间，如果学生水平很高还好，要是水平差些，总也说不到点子上，甚至在错误上兜圈子，岂不是费时费力？哪有教师公布"标准答案"来得干脆！可仔细想想，问题就暴露了，这不是又回到"满堂灌"了吗？在教师的意识系统中，又遵循了"只有讲过才可能会"这样一个所谓的"真理"，把得到正确知识当作了教学的唯一要义，如此教学，只能被称作"假民主""假尊重""假主体"。更何况，我们不难想象，如果学生急于表达的欲念一次次被教师扼杀在摇篮之中，等下次再要求他去自主学习、自主探究的时候，谁还能保证他应有的热情呢？

因此，要把交流和展示自学成果作为一个非常重要的教学环节，摆到显著的位置上来，用足时间和精力，这样才能保证自学的成功。

第一，学生经历了独立探究、小组合作学习，精神处于高度兴奋之中，他们或许有了独到的见解要与人分享，或许有了合作的成绩要向其他小组炫耀，通过交流和展示，能够满足这样的表现欲望。

第二，学生在自学探究和合作学习中，不可避免地会遇到疑惑，这些凭自身力量难以解决的难题，如果仅靠教师想当然地讲授，未必能够对症下药。交流和展示的过程，也是暴露问题的过程。一个人无法解决的，就拿到集体中来研究解决；如果学生群体无法解决，教师再去讲解也不晚。有的教师之所以不愿意开展学生的交流和展示活动，就是总觉得学生的结论错误太多。其实，课堂中的错误本身正是一种重要的财富，如果借此找到错误的根源，化解学生的迷惑，自然会对学生掌握新知识产生巨大的推动作用。

在山东杜郎口中学，这种课堂的交流和展示被推崇到了极致。学校提出的教学主张是"先学后交"，"交"就是指"交流"。他们课堂上的情景，绝对会让初次感受的人瞠目结舌：教室里没有讲台，三面墙壁上都是黑板；课堂完全打破了传统的教学秩序，没有一个学生坐在自己的座位上原地不动，热情高涨的学生紧紧簇拥着讲题的同学，随着讲题同学的移动而移动。有的站在黑板前，有的坐在座位上，有的爬上凳子，他们不时地向讲题的同学发问、质疑，如果哪个学生有了新的解题思路，便会站到黑板前津津乐道地分享他的新思路，再接受其他同学的发问和质疑……

或许有人说，讲题的学生已经会做了，还要他去讲，不是浪费时间吗？其实不然，"最好的学是讲"，当学生们能够通过交流和展示，去给其他同学以启示，自己也会相应地得到提高，实现"双赢"。

破解锦囊

明确课堂展示的内容

展示哪些内容、如何展示、展示到什么程度、时间如何分配等，都需要"设计"。展示环节要突出三大特性：一是问题性，展示内容是小组或全班的共性问题、易错问题；二是互动性，要体现出师生、生生的交流，可以是疑难求助、对话交流、质疑对抗等多种形式；三是创生性，重点展示自己独特的思考、发现的规律，包括学习方法的总结、学习的新发现与新感悟等。展示内容贵在"精"，必须是学生深入探究的问题，必须围绕本节课的重点、难点，无论是组内小展示或者是班内大展示，都要将重点定位在分析思维过程，提升理解水平，而非机械地统一答案。

丰富课堂展示的形式

一是口头展示，要求学生在讲解、讨论和交流的过程中能用简洁、流利和通俗的语言表达自己的思想，能选择较好的切口阐述自己的观点；二是书面展示，要求学生能将展示的内容条理化，能较好地反映问题的要点和逻辑关系；三是板演展示，用小黑板或者电子白板来进行演示；四是行为展示，通过手势、表情、姿态等适当形式的表演，说明一些简单的道理，阐述问题的实质，增强表达效果。

提出课堂展示的要求

一是大胆，要有个人的见解，要勇于展示自我，以在同学间表现自己为荣；二是大方，不弯腰，不低头，答完自行坐下，上台板演动作迅速，讲解时不挡住同学视线，可以用必要的手势做好配合；三是大声，咬字清晰，语速适中，干脆响亮，语言尽量简洁，节奏不要太快，注意用语文明礼貌；四是发言要有顺序，组内发言顺序由小组长安排，组间展示一般按照问题的顺序进行，也可由教师根据情况来确定。

强化课堂展示的规范

（1）规范流程。要培养学生良好的展示习惯，规范展示用语，要求学生对课堂展示模式熟记于心，能按预设的程序有序推进，保证学生在初始阶段迅速进入角色。

（2）规范细节。要引导学生用"讲"来完成内容的展示，学生讲不到的知识，教师可以"装糊涂"去提出疑问，帮助学生的讲解更全面，还要引导参加展示的学生学会依靠小组其他成员的力量共同完善展示内容，并主动向其他小组进行挑战。

（3）规范评价。要多给学生鼓励，多用赞美的语言，多用欣赏的眼光鼓励学生积极参与，同时引导组际间进行相互评判。

（4）规范机会。定下展示规则，讲解员要轮流当，不能出现个别学生的"空白点"，本组学生负责对发言人进行指导，尤其是学困生，组内成员要教他怎么说，这样能够让每个学生都有展示的机会，都能够得到锻炼。

（5）规范要求。一是选择重点问题进行重点讨论，不要平均用力，突出重点，解决难点、疑点；二是不要轻易打断学生的展示；三是作为课堂互动的一员，教师还应当在适当时候通过提问或追问的方式给出问题，让学生讨论回答，以实现教师的教学意图。

▼ **自测清单**

总结这一节的收获，如果你做到了，请在相应内容序号前的括号里标注"★"。

（　　）1. 能够认识到学习成果展示和交流的教学价值。

（　　）2. 能够克制自己急于公布"标准答案"的欲望。

（　　）3. 能够在展示交流中认真倾听学生的意见。

（　　）4. 能够提供不同的展示交流机会和方式。

（　　）5. 能够建立展示交流的基本流程和规则。

（　　）6. 能够在学生展示交流过程中给予积极评价。

（　　）7. 能够提供充足的展示交流时间。

（　　）8. 能够不轻易打断学生的发言。

（　　）9. 能够形成人人敢于发言、敢于表达的学习氛围。

（　　）10. 能够通过展示交流激活课堂。

25. 打破权威：给学生怀疑的权利

案例呈现

到某校去听课，发现一个很有趣的现象：几个老师在课堂教学快结束的时候都设计了一个环节——请同学们大胆提问。有的课堂敷衍潦草地处理了几个无关紧要的问题，有的课堂则干脆一片沉默。课后交流到这一点的时候，教务主任跟我说，这是学校为了培养孩子的质疑精神，以行政命令的方式提出的要求：所有教师都要在课堂上设置这样一个质疑环节，否则，课堂会被视为不达标。

问题剖析

培养孩子的质疑精神无可厚非，但是否非要通过一个质疑环节来实现则值得商榷了。学生的质疑精神应该时时处处存在，而不应僵化为一个固定的时间段的"作秀"行为。如果在学习过程中，学生突然有了不同见解，是不是就因为没到质疑环节而只能保持缄默呢？

"学贵有疑"，质疑是课堂教学的灵魂。在传统的课堂上，往往只注意解决问题，而忽略了怎样鼓励学生提出问题，教师掌控课堂，不自觉地把话语的主动权从学生那里夺了过来。以教为主的思想使教师产生一种教学的神圣使命感，教学生成了教师的天职，灌输成了传统教学的法定模式。讲解、诱导、启发学生听懂、记住、理解教学参考书上的"标准答案"，成为教师完成课堂教学任务，达到良好教学效果的唯一目标。这种被教师统一了声音、学生缺失话语权的课堂缺失了思想，学生好奇的天性、思维能力、创新意识便也消失了。

民主的课堂呼唤学生的权利回归，呼唤质疑的声音，呼唤思想的觉醒。怎样把质疑的空间还给学生，把质疑的方法教给学生，使学生敢于质疑、善于质疑，是每个教师需要认真反思的问题。

有的教师抱怨说：我没有限制学生质疑啊！可他们都是榆木疙瘩，什么问题都提不出来，甘心鹦鹉学舌，我有什么办法？

其实，学生会不会质疑，关键还在于教师。

记得有一次听数学课，数学老师在黑板上推导试题，结果推来推去走到了一条错路上。大概是因为有人听课的原因，全班学生虽然都已经发现了错误，竟然没人指出来。这个教师更是尴尬地把一个明显的错误结论摆在黑板上，自顾自地完成后面的教学任务。我悄悄问一个学生：你看出错误没有？看出来怎么不说啊？那个学生摇摇头，说：不敢！

"不敢"，一个多么可悲的说法。也难怪，连教师都不敢直面自己的错误，他怎么肯低下头来由学生评点错误呢？这个"不敢"就深刻地反映了学生质疑精神缺少的根本：我们的教师是不允许学生质疑的。如果教师总把自己摆在一个高高在上的位置，不能转变角色，不能成为学生的合作伙伴，与学生缩短距离，学生何以成为学习的主人？何以获得本属于自己的话语权和质疑权？

有些教师会说，我经常让学生提问的，这不就是质疑吗？的确，没有问构不成疑，但如果缺乏明确的问题目标，课堂上就很容易出现"想到什么就问什么""肤浅深奥一起来"等情况。此时，教师若没有相应的引导与调控能力，就会陷入"眉毛胡子一把抓"甚至游离主题的尴尬。教师应该在学生发问的途径和方法上做做文章。比如：预习教材时，把需要解决的问题记在笔记本上，能通过查阅工具书和资料获取答案的先自行完成，解决不了的再课堂质疑；在动态的课堂教学过程中，鼓励学生随时捕捉、筛选有价值的问题质疑，可以从所学知识的重、难点中，从标题、公式、定理、定义中去寻找；每节课结束后，要给学生留出一段时间质疑问难，便于查缺补漏，加深知识理解。学生掌握了基本的质疑方法，提出来的问题才会更有价值。

同时，为了提高学生的质疑能力，教师不能只满足于解决学生的质疑问题，要善于对质疑者提出问题的价值进行及时恰当的评价，对提出有探究价值的问题的质疑者给予真诚的赞扬与肯定，对浅层次的问题引导学生学会甄别，让学生在学习过程中体验什么样的质疑更有意义，从哪些角度质疑更能拓宽发散性思维，这样才有利于提高学生质疑的质量与积极性。

破解锦囊

让学生想质疑

跟学生分享名人的质疑故事，比如：哥白尼的地动学说建立在对亚里士多德的天动说的质疑上，牛顿发现地心引力是从质疑"苹果为什么会从树上掉下来"开始的，瓦特发明蒸汽机是从质疑"壶盖为什么会往上蹿"开始的。这些故事都有利于激发学生的兴趣，让学生认识到，人类认识世界和改造世界的过程，也就是不断地提出问题、分析问题和解决问题的过程。能否敏锐地发现问题和提出问题，是人的素质中的一个重要的组成部分，也是判断一个人是否具有创新意识和开拓精神的重要尺度之一。学生明白了这些，才能激起质疑的兴趣，进而主动质疑。

让学生敢质疑

注意在师生间建立平等、民主、和谐的关系，用教师风趣、幽默的语言，平易近人的笑容，为消除学生心理障碍创设良好氛围。要做到：（1）当学生的质疑不符合要求或不是本课所要解决的内容时，教师也同样给予鼓励，赞扬这种敢于质疑的勇气。（2）当学生质疑的过程中，由于紧张或考虑不充分而词不达意、语无伦次时，教师也要认真倾听，不轻易打断学生的发言。（3）当学生的质疑有错，或教师在上课时已反复强调过的内容，又被学生当作问题提出时，教师也不能嘲笑、讽刺、指责。（4）课前、课间教师要常抽些时间待在班上，师生间身体距离的缩小，带来心灵的贴近，可能只是微微一笑，拍拍肩膀，摸摸脑袋，聊聊家常，不经意的小动作带给学生的信息是强烈的——老师很喜欢我！有了这样的心理基础，就为学生有问题、敢质疑奠定了基础。

让学生好质疑

利用学生争强好胜的心理特征，充分利用各种竞赛、评比、辩论等激励措施，提高学生质疑的积极性和主动性。比如利用小组进行教学，优、困生搭配，由学习能力较强的学生担任组长，组与组之间展开竞争。每周评出最佳质疑能手并给予表扬。这样就引导学生从被动学习向主动探索转变，学生也感受到思考、质疑带来的无穷乐趣。

让学生善质疑

要保证质疑问难的质量，既要拓宽内容、范围，又要进行范围控制，不能漫无边际。要做些思维方向的引导，让学生的思考集中在要学的知识点上，这样才能使学生提出有效的问题，这是培养学生质疑能力的重要措施。有时学生质疑涉及面广，教师可以组织学生讨论，哪些问题问得好，哪些问题不着边际，并非教材的内容和重点，引导学生逐步由"多而杂"变为"少而精"。只要引导得法，学生就能有所发现，逐渐学会质疑，善疑善问。

自测清单

总结这一节的收获，如果你做到了，请在相应内容序号前的括号里标注"★"。

（　　）1. 能够认识到学生没有问题才是最大的问题。

（　　）2. 能够不满足于课堂"一派祥和"。

（　　）3. 能够鼓励学生产生分歧甚至争议。

（　　）4. 能够给不同意见持有者充分阐述理由的机会。

（　　）5. 能够创设宽松安全的课堂环境。

（　　）6. 能够对学生的各类答案表现出足够的尊重。

（　　）7. 能够消除学生间的嘲讽现象。

（　　）8. 能够对质疑的学生表达真诚的欣赏。

（　　）9. 能够对学生的质疑内容和方式给予一定的指导。

（　　）10. 能够保持教师自身的质疑精神。

26. 适度瘦身：别让你的课 "密不透风"

听了一节语文课，感触很深。这节课上，教师俨然上满了弦的机器，一节课总在高速运转，颇有些透不过气来的感觉。执教者既关注基础知识的掌握，又重视学生听说读写各方面能力的培养；既引导学生感悟文本丰富的内涵意韵，又引领学生鉴赏文本独特的表达方式；既对文本资源进行深入开发，又引进课外 "活水"；既积累文本精彩的语言，又引领学生学习文本表达方法、进行迁移练笔。总之，这堂课节奏不可谓不快，容量不可谓不大，环节安排不可谓不紧凑，但是，却给人不舒服的感觉，去观察课堂中的学生，要么一脸茫然，要么手忙脚乱，丝毫看不出学生在学习和掌握知识过程中的幸福和从容。

跟老师们讨论起何为 "课堂教学" 来，难免有一种认识：好的课堂必须容量大、节奏快，这样在固定的时间内，完成了更多的任务，不就等于提高了教学效率吗？粗粗一看，这笔账算得一点错儿都没有。所谓 "效率" 是指单位时间内完成的工作量。依照这个定义来看，如果一个教师在一节课45分钟的时间内干的事情越多，教学效率不就越高吗？

当然，一堂课只有保持高密度，才能保证一定的训练量，才会让学生在环环紧扣的教学过程中、在匠心独运的教学活动中，循序渐进，拾级而上。如果内容松散，课堂上学生总是无事可干，自然就谈不上高效率了。但是，凡事都有个 "度" 的问题，如果一堂课的教学环节和教学内容设计太密、太快、太多，到了 "密不透风" 的情况，容量过大，内容过多，也许事情就会走向反面。上面的案例就属于这种情况。问题出在哪里？

一堂课的时间的确是有限的，但如果误以为在课堂上给学生的东西越多，效率就越高，显然犯了一个常识性的错误。这样的教师在骨子里必然存在着一个"真理"：教了，学生就应该会了。可实际上，在教师的"给"和学生的"会"之间还有一道必须跨越的"鸿沟"，那就是学生的理解和消化。没有理解和消化，即使给了学生，也是"生吞活剥""囫囵吞枣"，变不成自身的营养。如果涉猎内容过多，课堂的45分钟会被分解成若干个琐碎的段落，每个环节能分到多少时间，教者要心中有数且严格执行，否则就可能拖堂。为了不"浪费"时间，把预设的东西全部按程序走完，教师就必然成为课堂这个舞台的主角，学生当然只能沦为观众。

很多教师备课时设计了学生的自学、讨论等自主活动，但一到真实的课堂上，都会演变成走过场，学生只是偶尔在个别环节"陪"教师互动一下，活跃一下场面罢了，根本无法达到这些环节应有的作用。很显然，在"过满""过密"的教学内容的压迫下，学生不得不紧跟着教师的匆匆步履，努力完成教师要求的每一个指令性动作。多数学生上一个问题还没有思考成熟，就被教师领进了下一个问题。结果一堂课下来，只有少数学生得到了收获和发展，而绝大多数学生是云里雾里不知所然。在这样的课堂上，我们能看到教师精巧的预设、自然的过渡、智慧的言语……却看不到学生成长的过程，看不到学生思维火花的闪现，看不到学生富有个性的表达，看不到教师、学生、文本之间三维立体式的对话，看不到一个动态的、生成的、有着无限可能性的"绿色生态系统"。

所谓课堂效率，必须建立在学生收获和成长的基础上来判定。如果所谓的"快节奏""大容量"是以牺牲学生的感受、思考、记忆、辩论、总结的时间和机会为代价，不顾及学生核心素养的全方位提升，何以称之为"高效率"呢？长此以往，一个弊端逐渐显示出来：教师在疲于奔命，学生在穷于应付。彼此就像穿上了童话里的红舞鞋，陷入"跳个不停"的怪圈。同时，焦虑、烦躁、不安的情绪开始蔓延开来，教师埋怨学生反应迟钝，跟不上趟；学生抱怨节奏太快，容量太多。整个教学被拖入了一个尴尬的境地。

因此，教师要有一点耐心，学会在"等待"中收获学生的成长。当教师设定一个学习任务交给学生时，要学会一言不发静静地等待，同时也要求其他学生保持默然。也许从表面上看，课堂一片静寂，学生做思考状：或看着书本，或看着地面，甚或手里还把玩着某样东西。这时，请教师不要着急，不要担心，也许不能保证每个学生都在十分专注地思考，但起码保证了一部分学生思考的权利。在这个等待的过程中，学生有了充分思考的时空自由，才会得到最宝贵的思维过程，才有可能针对问题积极思考，主动探讨。

努力在课堂设计中留出一些"空隙"来，让新鲜的空气涌进来，课堂才不会"缺氧"，才会保持"勃勃生机"。

破解锦囊

精选学习目标

一堂课如果没有适宜的学习目标，无论在教学设计上玩什么花招、竖什么大旗，都不可能是成功的课。目标不宜过多，一堂课3～5个为宜。讲就讲透彻，讨论就讨论个明白，练就练到熟练掌握运用。不要眉毛胡子一把抓，结果个个都是蜻蜓点水，学生往往"捡了芝麻丢了西瓜"，得不偿失。这就要求教师，首先要"深入"：吃透教材，知道本课要教什么；吃透学生，知道学生需要什么。然后再"浅出"：在明确目标的前提下，指导学生进行自主学习，不仅着眼于当前知识掌握和技能的训练，而且注重于能力的开发和未来的发展，培养学生主动获取信息、处理信息的能力，为学习品质的形成打下基础。

精简教学环节

"瘦身"的关键在于舍得割弃无用的教学环节。备课时往往有这样的感觉：这个环节也很好，那个环节也不错，结果都搬到课堂上，一节课就拥挤不堪了。把那些最有意义的、最有实效的东西放大，把那些可有可无的坚决砍掉，不该讨论的时候没必要讨论，不该表演的时候不去表演，这本身就是一种教学能力。我们常说"精讲精练"，其实就是强调课堂的"瘦身"。精讲，用最简单的方式诠释教学内容，画龙点睛，直截了当，不绕圈子，不说题外话；精练，教会学生用最简单的程序来解决问题，从而形成最有效、最直接的解决问题的逻辑思维。这是学生吸收和消化知识的重要途径。必须注重当堂知识当堂消化，杜绝课内损失课外补的不良做法。如果将大量的课堂练习变成了课外作业，只会加重学生的课业负担和心理负担。因此，高明的教师一定是教学环节的"剪裁高手"，将课堂流程中无关紧要的"枝蔓"毫不吝惜地彻底摒弃。

精练媒体使用

滥用多媒体课件，教学效果往往适得其反。为了让自己的课更"好看"，不该放视频的时候放视频，不该用图片的地方用图片，不仅对掌握教学内容无益，而且浪费了大量的时间。因此，解决教学形式花哨的根本措施就是端正教学思想，提高对学生学习规律的认识，不赶时髦，不抢风头，不要刻意追求所谓的"精彩"和"完美"，实事求是，讲求实效，要以最经济、最平实的教学手段，取得最高的教学效应。

∨∨ 自测清单

总结这一节的收获，如果你做到了，请在相应内容序号前的括号里标注"★"。

（　　）1. 能够认识到"内容多"与"掌握好"不能画等号。

（　　）2. 能够将教学节奏与学生的认知节奏保持协调一致。

（　　）3. 能够将每堂课学习目标控制在3～5个。

（　　）4. 能够洞察并删减价值不大的教学环节。

（　　）5. 能够不把学生思考当作浪费时间。

（　　）6. 能够让课堂表现出节奏的适度变化。

（　　）7. 能够给学生更多感受、思考、记忆、辩论、总结的时间。

（　　）8. 能够不完全照搬现成的多媒体课件。

（　　）9. 能够根据教学设计删减多媒体课件。

（　　）10. 能够不拖堂。

27. 讲评试卷：摒弃枯燥的"对答案"

去听一位教师的试卷讲评课，他却推三阻四，很不乐意。结果听完才知道，原来他几乎没做上课准备，一节课就在 A、B、C、D 地"对答案"中度过，不仅枯燥乏味，而且远未实现试卷讲评应该有的作用。

这其实代表了不少教师的想法：我这节课就是讲评试卷，没必要听。教学中，讲评试卷订正练习的确是经常要做的事。之所以婉言谢绝，就是源于头脑中固化的认识：讲评试卷就是"对对答案"，又看不出什么水平，何必要听呢？

果真是这样吗？

事实恰恰相反。同样一份试卷放到不同的教师手里进行讲评，效果往往大相径庭。我多次聆听讲评试卷课、订正练习课，不客气地说，有些课堂效率奇低，完全是在浪费时间。

其实，讲评课是一种非常重要的课型。讲评课的效率高低，对学生的学习效果影响极大。应该对讲评课形成一些基本认知：

首先，要认真批阅，捕捉信息。

批阅作业、试卷要突出"诊断功能"，为教学把脉，发现问题所在。例如对选择题，要通过统计，得出正误率，针对一定错误率以上的题目重点讲解，由选 A、B、C、D 的百分率找出学生错误的类型与根源。而对主观题，则可选择有代表性的作业和试卷作为样本，逐题统计错误率与错误类型，做好批改记录。批阅过程中，记录学生出现的典型错误答案；记录错误率高的问题，也就是教学过程中的弱点或盲点，予以重点讲评，对自己的教学进行及时补救；还可记录解题思路清晰、方法灵活有创意、试题解答规范，甚至书写规范的学生，以便做出表扬，加以激励。

其次，要突出主体，强调合作。

一是要强调学生的自主订正。绝大多数学生拿到批阅后的作业和试卷，首先关心的是分数和名次，接着便会主动关注做错的题目。对于会做而做错（即所谓粗心出错）的题目，学生多会懊悔和自责，教师不必多费口舌；对于那些当时不会做的题目，也可能通过向他人询问答案或查找资料，掌握或基本掌握解决方法。学生这种主动纠错的积极性，教师应十分珍视。对于那些不能准确把握答案的题目，学生则急切地想知道问题的答案和错误的原因，他们的学习动机和求知欲望强烈，当评讲到这些内容时就可以收到很好的效果。因此，作业和试卷宜提早发放或稍微留出一点时间，让学生自主订正后再进行讲评。

二是要强调师生互讲，尽量给学生有讲评的机会。最好的方法是谁错就请谁讲，错哪儿讲哪儿，同时发动其他学生适时补充和纠正。这样的做法肯定能调动学生的积极性，不但上去讲的同学积极性很高，在下面听的学生也觉得很新鲜。当然由学生来讲要注意，学生讲的题目应该有所选择，尽量选择一些学生容易有不同想法，学生做题时容易有偏差的题目。其间要做好引导工作，要激励、表扬学生，使学生感到满足，不会因为讲不下去而有挫败感。如果存在的疑问和分歧较大，可以通过同学间讨论、分析得出结论，以"兵教兵"的方式学习印象会更深刻。当学生完全不懂或毫无头绪的时候，就需要教师来讲。讲什么呢？讲知识结构，以帮助学生形成知识网络；讲思路与方法，以提高学生的学习能力。

再次，要强化针对，紧扣重点。

针对性，是指对练习中出现的错误进行归类，找出共性问题，分析产生错误的原因。特别注意班级前30名学生出现的问题，在此基础上围绕重点，有针对性地讲评，指明解题的正确思路、方法和规律，切忌就错论错。对于个别问题，可以安排生生之间的互评、讨论，或在课内、课外进行个别指导，避免针对个别学生、个别问题的集体讲解。因此，讲评时教师要先把题目进行大概的分类，把得分率较低，属于教学重点并有一定方法规律可循的题目作为讲评的重点，再归纳总结方法，设置"举一反三"的题目进行练习，进一步加深、巩固。

第四，要总结方法，强调拓展。

对疑难题，主要是启发学生思考如何分析，如何找到解题的切入口，有哪些解题途径，等等；对重点内容，要使学生真正弄懂、吃透，要指导学生总结规律和解题技巧，并将没有反映出来的知识加以延伸、扩展，使之在学生的头脑中形成知识网络，以不变应万变。因此，在讲评课的过程中，不管是由学生来讲还是教师来讲，都要努力以一些简单的提问引导学生找到题目的关键点，并对个别题目加深、延展。

最后，要再设练习，强调补救。

试卷中出现的知识、能力问题，不可能凭借一节讲评课就能解决，与之配套的跟踪训练必不可少。教师可事先根据讲评的重难点以及学生答题易错点，设计一定分量的题目，在讲评后留一点时间练习或布置学生课后练习，以达到反复强化所学知识、提高解题能力的目的。当然，不能过于加重学生负担。有的教师在讲评课后，要求学生把做错的试题做上若干遍，甚至要求学生抄写试卷，这样除了泯灭学生的热情之外，往往达不到预期的效果。

破解锦囊

必须在学生完成试卷的前提下讲评

学生根本没有提前的思考和理解，没有提前的动笔体验，甚至试卷上空空如也，教师就开始讲评，任凭你滔滔不绝，学生却不知所云，这样的讲评效果自然接近于零。

必须在熟知学情的基础上进行讲评

学生虽然完成了练习，但哪些是问题比较大的题目，哪些是绝大多数学生已经掌握的，教师没有通过批阅试卷或者抽查来提前有所了解，而是直接"开讲"，必然造成平均用力，重点不突出，学生已经没问题的还在津津有味地讲，学生问题比较严重的也未刻意强调，时间和精力分配不合理，造成效率低下。

必须"知其然，更知其所以然"

学生的答案对也好、错也罢，教师不要急于肯定或否定，要时刻注意引导学生说出自己得到答案的思路和理由，这样才真正达到了理解掌握的目的。如果一味地 A、B、C、D 乱嚷一通，却不知道为什么如此选择，最终的效果可想而知。

必须通过订正试题复习到相应的知识点

练习的目的不是为了会做某道试题，而是为了掌握某个知识点。所以，订正练习只是表面现象，要善于敏锐地通过试题，发现学生在某个知识点上掌握的程度如何，以此确立教学的补救方向。

必须通过练习将试卷"讲厚"

要善于在讲解过程中举一反三，特别是对错误率较高的试题，随时补充进同类型的试题，进行订正后的后续练习，迅速让学生对某一类型题目的特点、解题思路、解题容易陷入的误区有更深入的掌握，形成能力的迁移。所谓"讲厚"，就是将一套试卷讲出两套、三套甚至更多的试卷的分量。

必须有意识地引导学生暴露错误

练习的目的就在于矫正错误，矫正的前提是发现错误。如果讲评过程中一味满足于让优秀生发言，满足于"正确率""成功率"，掩盖学生练习中的错误，是得不偿失的。

必须提供修改错误和整理试卷的机会

试卷讲评完毕并不是结束，学生试卷上的错误全部修改完成了吗？必须设立一个环节，给学生提供修改的机会，教师通过巡视或进一步批改，了解讲评的效果。对学习能力较强的学生，可以鼓励他们设立错题本，将典型错误分类整理，促使试卷讲评的效果达到最优化。

必须发挥学生的主体作用

试卷讲评并非教师的"一言堂"，没有学生的积极思考、讨论发言，没有学生的相互修正、相互帮助，效果自然不会理想。

自测清单

总结这一节的收获，如果你做到了，请在相应内容序号前的括号里标注"★"。

（　　）1. 能够跳出"讲评课无需认真准备"的误区。

（　　）2. 能够做到针对讲评内容认真备课。

（　　）3. 能够做到评讲试卷重点突出，不平均用力。

（　　）4. 能够对学生的答题情况有清晰了解和统计。

（　　）5. 能够针对典型错误准备好举一反三的同类型训练题。

（　　）6. 能够做到学生自改之后再讲评。

（　　）7. 能够发挥学生互批互改的作用。

（　　）8. 能够了解错误学生的修订情况。

（　　）9. 能够引导学生使用错题本。

（　　）10. 能够设计讲评之后的针对性训练。

第三辑
师生关系中的挑战与超越

　　教育是"造人"工程，不是工厂流水线，更不是程序化模板。我们眼里应该没有"优生"与"差生"的概念，不要放弃对任何一个学生的帮助和关爱。

28. 以爱为本：请把学生当人看

案例呈现

《中国教育报》曾刊登过这样一则材料：

一调查组从 5 所学校随机抽取 100 名教师，问："您热爱学生吗？" 90% 以上的被试者回答"热爱"。然后向这 100 名教师所教学生进行调查："你体会到老师对你的爱吗？"回答"体会到"的仅占 12%。

这样的结果，肯定出乎百名教师意料之外。有的教师心里不好受，有些愤然：我们当教师的不计地位、不计名誉、不计时间、不计报酬，倾注满腔心血，不就是为了学生吗？白天，我们"传道、授业、解惑"；晚上，我们备课、学习、改作业；课余，我们苦口婆心跟"差生"磨嘴皮；假日，我们不厌其烦与家长打交道……这不是有目共睹的事实吗？这不就是爱吗？难道他们麻木了？难道他们真的走进了感情的荒漠？不然怎能体会不到？

问题剖析

听教师们谈起工作经验，绝大多数人都会讲到一个"爱"字。没错，爱是教育的前提。没有爱，任何教育行为都会变得冷漠、呆板、强硬。没有爱，谈不上情感的陶冶、意志的训练，也谈不上育人目标怎样得以实现。

但是，我也经常听到教师们抱怨："我这么爱这些孩子，为了他们起早贪黑，累死累活，可为什么就换不来他们的理解呢？"

大凡遇到这种情况，我总要提醒：如果你确定自己付出的爱没有换来应该有的结果，那真该重新审视一下，你的爱是不是真正意义上的爱。

如何真正关爱学生，每个人也许有着不同的阐释。但有一句话，曾经震撼了许多教师的心灵：请把学生当人看。

有人说，这个说法"侮辱性极强"，身为教师，怎么可能不把学生当人看呢？我想说的"把学生当人看"，是把学生当成一个正常的人，而且是尚未成熟正在成长中的人来看。一个正常的人，都有自己的喜怒哀乐，有自己的兴趣爱好，有懒惰的时候，有勤奋的时候，有积极的一面，也有消极的一面。每个人都无法做到时刻统一，人的生命总是呈现出复杂多样的形态，更何况正在成长中的学生？

在有的教师看来，学生只是贮存知识的容器。德国一所大学里有一尊雕塑，一个孩子站着，一位教师打开孩子的天灵盖，把知识之水慢慢地倒进去。这尊雕塑形象地表现了当今部分教师的教学方式：一味地灌输，死记硬背，题海战术，加班加点，延长学生的学习时间，苦学、死学。只要学生不学习，在课上课下做与学习无关的事，就是冒天下之大不韪，紧接着，说服教育、体罚、变相体罚就上场了。试想，即使一个成年人，又怎么可能无时无刻都处于学习状态呢？

在有的教师看来，学生只是替自己赢得名利的工具。严格要求学生，就是期望学生能考出一个好分数，能给自己赚取相关的荣耀和奖励。在这种心理的催化下，教师眼里失去了学生，只有分数，往往会采取违背教育规律的措施，砍掉非考试科目，考什么就教什么，无限加重学生的课业负担，不顾惜学生的身体健康。结果，教师累死累活，拼命为学生讲授、辅导、批改作业，但学生并不领情，甚至跟教师对抗。因为学生明白，老师并不是真心爱他们，老师太爱惜戴在头上的光环了。有的小学生气愤地说："老师，你再这样逼我，我就不替你学了。"

把学生当容器，排斥了学生的主体精神；把学生当工具，放大了教育的功利性，远离了教育的本真。显然，这时的学生，在教师的眼里，只是一个异化了的人。

怎么才是把学生当人看呢？至少包括三层含义：

一是把学生当人看，即重视学生的需求，重视学生的个性差异。

二是把学生当作未成年人看，即不能用成人的眼光衡量学生，不能把成人的标准强加给学生。

三是把学生当成不完美的人看，即要以平和的心态看待学生，不能对学生过分求全责备。

容得下学生，才能赢得学生，才能教育好学生。现实生活中，不少教师忘记了这一点，往往不尊重学生的不同见解、认知和表达方式，强迫学生按自己的路子走，要求学生整齐划一，挺腰背手，回答异口同声……不允许这样，不允许那样，动辄惩罚，严重阻碍了学生学习积极性、主体性的发挥，影响了学生身心的健康成长，扼杀了学生的创造天性。

苏霍姆林斯基曾有这样一个十分精彩的比喻：要像对待荷叶上的露珠一样，小心翼翼地保护学生幼小的心灵。晶莹透亮的露珠是美丽可爱的，却又是十分脆弱的，一不小心露珠滑落，就会破碎，不复存在。

教育是"造人"工程，不是工厂流水线，更不是程序化模板。我们眼里应该没有"优生"与"差生"的概念，不要放弃对任何一个学生的帮助和关爱。曾听一个优秀校长讲过这么一句话：转化一个"差生"同培养一个优等生同等重要。也曾听一个优秀教师讲过这么一句话：我没有理由挑选学生，孩子们无论是聪明伶俐的还是脑瓜不太开窍的，是品行好的还是沾染了这样那样毛病的，只要他坐在我的教室里，就是我的孩子，我就要对他的成长负责。

像这样的爱，才是大爱、博爱、真正的爱。这样的教师，才真正把学生当作了有独立人格的人。唯有如此，教育才有可能真正发生。

破解锦囊

要把学生当成各具特色的有待进步的"人"来看待

多观察学生，多接触学生，多换位思考，尊重所有的学生，学会欣赏他们，找出其闪光点，引导他们走上正确的人生之路，让他们知道"天生我材必有用"的道理。

要把每一个学生当作自己的孩子般平等对待

不因学生的容貌、性别、成绩、家长的职位、家庭的贫富等差异，而左右我们对学生的态度，左右我们对学生的眼神和语气。要特别关爱那些贫困生、后进生、有心理障碍或身体残疾的学生，多给予他们温暖，鼓励和帮助他们。

要用学生心中需要的方式去爱学生

不是用成人式的爱去爱学生，不是以自己想当然的方式去爱学生，了解学生的需求，给予学生朋友似的、平等型的、宽容型的、在玩中交流式的爱。

要承认并尊重学生的个体差异和个性化差异

要面向全体学生，把每一个学生都当作学习的主体、主人，让每一个学生都来主动参与，积极交流，使每一个学生都能得到最大限度的发展；不"嫌贫爱富"，不能只喜欢"优生"，不喜欢"差生"甚至歧视"差生"；对学生的个性化差异，要给予理解和尊重，不用群体话语方式和公共思维模式去限制其自由思想与自由表达。

要维护学生在校期间的合法权益

要有保护"学生权利"的意识，尊重并维护学生应该有的课程选择权、体育运动权、合理休息权、自主结交伙伴权、申诉权等。

要让学生参与相关事务的讨论和决策

建立民主管理的机制，班级事务由学生共同商议决定，管理制度由学生共同讨论制定。平等对话，尊重提反对意见的学生，坚决克服教师的"一言堂"，引导学生在成长的过程中学习选择、思考、判断，而不是一味地听从他人的安排。

总结这一节的收获，如果你做到了，请在相应内容序号前的括号里标注"★"。

（　　）1. 能够发自内心地热爱学生。

（　　）2. 能够不对特殊学生另眼相待。

（　　）3. 能够主动对学生情况有所了解。

（　　）4. 能够相信什么样的学生都有他们的未来。

（　　）5. 能够主动给弱势学生更多的关心。

（　　）6. 能够认可孩子之间的差异性。

（　　）7. 能够不用一个标准去衡量所有学生。

（　　）8. 能够记住学生的名字。

（　　）9. 能够给学生更多参与公共事务管理的权利。

（　　）10. 能够积极维护学生的合法权益。

29. 一视同仁：一碗水要端平

新学期学生报到，一位女教师在完成学校要求的报到事项之后，别出心裁地做了一项工作：为每个学生建立档案。其中，一份学生个人信息表内容极为翔实。从孩子个人的情况到家庭的情况，细枝末节都掌握得清清楚楚。我看到后感触很深，以为她是为了便于了解孩子，因材施教，于是在教师大会上特意表扬了这位教师。但会后闲聊，有人透露的一个信息却让我大吃一惊。原来，这位教师如此详细地了解学生情况是别有用心的：她了解每一个孩子的家庭背景，目的在于迅速掌握哪些家长是她将来可以利用的资源，从而在对待这些孩子的时候"高看一眼"……

不公正的现象，让人内心愤愤不平；不公正的待遇，更会激起人的反抗。一个好教师，首先必须是一个公正的教师。

调查显示，学生最讨厌偏心的教师。我看过这样一封学生来信，信中写道：

老师，曾经多次，我想找您谈谈心，可是我没有这个勇气，因为我的成绩不好，面对您时，我会很尴尬，很难堪。说实在的，我非常想把自己的成绩提高上来，但我又苦无良策。尤其是，我觉得您并不关心我，也许就是因为我在您的心目中不是一个好学生。然而，您有没有发现，您自己很偏心，经常提问那些学习成绩好的同学，而像我这样成绩不好的同学总是被忽视掉？……

学生如泣如诉的心声吐露，震撼了我的心。每个学生都是有血有肉有思想有情感的，每个学生的素质会有差异，但每个学生又都会在某些方面有着成功的潜质。教师的职责就是发现学生身上的潜在素质，肯定它，把它挖掘出来，从而使学生在被认同中肯定自我，不断品尝成功的喜悦，从而成为闪光的金子。这样的教师必会赢得学生的信任与爱戴。每一位有良知的教师都应该牢记：漠视心灵，是一种天大的罪过！

作为学生，都希望自己会引起老师的注意，希望获得老师的关爱，不希望看到老师对自己一副漠不关心的样子。从心理上讲，一个不喜欢自己的人也是不受自己欢迎的。如果孩子感到了老师的厌恶，他们就会还以同样的不喜欢，继而导致厌恶所学的课程。这种情况并不鲜见，恶性的循环带来的只有危害。

教师要全面看待每一个学生。我们常常会听到许多教师或当面或背后辞锋犀利、嘴不饶人地"菲薄"着自己的学生。我曾经听到过一个年轻教师洋洋自得地介绍自己的"经验"：今天上课，我们班的×××又没完成作业，我当着全班同学的面说他"不要 face（脸）"，教室里哄堂大笑！这位教师轻松说笑着，似乎陶醉于自己的"创造"。但我却仿佛看到，那刻薄的言词，正像一把锋利的匕首，深深地戳入学生的心灵，令他们年轻的心在滴血……也许，就因为教师几句不经意的话，学生的希望夭折了，热情熄灭了，他们一蹶不振、萎靡消沉甚至自暴自弃……

人不可能没有缺点。平心而论，为人师者，大多经过了专业化的高等教育，学养素质应该不错。然而回头检视自己，哪一个教师敢说自己完美无缺呢？如果每一个学生天生就是一块不需雕琢的美玉，又何需我们这些教育者呢？西方有一句名言："年轻人犯了错误，上帝都会原谅他的。"年轻人有激情，敢想敢干，缺乏的是正确的引导，而不是劈头盖脸、不问青红皂白的批评。因而，教师必须实事求是地评价学生。每一个学生身上，或多或少总会有一些值得肯定的东西，我们要以此为契机和突破口，尊重学生个性，看到学生哪怕是一点一滴的进步，给予肯定和表扬，这样才能使学生树立起自信心，扬帆远航。

因此，教师千万不要戴着"有色眼镜"去审视自己的学生，要用一颗公平心对待每一个孩子，真正做到"一碗水端平"。言必信，行必果；对学生一视同仁；不偏听偏信；爱所有的学生；懂得维护学生的自尊心，保住学生的面子；善于激励学生的上进心，帮助学生树立理想……这样才会换来学生的认同和喜爱，自己的教育之路也才会走得轻松，走得愉快！

破解锦囊

要一视同仁，正视差异

要相信每一个学生都有长处和不足，不要看不起自己的学生。今天他学习落后，并不代表明天他不行。学会用变化的眼光看待学生，只要学生在我们面前，就应该给他们公平公正的待遇。

要学会体谅，给予宽容

学生的身心正处于一个成长的时期，教师需要设身处地从学生角度考虑他们的感受和行为，要体谅学生，真正理解"学生是在成长中的不完美的人"，对学生身上发生的一些不尽如人意的事情，要给予最大限度的宽容和谅解。

要尊重差异，提供机会

美国心理学家加德纳的多元智能理论认为，每个个体都具有自己独特的智能结构形式，即具有自己的智能强项和弱项。这种差异并不表现为好坏、高低、贵贱之间的差异，而是多样化的表现。每个学生都有其自身独特的价值，在教育教学中应该承认差异、适应差异、追求多样性，尽可能地提供适合学生发展的机会，保证学生有机会获得适合其特点的教育。

要积极鼓励，促进成功

好孩子是夸出来的，当教师的都想得到领导的表扬，何况学生呢？学生经常性地得到教师的表扬和鼓励，就会充满激情去争取更大的进步；如果每做一件事都得不到承认和肯定，就会丧失信心，失去前进的动力。作为教师，不仅要表扬表现好、成绩好的学生，更要创造机会表扬平时表现不好、成绩不好的学生。对学生一点点的小进步，教师都要敏锐地去发现，并抓住契机予以表扬与肯定，这样长期加以关注，学生自然会养成良好习惯。

要抓住要点，形成习惯

抓住促进公平的四个要点——记住每一个学生的名字、走到每一个学生的身边、提供给每一个学生表现的机会、创造每一个学生获奖的可能，并据此形成自己的教育教学习惯。

⌄⌄ 自测清单

总结这一节的收获，如果你做到了，请在相应内容序号前的括号里标注"★"。

（　　）1. 能够正视学生的差异。

（　　）2. 能够不戴有色眼镜看待学生。

（　　）3. 能够理解和宽容学生特殊年龄段的情绪与行为。

（　　）4. 能够不偏听偏信。

（　　）5. 能够不劈头盖脸地批评学生。

（　　）6. 能够尊重学生的个性。

（　　）7. 能够尝试给不同学生提供不同的发展机会。

（　　）8. 能够不因成绩好坏给学生分出三六九等。

（　　）9. 能够不刻意夸大学生的优点或缺点。

（　　）10. 能够在上课时关注到每一个学生。

30. 关注学生：一个都不能少

跟一位年轻的班主任聊起班级工作来，这位班主任愤愤地说："我们班的×××，真让人头疼，打架，骂街，谎话连篇，上课不听讲，下课不写作业，说旷课就旷课，简直就是滚刀肉，油盐不进，连家长都管不了，您说让老师怎么办？只有淡着他，我已经跟我们所有的科任教师通气了，从今天起，谁也不许理他，就当没这个人，看他还有什么新鲜的！"

听了这个班主任的话，我内心一阵阵发冷。这是多么可怕的方式啊！要知道，教育失效的一个重要原因是"忽视"，最大的教育惩罚不是训斥、打骂，而是"疏远""冷淡""视而不见"。

过去常说"心中有案，目中无人"，指的是教师在课堂教学中对学生视而不见。由此延伸开来，在教师的教育行为中，处处存在着忽视学生的问题，由于对教育对象研究不够，关注不够，了解不够，导致教育效果低劣。

没有关注，就谈不上关爱；没有关注，就不能因材施教、对症下药。关注是一种态度，也是一种方法。关注来自责任心，来自科学与求实的工作态度。高度负责的教师，笃信"只有准确把握变化中的对象，才能施行有效教育"的理念，就一定会下大力气去观察、了解、分析、研究学生，也一定会在这种准确把握的基础上设计并实施自己的教学行为，因为这是科学精神的本质要求。像开篇提到的班主任所采取的办法，尽管可以用"无奈"和"迫不得已"作为借口，但仍然难以逃脱不负责任的嫌疑。当一个"问题学生"出现时，他最需要得到老师的帮助和引导，而偏偏在这个时候，老师相约"集体放手"，置之不理，其结果如何，可想而知！

没有爱就没有教育，教师必须关心爱护全体学生，尤其是班上的后进生。因为教师的评价体系和绩效工资都与每年的教学成绩挂钩，所以很多教师眼里只注重优等生、中等生，不能兼顾后进生的学习。这不但挫伤了后进生学习的积极性，而且严重影响了教师在学生、家长面前的形象。

作为教师应该牢固树立"一个都不能少"的理念，绝不放弃后进生。在"不抛弃、不放弃"的前提下，抽出足够的时间去关心、了解那些后进生。这些学生并非天生就差，只是在长期的失败中失去了学习的信心才导致厌学。对后进生，我们的期望值不能过高，应让他们从最基本、最简单的知识开始，加强课内外辅导，一旦发现他们有进步，及时给予表扬，以此增强他们攻克难题的信心与能力。

要让学生真正体会到教师的尊重，在和学生进行交流时，教师要能"弯下腰"来和学生说话，用一颗童心、诚心和学生进行交流，并且根据学生的要求和意见，及时调整自己的教育教学行为。"弯下腰"不仅仅体现在身体上，更重要的是我们的内心要有一颗平等之心。后进生由于长期学习成绩不佳，自尊心受到了极大的伤害。他们表面上看起来一副无所谓的样子，其实内心是很痛苦的，很希望得到别人的尊重。所以，作为教师，应该尊重他们、理解他们，帮助他们实现埋藏在心底的美好愿望。

关注学生还要做到的一点是包容，学会互换角色、互换立场地去理解孩子。不能什么都是"令行禁止"，需要尊重孩子的想法，包容孩子的行为，体会孩子的思想，注重教育的机会平等，这样才能说到孩子的心里去。学生犯错误时，秉持大度的姿态，是一种尊重，也是教育的境界。控制好自我情绪，树立自身强大的磁场，才能真正赢得孩子的信任，从而以爱化雨，赢得百花齐放。

破解锦囊

要了解孩子的情况

了解是关注的前提。你所教的学生有什么性格特点？喜欢交什么样的朋友？学习中有哪些长处和短处？家庭背景怎样？有没有什么疾病？这些都要通过多种途径认真观察。如果你能这样尽心尽力地了解学生情况，认真做好各项相关工作，并能及时发现意外变化，调整工作部署，那么有什么困难不能克服，有什么学生不能教育好呢？

要洞察学生的心理

关注学生，首先要关注他们的心理状态。成年人尚且会困在自己的精神世界里，更何况未成年的孩子呢？教师需要去洞察他们尚不强大的内心，去发现问题，解决问题。我们要学会透过现象看本质，不急着下判断，不急着说教批评，而是以心换心地帮助每一位心理有困惑的学生走出怪圈。如果你能站在孩子的角度考虑问题，真心实意地为他们着想，坚信孩子一定可以感受到你的爱，很多问题就会水到渠成地自然化解。要做到"悉心体察，认真从事"，全身心地了解情况，体会学生心理，然后"战战兢兢，如临深渊，如履薄冰"地做事，十分认真、十分审慎地执行好每一个设计、每一个操作，并及时收集反馈信息，做出相应调整。

要观察学生的情绪

学生的表现有时只是一个细节，但是这些细节背后蕴藏着他们最原始、最真实的想法，如果你能够关注到学生这些细节表现，了解他们的想法，然后根据这些情况随机地改变自己的教学行为，就有可能收到意想不到的效果。比如，一个平时沉默寡言的学生，今天上课出乎意料地"活跃"，或者一个平时爱说爱笑的学生，今天却特别"蔫"，这都可能预示着他遇到了问题。情绪的变化是阴晴表，教师要多加留意学生的情绪，不懂得如何处理负面情绪，往往是学生在学校遇到问题的重要原因。教师需要密切关注学生的心理发展，在学生遇到问题时，不妨以"情绪疏导"作为切入点，不仅会避免一些极端事件的发生，教师和学生的心也会在这样的交流中越来越近。

要接纳学生的意见

要允许个性思想的存在，而不应该"五十颗脑袋长在一个脖子上"。

不妨多组织各种形式的学生座谈，对班级建设和课堂教学谈谈想法、提提建议。不同基础、不同层次的学生，往往能站在自己的视角，看到教师看不到的现象和问题。只要你是诚恳的，这些真实的信息就会反馈出来，对我们提升工作发挥重要的作用。而这个主动汲取学生意见的过程，就是"看见"学生的过程。

要利用学生的错误

试错是学生成长的重要方式，错误是非常有价值的再生资源，教师应当正确对待学生的错误，并善于利用、捕捉这些错误，让学生在错误中提升能力，在错误中获得成长。很多教师想方设法掩盖错误，或者错误出现了假装看不到，这样往往就错失了最好的教育机会。应该紧紧抓住错误不放，甚至有意识地"放大"错误，这样才能充分发挥错误这个教育资源的最大价值。

⌄ 自测清单

总结这一节的收获，如果你做到了，请在相应内容序号前的括号里标注"★"。

（　　）1. 能够不歧视落后的学生。

（　　）2. 能够摆脱"唯分数论"的单一评价标准。

（　　）3. 能够在课堂上引导所有学生参与。

（　　）4. 能够及时发现后进生的进步。

（　　）5. 能够在上课时走到每一个学生身边。

（　　）6. 能够定期组织学生座谈活动。

（　　）7. 能够了解学生的学习基础、家庭状况与个性特点。

（　　）8. 能够看到学生的情绪变化并加以注意。

（　　）9. 能够关注特殊学生的心理状态。

（　　）10. 能够积极利用学生的错误。

31. 关注个性：多一点欣赏眼光

全国优秀班主任郑英老师讲过一个故事：

一位孩子天资聪颖，但冷傲轻慢，常常嘲讽别人的智商。同学们远离他，他认为同学对他羡慕嫉妒恨；老师疏远他，他认为是老师驾驭不了自己。对此，我不动声色地给他一块玻璃，问他看见了什么，他说看到了对面的一切。我再给他一面镜子，他说看到了他自己。我语带双关：镜子多了一层水银，只能看到自己，用玻璃却看到了世界。我又在他的眼镜片上抹了一点灰尘，让他看我。他说看不清楚，而且看上去很脏。我借机告诉他："心灵也是一副眼镜，如果蒙了尘，那么看什么都是脏的。"

在实施教育教学的过程中，教师们难免会遇到个性很强的学生不服从管理的现象。管严了，孩子不耐烦，不管也不合适。那么，怎么看待学生的个性？又如何面对个性很强的学生呢？

成功的教育主要在于爱护和发展学生的个性，即教师必须深入细致地了解并尊重学生的天然禀赋及个性特点，在此前提下，因势利导、因材施教，使每个学生的潜能与个性都被挖掘和发挥出来，为他们今后的人生奠定坚实的基础。具体地说，就是让他们在将来的社会职业和生活中，能更好地找到最适合自己的位置，成功而快乐地度过美好的人生。

希望认同，渴求尊重，是每一个人深层的精神需要。尊重是一个人精神生命的阳光、空气和水分，尊重理念下的教育强调的是接纳、是宽容、是积极参与、是和谐。在个性充分受到尊重的前提下培养出来的学生，才会是充满自信的人，才能成为一个富有创新精神和创造力的人。相反，如果个性受到压抑，整日惴惴不安，如临深渊、如履薄冰，唯恐受到批评、指责，其个性受到扭曲，创造性必然不同程度地受到损伤。

遗憾的是，在现实中，我们的教育教学对学生过分强求一律，抑制学生的爱好，讽刺挖苦甚至体罚学生等压抑学生个性的现象屡见不鲜。那么，应该怎样尊重学生的个性呢？

第一个关键词是"接纳"。对待个性很强的学生，最重要的是充分接纳他们的个性。由于受遗传基因、成长环境、父母受教育程度等诸多因素的影响，学生个性不尽相同，有的开朗活泼，有的沉默安静，有的大大咧咧，有的斯斯文文，有的思维敏捷、反应迅速，有的思维缓慢而有韧性，有的做事细致有耐心，有的粗糙性急，有的积极主动与人交往，有的孤僻固执总躲开人群，还有的总是调皮捣蛋……作为教师，应静下心来，认真分析他们的个性，努力发现他们的特质，理解他们的诉求，帮他们实现自己的价值，自由生长，成为最好的自己。

第二个关键词是"呵护"。不要随意批评、羞辱，更不能体罚学生，而要像对待荷叶上的露珠一样小心翼翼地保护学生，要营造民主和谐的教育教学氛围，如春风化雨，使每一个学生都在自由自在的环境中愉悦地学习，感觉到成长的快乐和幸福。这就要求教师，不但要有坚定的事业心和责任感，更要有崇高的师德，只有这样，才会有强烈的冲动、愿望和责任感去关爱每一个学生。

第三个关键词是"尊重"。作为一个独立的社会个体，每个学生都会有属于自己的不愿示人的秘密，而他（她）也有保护这个秘密的权利，这就是隐私权。作为教师，应该尊重学生的这个权利，要摒弃头脑中根深蒂固的"师道尊严"观念，持平等和保护的态度对待学生。

第四个关键词是"支持"。要坚信，任何一个学生都有其智能上的优势。有的上语文课精神兴奋，有的做数学题乐此不疲，有的做化学实验精神愉悦，有的制作生物标本专心致志，有的对艺术孜孜以求，还有的对体育情有独钟。教师要积极发现学生的兴趣点，帮助学生寻找他们自己的潜力、潜能和发展方向。

只要我们真正做到尊重学生的个性，因材施教，为他们提供一个广阔的空间，让他们在宽松和谐的环境里，自在愉快地学习成长，那么学生学习的积极性、主动性便会迸发出来，一个更加崭新的世界也将在他们的努力中诞生。

⌄⌄ 破解锦囊

投其所好，结下"师生情"

要认真分析个性强的学生，对其成长环境、交友状况等有深入了解。要去观察他的兴趣、爱好、特长，对他的世界有所洞察，比如他喜欢的游戏、热爱的运动、经常读的书、难忘的电影等。多有意无意地和他聊聊感兴趣的话题，往往能够轻松地拉近两个人的距离，奠定良好的感情基础。

善于迂回，拒绝"硬碰硬"

对个性强的学生，尽可能避免当众的激烈冲突。个性"硬"的学生，一旦与之发生冲突，"针尖对麦芒"地硬来，常常无济于事，只会僵化局面。因此，千万要控制自己的情绪，学会及时"转身"，避其锋芒，可以暂时放一放，待大家冷静后再处理。

学会示弱，成为"倾听者"

个性强硬的孩子，很多时候只是为了保护自己才装得强硬，内心其实很柔软。只要对其真心相待，不摆师道尊严的架子，以一个朋友的身份希望得到援助，常常会收到好的效果。

环境影响，营造"家文化"

环境对人的影响是巨大的。如果学生置身在一个团结温暖的班集体里，其个性也会慢慢改变，多为他人着想。要致力于打造班集体中和谐、温暖的氛围，建立良好的伙伴关系，给学生带去积极的影响。

向外求助，发挥"合作力"

就如同一个医生不能包治百病，一名教师也不能包化百心。所以要谋求团队合作，各善所长。要学会思考"除我之外，我能找什么人在什么时机帮我一把"，学会借力，从而实现教育目的。

⌄ 自测清单

总结这一节的收获，如果你做到了，请在相应内容序号前的括号里标注"★"。

（　　）1. 能够不排斥个性强的学生。

（　　）2. 能够时刻尊重学生的隐私权。

（　　）3. 能够接纳学生的不同个性。

（　　）4. 能够尝试针对不同个性的学生采取不同的引导办法。

（　　）5. 能够控制情绪，避免与学生当面发生冲突。

（　　）6. 能够主动走进特殊个性的学生的世界。

（　　）7. 能够找到与特殊个性学生的共同语言。

（　　）8. 能够成为学生的倾听者。

（　　）9. 能够在班级建设中有意识地引导良好伙伴关系的建立。

（　　）10. 能够有意识地借助同事们的力量做好学生工作。

32. 心平气和：请不要"声嘶力竭"

中国儿童艺术剧院的一个剧组随着我们班去公园和孩子们一起做军事游戏，体验做学生和教师的感觉。集合时，演教师的演员大嚷："集合啦！"导演却看到我声音不大地对一个学生说："集合吧！"学生大声喊："集合啦！"我一声不响地伸出四个手指头，学生立刻按四个小队排好队；如果我伸出两个手指头，学生就会分男女生各站一队。他们到我们班听课，上课铃响后，我往教室门口一站，一声不吭地看着孩子们，教室里立刻安静下来。导演告诉演员："我发现老师是以静制动。"而没有经验的教师在这时如果发现还有孩子在说话，就会比孩子们的声音还大地嚷："别说话啦！"有威信的老师说话即便声音不大，也是很有威慑力的。

在学校，常会撞见一些令人不爽的场景：教师满腔怒气，火冒三丈，"声嘶力竭"，甚至"歇斯底里"地痛斥学生。而学生，通常是脑袋耷拉着，根本看不见表情，也不知是在忏悔、窃笑还是在酝酿着"反击"……

这是教育应该有的状态吗？

古人云"润物细无声"，恰可作为教育状态的写真：教育是心灵对接的工作，是心与心的对话，急风暴雨往往让娇嫩的草木折枝断叶，伤痕累累，而清风细雨，则在点点滴滴之间，浸了枝，润了叶，养了根。教育应该是平和的，静谧的，闪现着柔美的光泽。

或许有人说，这是典型的理想主义者，理想主义者通常是要碰壁的。没错，现实的确是复杂的，但我们不能将此作为失却教育理想的借口。放眼那些教育名家，比如叶圣陶、于漪、魏书生、李镇西，他们面对的学生难道十全十美吗？他们难道不会经历学生打架、"早恋"、上课不认真听讲、作业丢三落四的问题？我们何尝见到他们暴戾、狂躁的时刻？相反，他们浑身散发着宽容、信任的气息，他们从容、平和地面对各种困难和挫折，这本身就构成了一种巨大的力量，直抵学生的内心，从而使他们成为学生真正的心灵知己，成为能够掌控和驾驭学生灵魂的大师。反观我们自己，往往不是想方设法把学生拉到身边，而是以"痛斥""控诉""咒骂"的方式，将学生拒于千里之外，"兢兢业业""一心一意"地在学生和自己之间掘出一道不可逾越的鸿沟。此乃最愚蠢的做法！如此，奢望教育生效，自是白日做梦！

有的教师也许会说：你说得不对，这些学生调皮捣蛋，不采取点强硬措施是行不通的。声嘶力竭怎么了？我的音调一高，学生就乖乖听话了！果真如此吗？不然。教师声嘶力竭、暴跳如雷，或许低年级学生会觉得可怕，但高年级学生有了自己独立的思想意识，他们不仅不会觉得可怕，相反会觉得可笑。他们知道，这是老师无能的表现，会打心眼里看不起这样的老师。教师应该是文明行为的榜样，是文雅人格的典范，是学生模仿的偶像。声嘶力竭、暴跳如雷自然有失教师的尊严，更不要提有什么神奇的效果了。

就像文章开头案例中的老师一样，没有声嘶力竭，却抓住了学生的心，效果不是更好吗？

这样一说，是不是教师就得学会"伪装"，学会掩饰自己的真性情，就得"夹起尾巴"做人了？否！一个虚假的人不可能赢得他人的信任。不"声嘶力竭"，不在学生面前暴露自己粗鄙、浅薄的一面，并不代表着教师不能真情流露。读初中时，我的班主任老师，祥和，宽容，平易近人，从来不着急、不上火。但有一年冬天，两个同学打架，影响到班主任去总务处领冬季取火的炉具，于是，最破的、几乎不能用的一套炉具留给了我们班，使我们一个冬天面临困境。结果，班主任发了两年来我们见到的唯一一次火儿。全班同学在他的大发雷霆面前哑口无言，痛彻心扉，但心服口服。为什么？因为大家知道，他深深爱着这个班级，爱着我们每一个学生。

唯有真爱，才可以随心所欲啊！

 破解锦囊

保持乐观心态

"爱笑的教师人气高"，大量事实表明，板着面孔的教师，学生不喜欢，甚至是讨厌的。在教育教学活动中，如果教师以微笑面对学生，学生就会感觉教师容易接近，很亲切。学生情绪高涨，敢想、敢说、敢做，并愉快地接受教师的引导，也会反过来影响教师的状态。因此，乐观心态很重要，当你知道了自己在某些时间、面对某些人、某些事容易着急、生气，尤其是日常教学中常碰到的事件，就可以用自我教导法，给自己打好预防针，放平心态，就不会被消极的情绪牵着鼻子走了。

宽容对待学生

教育在心理上从来不是单向流动的，教师的教育态度一经转化为学生的情感体验，学生对待教师的态度就会产生相应的改变。一旦教师与学生之间有了情感的沟通，学生就会信任教师，为接受教育打下基础。而宽容能够在教育者与受教育者之间架起情感沟通的桥梁。当教师感觉到自己怒从心头起时，应多想想学生的可爱之处，善于发掘他们的闪光点，不歧视，不奚落"差生"和有问题的学生。只要以宽容之心对待学生的过错，收获的也许比想象的要更多。

批评后有安慰

心理学上有种理论叫"近因效应"，它是指人与人交往过程中，往往最后一句话决定了整句话的调子。"近因效应"的功能告诉我们，批评学生之后，千万不要忘记给予安慰。也就是说，批评过程难免情绪化，但只要结束语妥帖，安慰几句，就能给学生一个好印象："也许我的话讲得重了点，但愿你能理解我的一番苦心。""很抱歉，刚才我太激动了，希望你能

听进我的话，认真改正，我一定会高兴的。"这类结束语会使学生感到勉励之意，认为"这番批评虽然严厉了点，但是为了我好"。相反，如果你坚持使用命令式、惩罚式的结束语，比如"听不听由你""如果再犯决不轻饶"，就只会让学生更加反感。

及时调节情绪

平时，有的学生做的一些事情确实令教师生气，有时还会闹成僵局，这时最好先不要说话，可以做几次深呼吸，将心中憋住的那口气呼出来可能就没事了；或者暂时离开现场，让自己有时间冷静下来；也可以停止讲课，沉默几秒钟甚至一两分钟，站在讲台上，严肃地盯着那几个爱讲话的学生，达到一种"不寒而威"的效果；窝了火，也可以走出教室站在走廊上静立片刻，望望远处的风景，吹吹风。必须学会控制自己的情绪，理智地处理你所面临的困难。

自测清单

总结这一节的收获，如果你做到了，请在相应内容序号前的括号里标注"★"。

（   ）1. 能够杜绝大吼大叫的行为。

（   ）2. 能够呈现出平和理性的形象。

（   ）3. 能够控制自己的情绪。

（   ）4. 能够对工作中的矛盾和困难有充分的认识。

（   ）5. 能够由学生"怕"走向学生"服"。

（   ）6. 能够保持微笑。

（   ）7. 能够在遇到特殊情况时学会自我调整情绪。

（   ）8. 能够做到课堂气氛轻松愉悦。

（   ）9. 能够做到"批评后必有安慰"。

（   ）10. 能够给学生留下"和蔼可亲"的形象。

33.选择相信：信任是最大的师德

一位教师在办公室劈头盖脸地批评一个学生，那个小男孩儿耷拉着脑袋，不停地啜泣着，一副可怜兮兮的样子，一遍遍重复着："老师，我错了，以后我再也不贪玩了，我一定按时完成作业。"但教师余怒未消："别在这里跟我装可怜，鬼才相信你的话，不用跟我保证，没用。"事后，我建议班主任给孩子一次机会，相信孩子一次，她一脸委屈："您知道吗，那是个什么孩子？说话从来就不算数，满嘴谎话，我再给他机会、再相信他也没用的。"

其实，这并非个例。教师对那些"屡教不改"的学生失去了耐心，失去了信任，甚至不再给他们悔过自新的机会，即使学生有了悔过之意也置之不理，这样的现象比比皆是。

一个人一辈子不犯错误是不可能的。成人尚且如此，更何况是未成年的学生呢？人就是在无数次的错误中积累经验不断成长的，这就是所谓的"失败是成功之母"。所以，学生犯了错误没必要总是上纲上线，危言耸听。教师的工作特征之一就是"反复抓，抓反复"，我们渴望在解决孩子错误问题上一蹴而就、一劳永逸是不现实的。

我一直坚信一个观点：相信是最大的师德。没有相信就没有教育，对教师而言，相信学生既是一种美德，也是一种策略。相信学生能够独立学习，我们就会把学习的主动权交给学生；相信学生有组织能力，我们就会把班级的事务交给他们；相信学生是善良的，向上的，我们就会再多给他们提供一次修正错误的机会，把他们往正确的道路上领一领……

有这样一个佛教故事：

一个小和尚极得方丈宠爱。方丈将毕生所学全数教授，希望他能成为出色的佛门弟子。没想到他在一夜之间动了凡心，偷偷下了山，五光十色的城市迷住了他的眼睛，从此花街柳巷，他只管放浪形骸。20年后的一个深夜，窗外月色如洗，澄明清澈地洒在他的掌心。他忽然忏悔了，披衣而起，快马加鞭赶往寺里请求师父原谅。方丈深深厌恶他的放荡，不愿再收他为弟子，说："你罪孽深重，必堕地狱，要想佛祖饶恕，除非桌上开花。"浪子失望地离开了。第二天，方丈踏进佛堂时，看到佛桌上开满了大簇大簇的花朵。方丈瞬间大彻大悟，连忙下山寻找弟子，却为时已晚，心灰意冷的浪子重又堕入荒唐的生活，而佛桌上的那些花朵只开放了短短的一天。这夜，方丈圆寂，临终遗言："这世上，没有什么歧途不可以回头，没有什么错误不可以改正。"

一个真心向善的念头，是最罕有的奇迹，好像佛桌上开出的花朵。而让奇迹陨灭的，不是错误，而是一颗冰冷的、不肯原谅、不肯相信的心。

作为教师，也许有一万个真实又合理的怀疑和担心，这些都是你作为一个人非常合理的情绪，但这些对你的学生来说，并没有任何帮助。作为教师，你要能处理自己的怀疑。你可以和同行们讨论你的怀疑，但目的是不要把这一切带给你的学生。因为怀疑会产生负面的力量，会传递给学生焦虑；而相信则能传递给学生信念和勇气。教师需要不断修行，净化自身的焦虑，传递给学生蓬勃的生机。

近些年来，我每次跟教师们交流到学生管理时，几乎都要谈到这个话题。有一次，一位教师问我：您太理想化，假如我继续给他机会，他仍然不改怎么办？

我微笑着回答他：除此之外，你还有更好的办法吗？如果没有，就按我说的去做。当然，教育不是万能的，你的"相信"也许真的不能在眼下立刻奏效，但你要知道，你已经在孩子的心中种下了一颗善意的种子，也许在未来的某一天，这颗种子就会发芽，结出果实。这，就是教育。

树立正确的师生观

摆正自己的身份地位，从传统的教师权威观念中走出来，把学生放到和自己一样的位置上，平等地对待学生，关爱学生，尊重学生，相信学生。教师不要总是事事亲为、面面俱到，要在一定程度上相信学生的能力。即使在学生犯错误的时候，也不急于实施惩罚，而是认真地考虑是什么因素促使学生做出这样的事。不仅要关注"是什么""怎么办"，更要关注"为什么"。要把自己放到学生的位置上，换位思考，不是严厉地批评指责，而是多引导、多鼓励学生，让学生积极地发挥主观能动性去解决问题，提高自己独立处理问题的能力，不断实现自我突破与自我发展。

营造信任的情感场

建设师生之间相互尊重、相互关爱、相互理解、共同成长的情感空间。在信任型环境氛围的营造过程中，始终做主导者，积极参与，用心投入，努力创建良性的学习交流氛围。在日常的教学活动中，要多与学生接触，像苏霍姆林斯基一样，用自己的心灵去感受学生的心灵，设身处地为学生着想，主动创造和学生接触交流的机会，在实实在在的教育实践活动中，将信任投注到学生身上，打造师生相互信赖、相互尊重的情感场域。

开掘通畅的交流源

情感交流是一个双向互动的过程，教师信任学生，并不是想单方面地将信任投给学生，这不是目的。教师信任学生是期望构建师生互信的关系。值得注意的是，教师与学生之间的情感交流，必须以尊重和爱为基础，在教学活动中，要留出部分时间，去观察学生，了解学生，熟悉学生，接近学生，和学生成为伙伴，成为朋友，发掘双方认知的交点，寻找师生间交流的话题，打开走进彼此心灵的通道。在学生遇到困难的时候，要设身处地地为学生着想，站在学生的角度看待问题、处理问题，慢慢在心灵上与学生靠近，做到信任学生，同时也获得学生的信任。

修炼过硬的示范者

要多读书，从书籍中不断汲取营养，认识到信任学生的重要性，懂得怎样去信任学生。要做一个值得他人信赖的人，在日常工作和生活中要信守承诺，言出必行。只有教师自身做到看重承诺、看重信任，才能真正地去信任他的学生，从而成为学生可以效仿的榜样。

自测清单

总结这一节的收获，如果你做到了，请在相应内容序号前的括号里标注"★"。

（　　）1. 能够相信"相信的力量"。

（　　）2. 能够从每一个学生身上发现不同的优点。

（　　）3. 能够相信"向善向好"是人的本性。

（　　）4. 能够把更多的任务交给学生完成。

（　　）5. 能够发现不同学生的进步。

（　　）6. 能够不给学生"盖棺定论"。

（　　）7. 能够耐心地给犯错的学生指出成长的路径。

（　　）8. 能够不做负面情绪肆意妄为的发泄者。

（　　）9. 能够积极寻找学生问题背后的原因。

（　　）10. 能够与学生建立良好的互信关系。

34. 心灵对接：融入是教育的开端

突然，静悄悄的教室里传来了"嘟嘟"的电子游戏机的声音。教室里一下子骚动起来，我三步并作两步赶到 ×× 同学的座位旁："把游戏机给我。上课有纪律没有？胡闹什么！"谁知该同学根本没有将我放在眼里，若无其事地照打他的游戏。我更火了，硬把他手里的游戏机抢了过来。他更嚣张了，坐在位子上故意把东西弄得"叮当"乱响。总之，一副"我也给你点颜色看看"的样子。我想把他叫到办公室，却叫不动。

走进心灵的教育才是真正的教育，常见不少老师苦口婆心地教育孩子，费尽心血地管理班级，却没有什么好的效果，甚至遭到孩子乃至家长的反感。于是，"现在的孩子越来越难教了""没有教不好的学生，只有不会教的老师——这纯粹是美丽的谎言"，老师们开始这样慨叹。

我们不难看到这样的场景：学生规规矩矩地在"听"老师的训示，但基本属于左耳进、右耳出，在老师眼里极其重要的信息，尚未进入学生的意识系统和行为系统，就被"删除"了。如此情况下，能够换来学生的实质改变才怪！

问题的症结在哪里？原因自然是复杂的，但有一点可以肯定：教育者和受教育者之间如果不能心意相通，所有的教育行为必然达不到预期的目的。我们的教育行为之所以"落了空"，原因就是没有走进学生的心灵，虽然与孩子朝夕相处，但却总是有着一层厚厚的隔膜，导致所有的教育行为像打在棉花上的拳头，完全失去了力量。

相反，如果学生崇拜、信任、依赖自己的老师，把老师当成自己的偶像或朋友，那么，老师说的每一句话都会成为"真理"，学生焉有不洗耳恭听、认真照办之理？教育，说穿了就是人对人所施加的影响，一个老师不被学生所认可、所喜欢，进入不了学生的内心，对学生的影响也就无从谈起。即使表面上看起来学生"乖巧听话"，也是由于老师这个特殊的身份造成的，学生不得不听而已，很难说是心悦诚服、心甘情愿。

比如老师缺乏同理心，不能体验学生的内心情绪，导致双方格格不入。作为老师，不仅要能看到学生"不可爱"的一面，也要能体验学生"可怜"的一面。在"怒其不争"的同时，也要"哀其不幸"。否则，就极有可能采取"过激"或"过度"的方式对待学生。

再如有的老师喜欢简单地给学生"分类"，对成绩优异的赞赏有加，而对成绩较差的则冷眼相对，这种不公平也加剧了师生关系的恶化。老师要有容人之心，不能以自己的好恶把学生分成三六九等，而要在心底树立坚定的信念：所有的学生都是好学生！只有这样，才会感受到学生的可爱；也只有这样，才会平静地接受学生的缺点，耐心而又热情地帮助他们不断完善自己。

好学生不是"管"出来的，而是"爱"出来。有些老师信奉"严师出高徒"，其实，这个"严"必须以师爱为前提，而这师爱又应该被学生所认可。缺少了师爱的所谓严厉，往往急功近利，盲目追求考试分数，只会使学生厌倦学习，厌倦学校，这种"严"无疑会切断师生沟通的最优渠道。

日本教育家铃木镇一认为："在每个孩子身上都蕴藏着巨大的不可估量的潜力。每个孩子都是天才，宇宙的潜能隐藏在每个孩子心中。"

教师如何把每个学生巨大的潜能挖掘出来？需要倚靠"师爱"走进学生的心灵，聆听和触摸学生的内心世界。切记不要做喋喋不休的教师，不要做失去本真的教师，不要做打骂学生的教师，更不要带着"为学生好"的美丽借口，成为自以为是或者保姆型的教师。

一味地去"管"学生，少了理解，就是用一种无形的力量把学生拒之千里之外，又谈何走进学生的心灵呢？

说到此，想起了魏巍先生笔下的小学女教师蔡芸芝先生，一个从不打骂学生、温柔美丽的年轻教师，却深深赢得了学生的心。魏巍先生写道："我们见了她不由得就围上去。即使她写字的时候，我们也默默地看她，连她握铅笔的姿势都急于模仿。"试想，一个老师得到学生如此的喜爱，一旦这个老师提出自己的要求和希望，学生会如何对待呢？当你能做到蔡芸芝先生那样，手里的教鞭高高举起，而即将"挨打"的学生却备感幸福，你还会无奈于自己的教育为何总是无效吗？

破解锦囊

要以自身的魅力吸引学生

让学生喜欢上、爱上你这个人，进而喜欢和爱上你的"谆谆教导"。浅薄，平庸，讲起课来错误百出却又自以为是，很难被学生所接受。知识渊博、谦和宽容，风度翩翩，阳光灿烂，这些因素都会使一个教师成为学生眼中亮丽的风景，从而乐意追随。如果你在学生眼中"一文不值"，受到排斥和疏远就成为必然。

要与学生更多一点接触

上课来，下课走，从不肯在教室逗留片刻，无形中就拉大了与学生的距离。从空间角度讲，离着学生八竿子远，想融入学生也就不可能了。早去几分钟候课，与学生闲聊几句，了解了解学情；下课后晚走几分钟，听听学生是否还有疑惑；在楼道里，在操场上，和学生扯几句与学习无关的闲话，往往能一下子拉近彼此的距离。课堂之外的教师和蔼可亲，更容易消除学生的疏离感和戒备心。魏书生介绍经验的时候总会谈起，他课间就在教室待着，甚至就在教室办公，这种"混迹"于学生之中的做法，不能不说是"真智慧""大智慧"。

要让脸上有温度、身段软起来

板起脸来，看似威严，但并不能换来学生的尊重。有的教师极其"吝啬"，从不肯给学生一个笑脸，自以为尽享师道尊严，实则无形之中把自己"架空"了。真正要赢得学生的信赖和尊重，往往不表现在学生对你的"怕"，对你的敬而远之；恰恰相反，看似学生可以跟教师嘻嘻哈哈，畅所欲言，有些过于随便，但在毫无芥蒂之中，心与心已无限接近。李希贵当校长的时候，穿上滑稽的衣服和学生一起参加狂欢节，并没有使他的威信降低，相反，学生们都把他当作了最好的校长，最好的老师，当然，也是最好的朋友。

要向学生发出求助信号

老师不是神，不要自以为是真理的"化身"，更不要以为自己无所不能。主动征求学生的意见，主动"示弱"，主动表明自己有些东西不会，寻求学生的帮助和学生的建议，能使老师的形象变得更"高大"。不妨定期发个调查表或搞搞座谈，对孩子们提出的意见，有则改之，无则加勉，这是很好的走进学生的"招数"。如果明知道有问题，明知道不懂，却要硬挺着，"装"上一番，是很容易被学生嗤之以鼻的。

⌄ **自测清单**

总结这一节的收获，如果你做到了，请在相应内容序号前的括号里标注"★"。

（　　）1. 能够不靠简单的高压政策管理学生。

（　　）2. 能够不到处抱怨学生难管。

（　　）3. 能够认识到教育失效的主要原因在于没有建立良好关系。

（　　）4. 能够拥有同理心，换位思考。

（　　）5. 能够试着理解学生"不可理喻"的行为。

（　　）6. 能够定期组织学生座谈活动。

（　　）7. 能够在课堂外主动与学生接触。

（　　）8. 能够主动向学生寻求帮助。

（　　）9. 能够不摆教师的架子。

（　　）10. 能够丢掉喋喋不休讲道理的习惯。

35. 学生认同：用理性的爱彰显教育智慧

有一次，我在课间上厕所，刚到厕所门口就听到里边有一个男生在发牢骚："真是'最毒妇人心'啊，我们班的李老师真讨厌，她简直想要我们的命，放两天假要我们做《同步训练》30 页，30 页啊！我恨不得……"这位咬牙切齿的男生一抬头，正巧看到了我，马上咽下了后半句话，冲我吐了一下舌头，扭头跑掉了。

这位李老师真的有孩子们说的那么可恨吗？据我了解，这位老师很负责任，很有能力，课上得好，人也长得漂亮，她所教的班级数学成绩几乎年年考第一。她一心扑在教学上，上课认真，下课也认真，还常常牺牲休息时间为那些成绩不好的学生补课。可是为什么她的好心没得到学生的认可呢？简单一句话，这叫"好心办了坏事"。我知道，她让学生在假期完成这么多的作业，一定是想让学生考个好成绩，可恰恰是这样的做法，并没有体现出真正的关爱学生。或者说，这样的做法里也蕴含着"爱"，但这种爱是不科学、不理性的，当然难以被学生所接受。

没有爱就没有教育，这是有良知的教育者的共识。爱是一种责任，是教师必须承担的职责，是教育生效的必需条件。但爱必须是科学的，才称得上"真爱"，才会被受教育者所接受，结出应有的爱之果。换句话说，爱学生是需要能力的，懂得科学地爱学生才能彰显教育的智慧。

可是我们真的都具备爱学生的能力吗？为贫困学生无偿捐物、捐款供其求学是不是爱？无微不至，关心其饮食起居是不是爱？起早贪黑，奔波忙碌，几乎累死自己是不是爱？棍棒交加，威逼厉喝，谓之严格，是不是爱？对调皮者恶劣训斥，谓之谈心，是不是爱？这些问题要回答起来并不是那么容易。因此，看似简单的一个命题，真的要认真寻求答案。

也许有老师说："我对他'严'怎么就不是真正的爱呢？不是说'严师出高徒'吗？我把作业布置多点还不是为他好？还不是想让他学习好？学生来到学校不就是来学习的吗？学生做错了事我批评他、罚他，这不正是我们老师负责任的表现吗？"其实，并不是说"严"不好，也不是说批评不行，而是这种"严"的出发点是什么呢？扪心自问一下：你的批评，真的是打心底里想让他学习好，让他有一个好的前途，让他成为一个对社会真正有用的人吗？未必吧？

很多时候，我们的这种"严"，有很大程度是想通过学生的成绩来实现自己的人生价值，来证明自己是一个很会教学生的好老师，从而得到他人的认可、社会的认可。所以我们才不停地去逼学生，逼他学学学，逼他考考考，"唯分是命"，总把学生的是非与自己的考评挂钩，总把学生的过错与自己的得失相连，但嘴里却说"我还不是为他好""我这是恨铁不成钢""我是爱之深恨之切"，可是，两天30页的作业，是不是可以判定为，借着爱的名义在做着摧残孩子心灵的事？

概括而言，真正的师爱应该具备以下特征：

师爱是自觉的爱，是教师高度责任感的反映。它是一种具有深刻社会内容的高级情感，出自教师对特定社会目标的期望和追求。

师爱是理智的爱，是升华了的母爱。教师爱学生，不只是停留在用慈祥、关注的态度来庇护孩子，不仅仅在生活上关怀备至，更主要的是在思想上、政治上、心理上关怀爱护孩子。

师爱是纯洁的爱，是不要任何回报的爱。教师从事的职业是最伟大、最崇高的事业，教师的职责就是把人类长期积累下来的社会精神财富，传授给年轻的一代。

师爱是全面的爱，是更为集中地反映社会的要求。教师对学生的爱是全面的，德、智、体、美、劳等都要关心。

师爱是普遍的爱，是高尚、无私的爱。师爱必须面向全体受教育者，对所有的学生一视同仁、平等公正。

师爱是持久的爱，是恒长、隽永的爱，师爱要求教师在教育过程中具有稳定性和持久性，不允许教师对学生忽冷忽热，反复无常，它要求教师必须始终如一，持之以恒地热爱学生。

破解锦囊

理性的师爱是因势修枝，而不是一厢情愿地塑造

每个孩子的基础不同、个性有异，教师不能忽视这些差异，而简单地抱着将其生产成标准件的思维方式来对待，这样势必会与学生的实际发展需要相背离，从而导致自己的爱出现问题。我们都欣赏过根雕艺术，如果一个像奔马的树根，我们执意要雕凿成一座山或者一朵云，最终的结果只能成为废品，劳而无功。

理性的师爱是诱发积极能量，而非导向消极情态

爱的作用是激发学生的潜能，让学生看到生命的亮色，体会到生活的希望，从而愿意用饱满的热情和积极的态度面对学校生活。无论我们有什么借口，如果我们所谓的"爱"，造成的结果是学生灰心丧气、一蹶不振，破罐子破摔，甚至是远离校园，失去了求学的机会，我们的爱不仅是不科学的，更是不道德的。

理性的师爱系于行动，而非枯燥乏味的说教

教师应该善于创造机会，通过组织相应的活动，和学生一起经历生活，在现实的生活情境中让他们去理解教师的苦心，去探索人生的道理。那种貌似充斥着爱的意味却空洞乏味的"苦口婆心"，尽管"唾沫星子横飞"，费尽了气力，但传递给学生的往往是不实在的爱的信号，很难被学生的心灵所接收，奢谈效果也就不可能了。

理性的师爱是洞察学生的心理，而非游离于学生的外部世界

教师应能够洞察学生的心理，善于从学生的言谈举止中洞察学生的所思所想，及时帮助学生排忧解难。教师应呈现出较强的自信心，顺应学生的特点，挖掘其发展潜力，自信地期待学生有好的发展，以教师的信心去唤起学生的自信，让学生感到信任教师，会给自己以安全感。

理性的师爱是坚持公平性和宽容性，而非急风暴雨、吹毛求疵

对那些成绩不好，或习惯差，或个性孤僻不易接触的学生，不是远离或放弃，而是公平地关照全体学生。当学生犯错误或不守纪律时，教师不是凭一时之怒，撕破脸皮，急风暴雨，狂轰滥炸，而是心平气和，瞻前顾后，逐步教育。当学生因错误受到纪律处分时，不因其损害了班集体荣誉，继续在班上大批特批，相反，主动检查自己工作中的失误，温和地安慰他，使其重树改正错误的决心。

⌄ 自测清单

总结这一节的收获，如果你做到了，请在相应内容序号前的括号里标注"★"。

（　　）1. 能够发自内心地爱学生。

（　　）2. 能够时刻警惕自己那些不科学、不理性的爱。

（　　）3. 能够不把"我这是为了学生好"放在口头。

（　　）4. 能够了解学生真实的内心需求和感受。

（　　）5. 能够公平对待每一个学生。

（　　）6. 能够不因成绩好坏决定自己的好恶。

（　　）7. 能够遵从学生的兴趣爱好，不想当然地培养学生。

（　　）8. 能够主动减少对学生空洞乏味地说教。

（　　）9. 能够在任何情况下坚持给学生以希望。

（　　）10. 能够控制自己渴望回报的欲求。

36. 赢得学生：渊博的学识是基础

苏霍姆林斯基在《给教师的建议》一书中，讲过一个生动的故事：

有一天，一个有 33 年教龄的历史教师上了一堂观摩课。课上得很成功，听课的老师们都忘了记笔记，听得入了迷。课后，有人问那位历史老师："你花了多长时间来准备这堂课？"历史教师回答："对这堂课我准备了整个一生，可以说，对每堂课我都用一生来准备。但直接对这个课题的准备，则花了十五分钟。"

案例中的历史老师，用一生的时间来准备每堂课，这种"准备"指什么？苏霍姆林斯基指出，这就是阅读，就是终生与书籍结下友谊。要拥有渊博的学识，要上好每堂课，教师就必须博览群书，补充自己的知识，使自己的思想之流，如潺潺流水，永不枯竭。

那么，我们中小学的教师在读什么书呢？《中国教育报》对全国不同地区中小学教师的一次抽样调查显示，目前教师阅读书籍中高居榜首的是教学参考书，远远超过了教育理论类、文史类、时事类、科技类书籍。中小学教师，包括学校的管理者，"不读书，读书少"是当前的普遍现象。除了教育行政部门规定的往往是"走过场，凑满分"的岗位培训进修课时外，教师很少读理论性书籍，尤其是教育理论和现代教育技术书籍。一些教育学者指出，过分依赖教学参考书，说明有些教师的素质和能力存在欠缺。然而，教师普遍离不开教参，确是不争的事实。

"没有时间""心态浮躁""急功近利""好大喜功"是造成当前一些中小学教师"不读书，读书少"的根本原因。久而久之，必然导致教师成为

"教书匠"，其学识魅力自然也就越来越少了。

大量的事实证明，学生普遍不喜欢那种古板、单一的教师，而是喜欢那些不仅学识渊博，而且兴趣广泛、多才多艺的教师。教师兴趣、特长的丰富性，将表现出教师自身人格力量的丰富性，同时会对学生有着巨大的影响力，使其成为学生效仿的榜样。这样的教师像磁石一般，牢牢地把学生吸引在自己的身边，能真正培养出"自己的学生"。

中国早期话剧活动家、艺术教育家李叔同先生教图画、音乐，学生把图画、音乐看得比国文更重要。这是有人格做背景的缘故。他所懂的不仅是图画、音乐，他的诗文比国文先生好，他的书法比习字先生还好，他的英文比英文先生更好……这种深厚的文化底蕴，显然是一个普通的图画、音乐老师所不能比的。

从学识方面来看，教师应该是走在时代前列的人。自古以来，身为一名合格教师，首要一条就是具有深厚而广博的学识。一名教师的知识结构包括三个方面，那就是：广泛深厚的文化科学基础知识，扎实系统精深的专业学科知识，全面准确的教育科学知识和心理科学知识。这就要求教师不但对所教课程有精深的认识，还应有广博的知识。所谓"精"就是要"知得深"，对专业知识不仅知其然，而且知其所以然；所谓"博"就是要"知得广"，能触类旁通，具有相关学科的有关知识。

作为今天的教师，这一点尤为重要。

破解锦囊

多向同行请教

很多人以为，只有新手才需要请教，这种态度并不正确。随着时代发展，教育环境和学生都发生了巨大变化，过去的经验很可能已经成为桎梏，恰恰需要我们不断打碎固有认知，寻求突破。

多与年轻教师交流

年轻教师虽然经验可能没有老教师多，但是身上有很多与我们时代发展比较吻合的东西，他们与学生年龄相近，更能了解学生的内心世界和思维方式，也比较容易接受新的教育理念、教学方法。

多看书

书籍是前人的经验合集，自己的经历毕竟有限，多看书，可以吸收很多成功经验，即使是失败的经验，我们也可以引以为戒。不要成为一个只会"刷题"的人，那些具有宽广的胸怀、深刻的思想，并能将其传递给学生的教师，才能够真正塑造学生的灵魂和人格，助力学生走向人生的成功。要有意识地选择适宜的书目，也可以加入读书的团队，和自己的孩子、学生、爱人、朋友一起读，和志同道合的人一起读，相互激励，一起前行。

多参加培训

培训过程中要有遴选和甄别的意识，地域有差异，校情大不同，很难有完整的经验能够照搬。东施效颦，往往会使工作方法和技巧脱离自己的实际，导致处处碰壁。这样的做法得不偿失。培训学习就是立足于自身现实的基础上，借鉴他人经验，完善补充，吸收有益的营养成分。不分青红皂白、盲目地生搬硬套，注定会种下恶果。培训过程中不要满足于抄抄写写，要多思考，与自己的工作实践产生关联，只要有一个想法、一个做法为我所用，纳入自己原有的思想、方法体系中，就是有收获。

多在网上学习

网上有很多的课程，对于教师来说非常有用，多关注，多学习，多收集，即使这些课程不是马上就能用到，至少也能拓宽自己的知识面，增加自身的知识储备。

多向学生学习

互联网的出现打破了时空界限，学校已不再是获取知识的唯一途径。学生思维活跃，易于接受新生事物，很多层面已经成为我们的老师。勇于以学生为师，也是一个学习型教师应具有的胸怀。学会蹲下来欣赏学生，学会换位思考，有勇气承认自己有不懂的地方，愿意与学生共同探讨。鼓励学生运用自己的优良条件和好的方法来获取知识，向学生学习先进的方法，把好的方法加以推广，做到教学相长。

自测清单

总结这一节的收获，如果你做到了，请在相应内容序号前的括号里标注"★"。

（　　）1. 能够意识到不学习就会落伍。

（　　）2. 能够主动向周围的同事请教。

（　　）3. 能够关注各类最新的教育事件、教育资讯。

（　　）4. 能够主动参加各类培训。

（　　）5. 能够试着把培训所得在实践中加以应用。

（　　）6. 能够寻找现实中或网络上的学习伙伴。

（　　）7. 能够主动从网络上汲取学习资源。

（　　）8. 能够主动向学生学习。

（　　）9. 能够有计划地读书。

（　　）10. 能够成为一名学习型教师。

37. 学会示弱：帮学生建立价值感

我曾尝试着用严肃的面孔和敲打桌面等方法来"教训"学生，可收效甚微。我所谓的教导只停留在表面，一旦我背过身去，学生又会恢复顽皮的本性。期末学生评教，我得了全校最低分。我忍不住大哭一场，我真不明白，我已经尽最大努力，怎么还没得到学生的心呢？整个暑假我是在煎熬中度过的，人瘦了好几圈。开学第一天，我强打精神走上讲台，我的声音在颤抖，眼睛也变得模糊了，泪水终于不争气地滚落："老师已经尽力了，实在不明白大家为什么不喜欢老师，真的很对不起大家……"第二天，我忐忑不安地走进教室，看到讲台上留有一张小纸条，上面写着"老师，我们再也不敢欺负你了"，落款是"深爱着您的学生"。这节课，同学们聚精会神地听着课，几个平时调皮捣蛋的小家伙也认真地做着笔记。一连好几天，我的课堂效果都特别的棒。那个周末，我翻阅着学生交上来的日记本，看见几个同学都记下了那天的情况，从他们的字里行间我看到了一颗颗爱心。几个男孩子还自我检讨了一番，表示"今后不能再惹您生气了，一定要认真听课，按时完成作业，争取做一个好学生"。那晚，我怀抱着同学们的日记本进入梦乡……现在，我跟同学们已经打成一片了，在他们眼中，我不仅是知心姐姐，什么事情都可以跟老师说，还是一个需要关心、脆弱的小女孩。由于教学成绩突出，深受学生喜欢，我已成为学校的教学骨干，被多次评为先进个人。

也许不少人认为，教师在学生面前示弱，是一种懦弱的表现，是教育的失败。其实不然。在学生面前示弱，唤醒他们的爱心，促使他们学会做人，进而激发努力学习文化知识的热情，是完全可行的。在教育教学过程中，教师完全可以尝试着扮演一个弱者的角色。

学会示弱有什么好处呢？一是有利于建立平等的交流机制。"一日为师，终身为父"，教师和学生之间的不平等关系，使得学生常常对教师敬而远之。如何才能让学生亲近你呢？示弱是较好的方法之一，这可以使学生不再把你当成无所不能的权威，而是普通的人，由此解除学生的防范之心，拉近师生的距离。二是有利于学会宽容与变通。有的教师遇事喜欢示强，沉不住气，容易把小事看成大事。而示弱，能让自己放松心态，较为平和地与学生对话，冷静地分析事情的前因后果，站在学生的角度来看问题，这样就避免了因教师的强硬和学生的倔强碰撞在一起而造成两败俱伤。三是有利于把机会还给学生。一味地包办，什么事都不让学生尝试，什么事情都要过问，或者每道题都做出详细的指导，那么学生必然会产生依赖性，即使遇到类似的问题也不愿意想办法解决，只会坐等老师的方法和答案，带来的后果就是学生成长受限。

我在做班主任的时候，不像很多同事，陀螺一样天天晕头转向，我就运用了示弱的智慧。我从不因为觉得自己能干，就把班里的事务大包大揽，总是有意识地摆脱繁琐的事务性工作。怎么办？关键要寻找几个帮手，这些帮手就是我的班干部。他们可以帮助我做许多的事情，解决许多的问题。比如班级的纪律问题，我们制定了班规，但我不能长期"长"在教室吧？即使有些班主任有着超强的毅力，真的花费了大量的时间和精力，坚持和学生们"长"在一起、"耗"在一起，"严防死守"，但效果一定好吗？往往是你在时班里是一个样子，而不在时却是另一番"繁荣"景象。我要从"警察身份"撤出的时候，通常会找到一个合适的契机，把班干部叫到一起说："孩子们，最近我事情比较多，实在没那么大精力盯着班里的纪律，交给你们几个怎么样？"之后我会适当地给一些嘱托和指点。得到了信任的班干部，往往会挑起重担，全心全意为班级服务，发挥重要的作用。教师呢，只需适当督促就可以了。

再如办黑板报，教师要做的绝对不是亲力亲为。我看过很多这样的场面：班主任蹲着凳子，一笔一画认真地写写画画，一群学生围在旁边观看，指手画脚，品头论足。老师为班级做贡献的示范作用是有了，但总感觉事情弄拧了：到底谁是"主角"？我却没有那么"勤快"，通常是先仔细观察，找出那些有办板报天赋的学生，然后一脸虔诚地告诉他们：老师艺术素养不足啊，事儿就交给你们了，老师指望着你们给班级增光呢。你看那些孩子，一定会绞尽脑汁将潜力发挥到极致的。老师的示弱，让他们感受到了自己的责任。这时候，我就成了那个"甩手掌柜"，至多是以欣赏的眼光去看待他们的作品，真诚地表达一些溢美之意。既鼓励了学生，锻炼了学生，自己又轻松自在，何乐而不为？

诸如此类，如班级的体育课、卫生、晨读、学习、各种活动等，都由"比你水平高"的人负责，你还会整天忙得焦头烂额吗？

曾经有班主任很无奈地对我说：我不是不想这样做啊，可我是真的不放心，担心他们做不好啊！再说，这样也会影响他们的学习吧？

担心学生做不好是有根据的，因为学生没有经验，他们往往没有我们想得周到，做起来未必让我们满意。然而，反过来想一想，如果我们总不给学生机会，是不是他们就永远都难以做好？由于经验和水平有限，他们的做法可能与我们的目标会存在一定的距离，这一点，我们应该有充分的思想准备。这个时候，我们不能对学生一味指责，否则可能使他们畏手畏脚。只有继续他们创造机会，让他们在哪里跌倒，从哪里爬起来，他们才能找到自信，才能真正成长起来。

教师示弱，不是教师真的弱；教师示弱是为了让学生"变强"，是为了把学生推到自我学习的前台。教师的示弱，是巧妙地、有心地、适时地向学生展示"弱"与"无助"，学生却因为教师的"弱"与"无助"，焕发起自身内在的"被需要""被信任"，学生反而变得更自主、更自信、更有责任、更有价值感，变得比以前更爱思考、更会质疑……

破解锦囊

坦白自己的"知识空白"

教师在面对自己的弱点和无能时，往往存在着一种恐惧。教师极少承认这种内心恐惧，但正是在恐惧的驱使下，在面对自己知识或经验的空白时，做出违背心灵的反应。有位教师在讲述生物分类检索表的使用时，一位学生听完后突然拿出一张明信片，询问教师该明信片上的植物的种类。对于数以万计的生物种类，就是研究生物分类的专家也不可能全部认识，作为中学教师不认识也是很正常的事情。有的教师怕学生说自己无能，明明不知道，却采取敷衍了事的做法随便说一个名称，搪塞学生的提问。但这位教师当时就回答："你能活学活用，真不错。老师一时还不能根据明信片上的照片回答你的问题，因为检索方法的运用需要对植物的结构进行仔细的观察，你所给的图片信息还不够，不过下课后我会帮你想办法查询。"这位教师敢于放下自己的架子，承认自己的"不知晓"，不但不会降低在学生心目中的形象，反而会让他魅力倍增。

学会巧妙地"装傻充愣"

在课堂教学中，教师可以故意示弱来调动学生探索知识的积极性。当然，故意示弱的过程，教师要表现得尽量自然，不能带有极易被学生察觉的掩饰痕迹。譬如："这段话老师总是读不好，你们能帮帮我吗？""他这个观点我好像没太听懂啊，谁能帮他解释一下？""不对啊，我怎么觉得他跟我的说法不一样啊，到底是他错了，还是我错了？""你提的问题老师也不知道怎么回答，下课后我们查查资料再一起讨论，好吗？""这节课的知识点有点多，我想画个思维导图，却没有好的思路，谁能到黑板上做个示范？"这个过程中，教师"傻"了，学生变"聪明"了。

制造学生的"表现机会"

一个班主任常常这样向学生示弱：我最不擅长排座位，往往记不清调整座位的时间，更排不出让大家都满意的座位，你们谁有能力替老师完成这项工作？结果班上几个小有影响的同学主动请缨，把座位排得井井有条，几乎没有人提出异议。教师借机"虚心"地向他们请教排兵布阵之道，看他们的得意劲，那种自信和成就感简直就要爆棚。在这个过程中，不仅仅是学生的管理能力得到了提升，他们更因为这种表现，建立起强烈的自我认同感和自我价值感。就像魏书生老师所说：凡是学生能干的事，班干部不要干；凡是班干部能干的事，班长不要干；凡是班长能干的事，班主任不要干；好老师不会唱独角戏。教师有意识地往后退一步，给学生制造更多的表现机会，是真正的教育智慧。

寻求更多的"合作助手"

教育，需要更多的合力，特别是班集体的建设，很多时候光靠班主任的力量是远远不够的，要把科任教师团结进来，让他们成为你的副班。如果能借助科任教师的力量教育好班级里个别令人棘手的同学，常常会使班级工作"柳暗花明又一村"。优秀的班主任往往会不失时机地向科任教师示弱，比如："咱们班××同学太调皮了，我简直拿他没办法，您经验丰富，还得请您亲自出马啊！"邀请科任教师参与班级管理，大家才能心往一起想，劲往一起使，形成班级管理合力。

自测清单

总结这一节的收获，如果你做到了，请在相应内容序号前的括号里标注"★"。

（　　）1. 能够坦诚自己不是万能的。

（　　）2. 能够不刻意掩饰自己的错误和无知。

（　　）3. 能够把工作任务更多地分配给学生。

（　　）4. 能够学会佯误的教学艺术。

（　　）5. 能够掌握示弱的常用教学语言。

（　　）6. 能够把更多的表现机会留给学生。

（　　）7. 能够主动寻求同事的帮助。

（　　）8. 能够得到来自家长的支持。

（　　）9. 能够组织好班干部、组长、课代表的培训。

（　　）10. 能够发现并利用好每个人的特长。

38. 亲密有间：师生交往要"宽严有度"

案例呈现

初为人师，我很想与学生建立一种平等交流、互相帮助的朋友关系。我与男生一起打篮球，与女生一起跳皮筋，带他们去野外搞野炊，还与他们去小河沟抓螃蟹、摸螺蛳、捉小鱼儿。我们无话不谈，无所不玩，欢乐无所不在。

当时，很多同事都羡慕我有颗天真烂漫而年轻的心，可以与学生打成一片，师生关系超甜蜜。很多外班的学生也很羡慕我的学生，认为我的学生运气好，遇到了好说话又有趣的老师。

事实上，我还是太年轻了！虽然我与学生建立了非常亲近的师生关系，但也正是这种亲近坏了大事，因为我发现我与学生越亲近，他们对我反而"亲则生狎，近则不逊"了。他们开始不把我当回事，我发出的指令他们阳奉阴违，我安排的工作他们偷工减料，我要求的作业他们大打折扣，甚至我讲课时他们还想凌驾于我的课堂。

师生之间"宽严"的界线在哪里呢？

问题剖析

这个案例中教师的烦恼，恐怕很多教师都经历过。在师生的"甜蜜期"之后，出现了班级管理的混乱，于是，迫不得已之下，有些教师开始反其道行之，再没有了微笑，再没有了宽容，整天板着脸，冷若冰霜，转眼间成了最"传统"的教师。

其实，这里涉及一个教师与学生的距离问题。有人提出，教师应与学生"亲密无间"，要"零距离"接触。乍看似乎有道理，但仔细想想，又有了问题。这些提法的出发点是好的，但却是违背教育规律的，在实践中根本行不通。师生之间的"零距离"接触必然将师生引进人际交往的"怪圈",最终很可能导致教师威信丧失,出现学生与教师毫无界限的现象,学生对教师不尊重,太随意,致使教育效果变得低下。所以,师生站在一起,是指善于和学生沟通,了解学生,关注学生,能够宽容对待学生,而非无原则的"亲密无间"。

教师就是教师,他的职责是"传道、授业、解惑";学生就是学生,他的任务是学会学习,学会生活,学会做人。身份的差别注定了二者之间不可能完全"零距离"。

距离产生美是美学的一个著名命题,心理学研究也表明,人与人总是处在一定的时空距离的位置关系上,这种时空距离关系在特定的环境中传递着不同的心理感受,人们在友好时接近,在对立和关系疏远时保持一段距离,这样,彼此之间才会有好的印象,才能产生美感。长相厮守、亲密无间反倒经常引发摩擦和矛盾,甚至厌恶仇恨。夫妻关系如此,同事关系如此,师生关系同样如此。因此,师生交往不能忽略一个"度",建立亲密和谐的师生关系的确非常重要,但必须记住,亲密并非无间,美好需要距离。

在学生心目中,教师必须有威信,没有威信的教师是不可能获得教育成功的。师生亲密过度或关系过疏,都会有损教师威信的形成。师生之间建立民主、平等、合作的关系固然重要,这可以增加学生对教师的信任感,从而在教师的正确引导下学习、生活,愈发愉悦、轻松。但有意识地与学生保持适度的距离,更有利于满足师生各自的心理安全需要,更有利于维护教师的魅力和尊严。俄国文学家赫尔岑说:"人们在一起生活太密切,彼此间太亲近,看得太仔细、太露骨,就会不知不觉地、一瓣一瓣地摘掉那些用诗意簇拥着个性所组成的花环上所有的花朵。"因此,教师要用"心"去无私地爱学生,但并不等于教师把自己百分之百透明地暴露给学生。学生信任教师,尊敬教师,而又摸不透教师,在他们的心目中,教师神圣、伟大,而又神秘,岂不是更好?

当然,保持适当的距离,绝不是设置心灵上的屏障或戒备防线,而是教育教学调控的需要。师生亲密相处,无可厚非,但必须有"度"。既不能离学生太远，太远了难以取得心灵沟通；又不能离学生太近，太近了又会产生"角色混淆"。要做到：亲密随和但不失原则，可亲可敬又要可畏，切不可与学生"零距离"打成一片。一旦师生之间的神秘感没有了，教师的威信就可能随之消失，其直接的结果就是，教师说话学生可以随意不听，教师的管理学生可以随意不服从，教育教学调控也就会失去作用，最终导致教育教学的失败。

苏霍姆林斯基曾指出："我坚信，常常以教育上的不幸和失败而告终的学校内许许多多的冲突，其根源在于教师不善于与学生交往。"师生之间"亲密有间"，并不是提倡人为地在师生之间划定一道鸿沟，使学生"望沟兴叹"。教师要从教育者的角度因人、因事、因时进行策略上的调整，必要时可进行角色转变，在保持威信、尊严的前提下，努力营造和谐、宽松的师生关系。

破解锦囊

注意身体距离

教师和学生的身体一般保持 45 厘米至 1 米的距离，其特点是伸手可以握到对方的手，但不容易接触到对方的身体。老师可以与学生拥抱，但不可以紧贴身体，身体之间必须有 10～15 厘米的距离。你可以拍学生肩膀以示鼓励，也可以摸学生头向其示好，但不可以摸脸，更不可以触及学生身体的敏感部位。

保持言语距离

教师要谨言慎行，一句口不择言的玩笑话就可能令学生陷入人际关系的绝境，一句不看场合的讽刺话就可能让学生陷入颓废境地，一句言不由衷的表扬话可能让学生对自己产生怀疑。一定要时刻警告自己：专业人士，就要说专业的话！与学生说话时必须设立边界，什么该说，什么不该说，话出口时必须想清楚，没想清楚之前最优选择就是沉默。与学生交流时，要坚持客观地陈述事实，真实地表达自己的感受，最后提出自己的请求，不轻易做出评判，更不能妄下断论。可以引导学生自己分析，得出评价。所有的评价应该定位在对事件本身的分析，即就事论事，千万不能简单粗暴地上升到学生的品性高度和道德高度。

关注社交媒体距离

班主任在与学生利用社交媒体交往时，话风可以活泼一点，但语意还是要严谨。也就是说，不管你怎么说话，都不要忘记自己的教师身份。不管怎么跟学生说话，都要记得对方是学生，是未成年人，因此说话一定要积极向上，要对学生有带动影响的作用。对于学生在网络上无伤大雅的俏皮话，要宽，但对于学生通过社交媒体辱骂同学和老师的行为，必须严查到底，严肃处理。

动态调配距离

一要因人而异。性格内向的、家境贫寒的、学业成绩不理想的学生，教师要有意识地缩小与他们之间的距离，不仅仅是空间上的，还有心理上的、情感上的。教师要有意识地走近他们，让他们能更真切地感受到教师的关爱、呵护与信任。二要因事而异。譬如学生之间发生纠纷，需要教师来秉公执法，进行处理和评判。这时，教师就要与双方学生（包括家长）都保持合理的距离，避免当事双方认为教师在处理事情的过程中，因为情感因素而缺失公正。同样是犯错，倘若学生无心而为，且后果并不严重，这时教师要以关心的角度去提醒和帮助；若是学生明知故犯，且造成严重后果，这时候教师就要严肃处理，深刻教育。三是因时而异。在工作时间，在学校里、在课堂上，教师还是要有意识地与学生保持一定的距离，要担当"平等中的首席"。倘若是在秋游、运动会这样的场域中，教师又要有意识地调适与学生之间的距离，要与当时的氛围相匹配，不能过分"端着架子"。倘若这时候你还是"一本正经"，就显得有些不合时宜、不够"可爱"了。

总结这一节的收获，如果你做到了，请在相应内容序号前的括号里标注"★"。

（　　）1. 能够有意识地探索师生距离边界。

（　　）2. 能够与学生交往中做到宽严有度。

（　　）3. 能够对待问题学生"温柔而坚定"。

（　　）4. 能够保持与学生的身体距离。

（　　）5. 能够主动走近弱势学生。

（　　）6. 能够公平公正处理学生的问题。

（　　）7. 能够重视与学生交流的方式。

（　　）8. 能够根据学生的不同特点处理师生关系。

（　　）9. 能够建立社交媒体中适宜的教师形象。

（　　）10. 能够对原则问题不放松。

39. 尊重权利：把握教师行为的边界

案例呈现

华中师范大学教授、教育学博士李晓燕曾经就"中小学生权利保障和义务履行方面存在的问题"进行了问卷调查，调查报告显示：

有29.14%的被调查者表示多次或几次遭遇过学校随便停课或改变教学计划；有24.14%的被调查者表示曾多次或几次遭遇过教师无缘无故不来上课，或来上课却应付了事；有35.19%的被调查者表示自己曾多次或几次被教师罚站在教室外，不让上课；有12.15%的被调查者表示自己有多次或几次不被允许参加集体活动；有38.18%的被调查者认为学校课外活动不够丰富多彩，这或许能够说明为什么有高达58.14%的被调查者不能确认自己"上学是轻松愉快的"。

问题剖析

透过以上数据，我们不得不承认，学生依然是校园里的"弱势群体"，他们的权利广泛存在着被侵害、被漠视的情况。造成这种现象的原因，一是部分教育管理者的民主意识、法律知识匮乏，不懂得学生有哪些权利，不懂得如何尊重学生的权利，任性而为，从而可能在无意识当中侵犯着学生的权利。二是部分学生对自我权利的保护意识不强，自我保护能力、自我控制能力较为薄弱，导致被人侵犯自身权利时也几乎毫无察觉。

人生下来就拥有了很多的权利，有言论自由权，有生存权，有建议权等，而每个人在不同的阶段又有不同的权利，每个角色也有每个角色的权利。那么我们如何看待学生的权利呢？

不能忽略的是，学校与学生的关系向来较为特殊，通常学生被认为是"被管理者"，而学校和老师是"管理者"，这样一种特殊的关系让"平等"

常常成为奢求。在学校存在着大量的侵犯学生权利的现象，列举如下：

一是体罚，侵犯学生人身权利。

在百度上搜索关键词"体罚学生"，会出现几千万条相关信息，可见体罚学生，仍是普遍现象。教师体罚学生的手段，可谓花样百出：罚站、罚跑、罚跪、罚蹲、罚抄写、挖苦、辱骂、揪耳朵、扇耳光、拳打脚踢、让学生打学生，更有甚者，诸如啃木头、吃苍蝇、罚学生喝尿、用铅笔刀割幼儿耳朵、在学生脸上刺字、大冷天用电风扇吹学生，这些近乎变态的手段成为个别老师的"杀手锏"。这样的体罚和变相体罚会给学生的身心成长造成难以估量的损失，而且极易造成师生的对立情绪，也容易引起家长与教师的纠纷。《教师法》《义务教育法》《未成年人保护法》都规定，教师不得对未成年学生和儿童实施体罚、变相体罚。教师体罚学生是直接侵犯学生的人身权，而人身权是公民最基本的权利，其中包括公民的生命、自由、健康、人格、名誉等权利。教师若随意侵犯学生的人身权，从这个意义来说便触犯了法律。

二是语言伤害，侵犯学生人格尊严。

由"中国少年儿童平安行动"组委会发布的"你认为最急切需要解决的校园伤害"专项调查结果显示，语言伤害成为当前亟待解决的校园伤害三大问题（即语言伤害、同伴暴力、运动伤害）之首。语言伤害会对学生精神以及心理带来潜藏性的损害，对学生今后的健康成长、良好性格习惯的养成造成一定的负面影响。语言伤害在课堂上较为典型的就是："你怎么这么蠢，这种问题也回答不出！""你是猪吗？""真是烂泥扶不上墙！""你就等着将来扫大街吧！"……这些语言伤害，对学生的摧残在外表上似乎难以察觉，所以，个别教师用起来没有什么顾忌。然而，这些语言伤害带给学生的有时比体罚带来的伤害更持久、更痛苦。这些语言伤害，损伤学生的自尊和自信，严重的还会导致学生失去生活勇气，造成厌学、逃学、自杀、违法犯罪等严重后果。教师的语言伤害，其实是侵犯了学生的人格尊严以及名誉权。

三是差别待遇，侵犯学生平等受教育权。

部分教师仅凭考试成绩来判定一个学生的好与坏，给予学生差别性的待遇。比如，安排座位，学习成绩好的往往可以优先选择座位；而成绩差的常常被安排在"偏远"地带，甚至会因为纪律差，被赶出课堂，理由是"你不好好上课，别影响其他人上课"。这在侵犯学生平等受教育权的同时，也使得学生的学习兴趣大大降低。在有差别的待遇中，部分学生自尊心被伤害，变得自暴自弃。这样的做法，既影响师生关系的和谐，也影响学生的健康成长。

关键问题在于，很多老师并没有把上述这些侵犯学生权利的事看得多么严重，甚至不以为然。因此，网上出现的一些热文，比如《再不把戒尺还给老师，这代孩子就完了》《请把戒尺还给老师》《〈未成年人保护法〉没收了老师的"戒尺"，老师却带着锤子来上课》，才会被我们的教师异常"兴奋"地转发，稀里糊涂地把"惩戒"与"体罚和变相体罚"画了等号，误以为又可以像古时候私塾先生一样拿起"戒尺"，老师扬眉吐气、高高在上的日子终于回来了。

破解锦囊

要具有较强的法律意识

教师体罚和变相体罚学生、侮辱学生人格等现象，都是教师法律意识淡薄的表现。一些教师在不重视学生基本权利，导致不良后果之后，居然还把"为学生好"作为冠冕堂皇的理由。重视学生应有的权利，要从教师增强自身的法律意识做起。要认真学习《未成年人保护法》《义务教育法》《预防未成年人犯罪法》《儿童权利公约》《中小学教育惩戒规则（试行）》等相关法律法规，以此作为实施教育行为的依据，不触碰底线，不侵犯学生的法定权益，如受教育权、生命健康权、隐私权等。

要对自己的职业有正确认识

要认识到，教师职业是一种专门职业，从事了这项职业就应当接受社会对这项职业的高素质要求。在教育教学过程中，教师不仅扮演了"传道、授业、解惑"的角色，同时还扮演了示范者、父母与朋友的角色。教师接受了这种职业要求，就会以关心学生、爱护学生，对学生的未来发展负责的专业态度去对待自己的工作，就不会无视学生应有的权利，更不会肆意践踏学生的基本权利。比如，在工作中要关注每一个学生，平等对待每一个学生，就会自觉抵制对"弱势学生"的一些通行做法：教学中的无视，座次上的往后安排，课堂中的配角，公开课上的隐藏，考试中的忽略，老师心里不平衡时当作出气筒，老师教育失误后最好的替罪羊……

要能正确处理好师生关系

教师和学生虽然在知识内容的传授方面属于授受关系，但作为独立的人，教师和学生在人格上是完全平等的，在道德塑造上是相互促进的，没有学生道德和人格上的逐步完善，就没有教师个人人生价值的实现。尊重学生的权利，教师就要以平等的身份，认真处理教师主导和学生主体地位的相互关系。当师生关系处于一种正常状态时，学生的权利才会真正凸显出来，那种无视学生需求"想当然"的想法和做法才会逐渐减少。譬如，为了考试，可以不让学生出操；为了让学生快点吃完饭去做功课，可以不给学生准备吃饭时的餐凳；随意地剥夺音乐、体育、劳技、美术、计算机信息等科目的时间，强迫孩子整天埋头于书山题海中；为上多媒体课，拉上不透光的窗帘，无视孩子的视力健康；为了安全，课间不允许学生自由活动……

✓ 自测清单

总结这一节的收获，如果你做到了，请在相应内容序号前的括号里标注"★"。

（　　）1. 能够认识到学生拥有一些天然的权利。

（　　）2. 能够自觉维护学生的权利。

（　　）3. 能够不随便给学生停课。

（　　）4. 能够不拖堂，不占用学生的休息时间。

（　　）5. 能够不体罚、变相体罚学生。

（　　）6. 能够不在教室里设置特殊座位。

（　　）7. 能够不为了班级成绩剥夺学生考试的权利。

（　　）8. 能够不对学生施加冷暴力。

（　　）9. 能够主动学习、掌握相关的法律知识。

（　　）10. 能够鼓励学生维护自己的权利。

40. 鼓励自主：给学生选择的机会

有一次学校开设选修课，一个七年级女生早早根据自己的想法，有了三门选修课的方案。因为抢课的时候，她有事不能自己操作，于是跟妈妈千叮咛万嘱咐，结果网络抢课开始，妈妈擅自做主，将女儿所选的艺术类、科技类的课程全部换成了自己心仪的学科竞赛类的课程。女儿知情后，痛哭流涕，母女关系降至冰点。妈妈向我求助的时候，一肚子委屈，觉得自己的好心被孩子当作了"驴肝肺"。我告诉她：选择意味着责任，兴趣本来就应该由孩子自己支配，不喜欢的东西又如何称得上有兴趣呢？你这样强制性地给孩子选课，孩子会心甘情愿地去学习吗？即使你真的认为孩子的选择有所偏颇，那也应该是在你的引导下做出改变，"硬掐脖"的做法只能适得其反。

这位母亲的做法并不少见：不考虑孩子本身的素质、兴趣，不懂孩子的心理特点，不能体验更不能进入孩子的心理世界，武断地用自己的思维方式代替孩子的思维方式。这种环境下长大的孩子，失去了选择权，也往往失去了独立思考和承担责任的机会，变得没有主见、人云亦云。这样的孩子在未来竞争激烈的社会环境中能否立得住脚，要画上一个大大的问号。

曾有一位学者去一所中学调查，当问到学习和生活中遇到难题，一时解决不了该怎么办时，被调查的150名学生几乎异口同声：找父母解决。没有一名学生回答自己先想办法解决，实在解决不了，再找父母帮助。而当被问到今后准备从事什么职业时，竟有90%的学生说要等回家问过父母才能回答。

这个调查结果让人担忧：缺乏自主性，缺乏独立生存的意识，不注重自我选择，成为时下孩子们的通病。这种现象的出现，与我们家庭教育和学校教育合力剥夺了孩子们的选择权息息相关。为什么不少孩子学习积极性不高？为什么孩子参与集体活动缺乏动力和勇气？原因其实很简单，那就是他们一直被要求、被绑架，被剥夺了选择的机会。当我们没有给学生提供选择的空间，没有把选择权还给他们，满足于越俎代庖，他们势必只能被我们牵着鼻子，人云亦云，亦步亦趋，毫无活力和生机。

没有选择权，根本谈不上自主与责任，更不要去说什么追求梦想。

信息社会为人类带来了前所未有的机遇和挑战，"不断选择"已经成为人们的生活方式之一。纵观世界各国的课程改革，我们不难发现，"选择"是最基本的特征之一。学校通过设置多样化、具有选择性的课程，使学生享有尽可能多的选择机会，从而实现个性化的发展。比如：法国高中的课程如同一个万花筒，三年下来，有的学校竟找不到两张完全相同的课程表。挪威、瑞典在高中阶段分别为学生提供了 13 个和 17 个发展方向，学生可以根据自己的兴趣和能力，选择其中的一个发展方向。这样的课程选择，最终会让学生发现自己、唤醒自己、成为自己。

有人可能担心，学生还小，还不成熟，有些事让他选择，选错了怎么办？

其实，人生的很多选择并无对错之分。况且，偶尔选错又有什么大不了的？给孩子一点自作主张的机会，摔几个跟头，绕一段弯路，甚至碰碰壁，这恰恰是一个人成长最好的机会。辨别正误、合理选择的能力，永远要靠实践才能得以提升。关键是，选择和责任是一对孪生姐妹，人的责任感就是在自我选择中形成的。如果一个人只有被选择权，他也就无需承担什么责任。因此，多给学生一些自主选择的权利，让他对自己的事做主，是培养责任心的需要。同时，在选择过程中，又能培养学生克服困难、战胜困难的顽强意志，形成遇事冷静、有主见的良好心理素质。

对一个人而言，最重要的是身体和灵魂获得自由，能够主宰自己的命运，独立给自己的生命赋予意义。当我们真正把选择权交给学生，他们的存在感会大大加强。他们会独立承担，产生责任感、信心和勇气，提升社会生活技能，增长面对并驾驭复杂局面和环境的本领，他们的身上就会散发出独特的青春的光泽。

破解锦囊

给学生一些自主学习的机会

譬如，给学生一些自主学习的时间。教师不能垄断整个课堂，要留出一些时间，让学生自主地支配。在这段时间内，教师可以提出带有价值引导功能的建议或问题，但不限定学生的学习活动方式和学习活动目标。学生可以根据自身实际，选择自己可做、自己想做的事，拥有自己可以支配的活动时间。

再如，给学生一些自主选择合作伙伴的机会。运用小组合作学习的方式时，有时可以让学生自主选择、决定讨论合作的伙伴，使学生的合作讨论更有主动性和积极性，这样就促使学生在讨论过程中竭尽全力。教师不要"拉郎配"，也不一定总是"强弱组合"，有时学生自愿组合的效果会更好一些。

另外，还可以给学生一些自主选择作业的机会。让有差异的学生做无差异的作业，势必会造成有的学生"吃不饱"，有的学生"吃不了"。因此，教师在设计作业时，要关注学生的个体发展，设计分层作业，给学生作业"选择权"，实现"人人能练习，人人能发展"。有的教师设计了"自助餐式"作业，一改以往的"命令式""强制式"作业，学生有一个较为宽松的作业氛围，不同发展水平的学生都能较好地参与作业，学习能力得以提升。有的教师尝试"自编式"作业，学生在设计作业过程中敢于尝试，勇于创新，其个性在享受作业带来的快乐中得到发展，练习也更投入、更主动。这些都是非常有益的探索。

给学生一些自主管理的机会

譬如，参与班级文化建设的机会。共同参与来设计班级文化，比如拟定班名、班训、班级口号，设计班徽、班旗，选择班歌，选择自己喜欢的班级服务岗位，起草班级管理制度等。不是教师大包大揽，独断专行，而是每个人都有机会发表自己的意见和建议。

再如，拥有决定事务的投票权。选择班干部，可以在公开竞聘的基础上，由全班同学投票来决定；优秀学生的奖励，可以在确定标准的基础上由学生进行评选；评选优秀作品，可以由教师专业评判的方式，改为广泛听取学生意见、以学生眼光审视评选的方式。

甚至学生犯了错误如何惩戒，这个权利也可以归还给学生。可以全班讨论，制定出典型错误的可选择惩戒方案。比如，屡次不完成或抄袭他人作业者，除补交作业之外，学生自愿选择以下任何一种惩戒方式：①书面说明未完成作业或抄袭作业的理由，并决心改正；②在班内讲一个有关勤奋学习的故事；③制作一份作息时间安排表，并向班主任说明自己今后怎样安排作业时间。一旦学生犯错，他可以自主选择惩戒方式。

≫ 自测清单

总结这一节的收获，如果你做到了，请在相应内容序号前的括号里标注"★"。

（　　）1. 能够认识到学生选择能力的重要性。

（　　）2. 能够做到班级事务不大包大揽。

（　　）3. 能够给学生提供选择班级服务岗位的机会。

（　　）4. 能够把设计、布置教室的权利交给学生。

（　　）5. 能够由学生自主设计班徽、班旗等外显文化。

（　　）6. 能够由学生起草班训、班级口号等。

（　　）7. 能够尝试学生自主选择座位、自主选择小组成员等。

（　　）8. 能够提供给学生更多的投票权。

（　　）9. 能够真正让学生拥有自习课。

（　　）10. 能够让学生形成自己的事情自己做主的习惯。

41. 换位思考：我也曾经是学生

每当严厉批评学生之后，我心里总会难过好几天，非常自责，总会反省：自己的教育方式是否有点简单粗暴？会不会给学生造成伤害？毕竟学生年纪还小，犯点小错是成长中的必然。学生约束力、自制力差，往往会产生愿望与行为脱节的现象。于是，我经常督促自己进行换位思考：假如我是学生，希望老师怎样帮助、教育自己？我悄悄观察学生，请教学生，倾听学生的心声。

通过换位思考，我学会了宽容学生，当孩子犯错时，和他们说句悄悄话提醒一下，在作业本上写几句老师的心里话，维护学生的自尊心；我学会了欣赏学生，当孩子有一丁点儿进步时，和他们握握手，告诉他们老师为他们骄傲；我学会了激励学生，夸张地表扬学生的成功，在作业本上写下激励的话语，又以他为榜样，激励其他学生；我学会了引导学生，下课时和学生们一起设计、创造文明游戏，规范学生的课间行为，培养合作能力和合作精神；我学会了锻炼学生，每周从学生的意愿出发，精心设计班队活动，以此丰富学生的学习生活，培养他们的能力，于是一批又一批的小能手、小能人、小明星诞生了；我学会了幽默，常和孩子们开开玩笑、正话反说，甚至编上几个善意的谎言、美丽的童话、笑话来哄哄孩子，让每一个孩子的童年充满想象和幻想。

换位思考后的我，和学生走得更近了，走进了学生的心。因此，我常能聆听到孩子们的悄悄话，常会收到孩子们的爱心小纸条："老师，祝你天天快乐！""老师，对不起，我让你失望了，我会努力的！"我想，换位思考源于我对学生的爱，而学生对我的信任正是我的收获。

这是一名优秀班主任发在网上的帖子,细细读来,让人很温暖,给人很多启迪。

苏霍姆林斯基在《帕夫雷什中学》中写道:"一个好教师意味着什么?意味着他热爱孩子、了解孩子,不会忘记自己也曾经是个孩子。"回想我们的学生时代,那时候,我们对老师充满了期待,希望老师对学生充满爱心,宽容大度,公平公正,博学多才。但是,当我们站上了神圣的讲台,却"好了伤疤忘了痛",忘却了自己当初的梦想,而重蹈老师的"覆辙",依旧重复着昨天的"故事"。

"亲其师方能信其道",教育心理学研究表明,学生是先喜欢老师,再喜欢老师所提供的教育,因此师生关系的质量直接影响着学生的学业成绩和行为。在学生眼里,老师不管有多高的水平,如果不能走近他们,仍然算不上一位优秀的老师。

"别忘了,我们也曾是学生。"这虽是一句普通的话语,但却意义深远。它让我们学会换位思考,学会共情,特别是在学生犯了错误的时候。

常言道:人非圣贤,孰能无过?当学生犯了错误的时候,我们首先想一想:如果我是这位学生,我希望老师怎样对我?站在学生的角度,设身处地地为学生想一想,然后再去处理问题。只有这样,我们才不至于打着"为学生好"的旗号,无情地伤害学生。

懂得换位思考的人是心胸宽广、聪明智慧的人,懂得换位思考的教师会在许多事情的处理上比别人棋先一招、技高一筹。

有些老师在下课铃响了以后,为了把自己的教学任务完成,就拖堂了一点时间,而下面的学生大多表现出不耐烦的表情。有的窃窃私语,有的东张西望,有的露出焦急的心情,而这时候,老师大多会站在自己的角度考虑:我是为你们能掌握更多知识着想,就那么三五分钟,你们老老实实坐着听课,不要对上课老师不尊重。这样一想,火气就上来了,课上得再精彩,教学质量也难以提高。不妨换一下位置,从学生的角度来考虑:我们每天至少得承受四五位老师的轮番轰炸,这短短的十分钟对我们来说多么珍贵呀，你一拖就是五六分钟，而且几乎堂堂如此，一上你的课，我们连上厕所的时间都没有，又烦又累，下节课怎么上？如果所有的老师都这样拖堂，我们还能活吗？这么换位一想，就想开了，都怨自己课堂效率太低，不但学生跟着受罪，还搞得师生关系不和谐。习惯换位思考，不但解决了问题，而且师生关系和谐了，教学质量自然也就上去了。

所以，当学生上课无精打采、心不在焉的时候，别急躁，换位思考一下：是不是我的授课方法有什么问题？怎样才能激发学生的学习兴趣，调动起他们的学习积极性呢？当学生屡劝不听、屡教不改的时候，别泄气，换位思考一下：是不是我的教育方法不得当？当学生完不成作业的时候，别发火，换位思考一下：他会不会有什么别的原因，或者自己布置的作业量太大？怎样布置高效而量小的作业，使他们轻松完成又能保证效果呢？

这就是共情和换位思考的价值。不过要做到这一点，也并非易事，需要教师有良好的修养和宽广的胸怀。教师只有换位思考，才能深入学生的心灵，了解学生真实想法和感受，体会学生面临的种种困难，从而对学生多一些宽容和关爱。

当你不理解学生时，当你因为教学遇到困难而苦恼时，试着从学生的立场思考一下，或许能达到意想不到的效果，何乐而不为呢？

破解锦囊

课堂教学中的"换位点"

给学生明确的目标。学生需要知道这堂课"主要任务是什么，让我们干什么，让我们达成什么"。学习目标要清清楚楚告知学生，并且解释清楚，就像带着学生去旅游，把旅游攻略告诉学生，他们游览的过程中才会头脑清醒。然后对应目标，及时了解进度，检查效果，给予评判。

给学生清晰的指令。学生需要明白老师每一个要求到底是怎样的。一个清晰的指令包括三个要素：明确的任务，约定的时间，恰当的点评。如果老师的问题完全碎片化，既没有核心指向，也没有具体要求，师生双方的对话就是糊里糊涂的，这是很多课堂效率低下的重要原因。

给学生有深度的问题。学生需要接收到对他的能力略有挑战的问题，这样才会有意思。如果学生完全停留在浅表层面上的信息筛选，缺乏有质量的问题，对学生而言就缺乏挑战，容易疲乏、瞌睡。浅层次的信息筛选和深层次的问题应该交替提供，张弛有度，难易有度，节奏感明快，学生的学习积极性会比较高。

给学生鲜明的评价。学生需要及时得到来自老师和同学对他课堂表现的准确的反馈信息。那种千篇一律的"好好好，你真棒"，学生会产生免疫力；那种不置可否、不予置评的做法，更是会让学生失去学习热情。老师认真听取学生的观点，客观地分析和评判学生的想法，会更加契合学生心理，使我们的课堂具有强大的吸引力。

班级管理上的"换位点"

建立朋友关系。很多时候，学生已经走在了老师的前面，更具时代气息，老师并不一定比学生高明，所以在各种活动中，要给学生充分的空间机会来锻炼和展示。青春期学生心理上处于断奶期，他们渴望成人化，模仿力强，希望得到周围人的认可，他们需要的不仅是勤勤恳恳、认真负责的老师，更希望老师能像朋友一样，与之和谐相处，理解和接纳他们的行为。换位思考，去多发现学生更多的闪光点，才能在教育学生中起到事半功倍的效果。

善于沟通交流。班主任要走进学生中间，去了解学生的思想、学习、生活、家庭等各方面情况，把握学生最敏感的心理问题，这就需要我们学会倾听，多与学生交流。交流中要做到不居高临下，不摆师长架子，设身处地地为学生着想。只有真诚地、平等地对待学生，学生才会信任你，才会把心里想说的话毫无保留地向你倾诉，你也才能走进他们的内心，彼此推心置腹地交流，相互了解，相互理解支持和配合，产生凝聚力。

宽容冲撞反叛。在批评、惩罚学生时，往往会出现个别学生顶撞、逆反或是不接受的情况。情急之下，便有可能出现老师为了维护自己的尊严，粗暴地对学生实施更强制、更强烈的惩罚，导致惩罚过度的局面。班主任要理解学生的心理特征，换位思考，有宽广的胸怀，有丰富的涵养，爱生如子，容忍学生的过激言行，必要时做适当的冷处理，这样能使一些尖锐的问题得到缓解，避免极端情况出现。

巧妙化解矛盾。处理同学纠纷是司空见惯的事，如果老师简单进行批评教育，直接判定谁是谁非，学生往往认为老师偏袒对方，效果不尽如人意。不妨采用换位思考的方式，让学生自己解决这个问题。这样不仅能让学生认识、改正自己的错误，还能很好地培养他们换位思考的意识，为以后再发生类似问题建立起防范的屏障。

借助经验示范。当我们面对学生进行教育活动时，要积极回想自己做学生时的得与失，现身说法，把自己亲历的那些成功的经验和失败的教训展示给学生。这时候，榜样的力量是无穷的。

✓ 自测清单

总结这一节的收获，如果你做到了，请在相应内容序号前的括号里标注"★"。

（　　）1. 能够有意回想自己做学生的时候的各类感受。

（　　）2. 能够用"假如我是他……"的思维方式思考问题。

（　　）3. 能够经常跟学生聊天。

（　　）4. 能够时刻注意课堂上学生学习的状态。

（　　）5. 能够发现课堂中学生脸上的困惑。

（　　）6. 能够给学生提出更清晰的学习指令。

（　　）7. 能够对每一个学生的表现进行积极的评价。

（　　）8. 能够掌握不同年段学生的心理特征。

（　　）9. 能够接纳学生一些"不可理喻"的行为。

（　　）10. 能够给学生讲自己成长中的故事。

42. 放平身段：服务意识很重要

案例呈现

我们班有一名让人头疼的学生王亮（化名），在七年级就是出了名的，上课不认真听讲，课下爱惹是生非。如果不想办法的话，他的初中生活就会浪费了，还会养成一堆坏毛病。于是我先找他谈话，了解他的情况。原来，他家里没人管他，爸爸在外地上班，半个来月才回来一次，妈妈也在工厂上班，早上去，晚上才回来。而爷爷奶奶在家里长期玩牌，有时他饭都吃不及时。了解到这种情况，我先到他家里进行了家访，跟他的爷爷奶奶进行了交流，然后又和他的爸爸妈妈取得了联系，在电话中进行了沟通，并长期保持联系。平时，我也会时不时地和他聊几句，及时了解他家里的情况。王亮其实也有他的优点——爱劳动，我抓住这一点，让他当了班里的卫生委员。经过不懈努力，他表现得越来越好了。

我想，就是因为本着为学生服务的思想，并努力地寻求让学生发展得更好的道路，才有了这样的效果。

问题剖析

我们口口声声称，我们是为了孩子，实际上，我们没有做到。……我们缺的是服务意识，缺的是从服务走向爱。

这是朱永新教授谈过的一个观点。的确，服务意识的缺失是当前教育中的一大问题。

传统的观念导致了师生关系的完全不平等，教师处在俯视学生的位置，没有意识到外界影响对学生心灵世界构建造成的后果：有很多教师，不把学生当人，对学生进行人身攻击与侮辱，实行体罚，在精神上给学生造成不可磨灭的阴影；或者缺乏对学生心理和生理的了解，不能因材施教，不能平等对待每一名学生，师生关系不和谐，使学生失去了刚进学校时的好奇心和学习热情。

课程改革真正落地的前提，是教师思想意识与观念的转变与更新。首先要改变教师单纯以自我为中心，缺少服务意识的弊病。

应该说，任何职业都具有服务性。政府服务的对象是全体公民，了解公民的需求，为公民解决实际困难。只有所有的公民体会到政府是真心实意为自己服务的，才会拥护和支持政府的决策。医院服务的对象是病人，了解病人的病情，并为病人解决痛苦是其责任。只有病人能在医生的悉心治疗下恢复健康，才会放心到医院治病。客运服务的对象是旅客，了解旅客在乘车时的需求，为旅客解决乘车时遇到的困难是其工作。只有旅客在坐车时感到舒适，才愿意坐你的车……

从本质上讲，教师工作也具有服务性，服务于社会、家长与学生。

作为一个服务于人民的教师，首先要摆正自己的位置，掂量一下自己举手投足之间，对孩子造成的举足轻重、潜移默化的影响，掂量一下自己肩膀上的担子有多重。有位教师说得好："做别的工作你也许面对的是冰冷的机器，但是要记住，你从事了教师的职业，你面对的永远是有感情的人。"

这里要区分开"爱"和"服务"的不同含义。爱是个人感情，教育服务是教师的职业要求。个人感情跟工作责任不应当混淆。教师跟学校，或者跟学生有契约，要提供规定的教育服务，不论有没有个人感情，教师都应该履行自己的职责。如果一个游客的修养不好，导游仍然要以专业的态度，按专业的标准为他服务。同样道理，如果一个学生有令人厌恶的缺点，又无法改变，教师很难真心爱他，但依然要按教师专业的要求努力为他提供教育。这是所有专业人员应有的职业道德。认识到师生关系中服务与被服务的一面，坚持程序正义，遵守契约原则，不论个人感情如何变化都提供约定的服务，学校就能保证教育质量的稳定。

有了服务意识，我们就不会看重优生歧视"差生"，因为我们的服务对象是全体学生；有了服务意识，我们就不会只要分数而不顾其他，因为我们的服务目标是全面发展的人；有了服务意识，我们就会更自觉自愿地研究更好的教育方法、教学手段，更顺畅地完成教学任务……总之，有了服务意识，我们才会以一颗平常心对待我们的工作，以高度的责任感做好我们的工作。

能提供优质服务的教师，就是称职的教师、优秀的教师，就能得到学生的拥戴、家长的满意。有没有服务意识，是区别一个教师能否完成好本职工作的显著标志之一。

破解锦囊

要树立良好的服务意识

服务意识和爱是教育的两个方面。爱是发自内心的，爱是教育良知，没有爱就没有教育。同时，没有服务就没有好的教育，服务是最基本的要求。只有意识到这点，教师才会增强自己的服务意识，以自己的服务满足服务对象的需求。一旦教师树立了服务意识，并努力提供服务时，工作中的许多情况就会发生变化，这些变化会提高一个人的幸福感，从而最大限度地满足自己的精神需求，实现自身的社会价值。

要建立良好的服务关系

应该重新认识和确立新的学生观和教师观。学生是教师工作的对象，也是服务的对象。教师是国家法定的培养未成年人的从业人员。教师为了完成国家法定的义务，必须做好有关未成年人成长的教育教学及管理等服务性工作。只有意识到这种关系，才能真正意识到学校和教师都是为学生服务的，教师必须以自己优质的服务满足服务对象的需要，这是教师所从事的工作的基本要求。形成这种认识就有利于颠覆"师道尊严"等旧有观念，确立全新的"一切为了学生，为了一切学生"的服务意识。教师为学生服务，不是给他们一种恩惠，而是应该履行的职责，并且通过给予学生服务使教师的价值得以体现。

要掌握专业的服务技能

教师提供的教育服务，既要完成国家规定的统一的课程目标任务，又要根据不同学生的个性特点进行个别化的因材施教，这种共性与个性相统一的工作要求，基于教师渊博的知识、娴熟的教育技艺、独特的人格魅力、得体的语言、真诚的教育情怀。岗位不同，每个人的服务内容和方式也有很大差别。要根据服务对象的不同，采取不同的方法，有时候还要考虑学生的爱好、需求、个性特点、生活习惯等。比如，班主任要做好对学生的服务工作，包括做好开学时的各种准备工作，组建班级组织架构，选好班干部，把课本发放给学生，了解学生的学习情况，及时和学生沟通，听取他们对学习和班级建设的意见与建议，组织班级参与各类活动，组织班会，建设良好的班级文化，形成良好的班风，及时督促学生完成作业，做好考试前的动员准备工作，加强考风考纪教育等。这都属于班主任的专业服务内容。

要奠定良好的服务基础

为学生服务并不是不要"教师权威"，而是要求我们重新理解"教师权威"。不能再把学生看成是被加工的产品，把教师看成是加工产品的工匠，必须把学生真正视为活生生的，有思想、有情感、有欲望、有需求、有积极性、有创造性的，应该受到充分尊重的人。这就要求将传统的"命令—服从"式的师生关系，转变为平等的"我—你"关系。在这样的关系中，教师由外在的专制者转变为内在的领导者，体现出能为学生折服的伟大的人格力量、高尚的职业道德、健全的职业技能。这样做，教师的权威不仅不会消失，而是更有力量，是一种更加注重内涵的理性权威。这样一来，教师才能成为学生心目中的偶像，成为学生积极向上的榜样，为更好地发挥服务作用奠定基础。

要扩大教育服务的范畴

从本质上而言，教育是为学生、为家长服务，为社会服务。现实中由于教师对教育服务的认识局限，往往只停留在对学生服务的层次上，忽略了对家长和社会的服务，这种打折的服务也就起不到应有的作用，发挥不了其功能。因此，我们要有"大服务意识"，服务的对象决不能局限于学生，更要做好对家长和社会的服务，发挥教育应有的社会公益作用。

自测清单

总结这一节的收获，如果你做到了，请在相应内容序号前的括号里标注"★"。

（　　　）1. 能够自觉放弃"师道尊严"的传统认识。

（　　　）2. 能够摒弃"高高在上"、颐指气使的教育行为。

（　　　）3. 能够认可教师也是"服务者"的角色。

（　　　）4. 能够准确认知自己所在岗位的服务内容和要求。

（　　　）5. 能够了解学生的实际需求。

（　　　）6. 能够根据学生的实际需求调整自己的工作。

（　　　）7. 能够用自己的人格魅力影响学生，建立内在权威。

（　　　）8. 能够不断提升自己的专业水平。

（　　　）9. 能够与家长、社区建立更多连接。

（　　　）10. 能够在服务中体会到自身价值。

第四辑

后进生转化中的挑战与超越

对有缺点和问题的孩子，不是奢望倚仗简单粗暴的"管"达到一劳永逸的目的，而是以"导"为主，遵循教育原理，投入足够的时间、精力和耐心，对症下药，因材施教，强调"一把钥匙开一把锁"，使我们的德育要求内化为学生的思想水准。

43. 成为伯乐：做学生成长的贵人

案例呈现

有一段时间，我发现班上有一部分学生十分调皮捣蛋，于是针对这一情况深入调查，了解到：这些淘气的学生多数是因父母离异或父母做生意，寄居在爷爷奶奶家里。其中有一个男孩，因为父母离异，从小由奶奶照顾，娇生惯养，经常在班里追跑打闹，许多学生有点怕他。我找准机会，首先与他亲切地交谈，表扬他上课积极发言、关心班级等优点，帮助他树立自信心，消除自卑感，同时指出他追跑打闹的毛病，一起探讨自我约束的办法。然后，我交给他一个任务，让他协助班干部管好那些淘气的同学。从那以后，他不但严格要求自己，而且经常监督本班的男同学，遇到同学之间发生口角，他就马上加以制止。从此，班上杜绝了打架骂人的现象。

问题剖析

案例中这位老师，面对调皮捣蛋的学生，没有抱怨，更没有放弃，而是通过努力，让学生发生了转变。这样的老师值得称道。

人们经常提到"差生"一词，也有人称其为"学困生""后进生"。这一类学生在不同学段的学生群体中都客观存在，我称其为学生中的"弱势群体"。不争的事实是，这一群体中的大多数是家长失望、老师冷落、学生歧视的对象。

"差生"是相对的，在"差生"中同样有出类拔萃的人才，这已被古今中外的事实所证明。德国大诗人海涅是学校里众人皆知的后进生，教师常骂他对诗"一窍不通"；数学家巴比基和文学家玛阿特是同班同学，他俩因为成绩差，常被罚站在椅子上任人取笑，但后来，这个班级中恰恰是他们两个成为举世闻名的人物；达尔文读中学时，因成绩不良而被教师、家长视为"智力低下的人";大诗人拜伦在阿巴丁小学读书时,成绩是全班倒数第一;举世闻名的发明家爱迪生在读小学时被称为"爱捣蛋的孩子"……在现实生活中这样的事例也不少。据《中国青年报》报道:一个平时连两位数加减法都不会做的"差生",谈起"养鸟经"却口若悬河;一个六门功课开"红灯"的后进生,居然能心灵手巧地拆装多种规格的电视机;一个门门都不及格的"差生"韩寒,居然成了名作家。

由此可见,每一个人都有可能成为人才,而教师的任务,就是帮助学生找到属于自己的位置。只要我们善待后进生,教育得法,持之以恒,后进生也能成为国家的栋梁之材。

第一,正确看待后进生。一要坚持历史的观点,决不能用"一代不如一代"的话来讽刺后进生,因为时代在进步,人类生存的环境已完全不同;二要坚持全面的观点,用一分为二的辩证法来分析后进生,相信后进生同样也有好的一面;三要坚持发展的观点,相信后进生也有可塑性,也有成才的可能,坚信"你的教鞭下有瓦特,你的冷笑中有牛顿,你的讥笑中有爱迪生",充分发现和挖掘后进生的潜力,使后进生也能抬起头来走路。

第二,全面了解后进生。要认真分析后进生的心理,找出其落后的症结。大多数后进生学习成绩虽差,但自尊心很强,往往争强好胜,喜欢表现自己,试图在同学中树立威信。他们虽有上进心,但往往意志薄弱,稍受挫折便心灰意冷,失去学习兴趣,自甘落后。他们常通过与别人打架、顶撞老师来引起别人的注意。因此,老师应善于摸清后进生的内心世界,对症下药,热情耐心地帮助他们树立信心,做好后进生的良师益友。

第三,全力帮助后进生。一是教师要放下偏见,放下固化的思维,用敏锐的观察、分析能力,随时寻找、捕捉后进生身上的闪光点。后进生的闪光点是微弱的,常常"一闪念",就会被消极情绪所代替。这需要教师的爱心、耐心和细心,一旦捕捉到他们的闪光点,就要及时表扬,使它成为后进生积极转化的转折点。二是要通过学校与家庭密切配合,设法减轻后进生的思想负担,不给他们背上"不及格""后进生"的包袱。要做好家长的工作,对学生的教育保持一致的认识和方法策略,真正形成教育合力。三是创建合作性小组,给后进生最大的帮扶,采用"兵教兵""小师徒制"，实行组际间捆绑评价，引导和督促后进生学习，想方设法为其创造成功的机会，用成功体验带动后进生的转变。

后进生在各个学校都是客观存在的，他们比优秀生更需要得到帮助。真正优秀的教师，总能善待每一位后进生，不放弃，不抛弃，"一个都不能少"，这样，才能真正成为学生成长路上的贵人。

破解锦囊

欣赏"亮点"

对后进生，教师最不明智的做法就是盖棺定论，这样极易对学生心理造成负面影响。后进生对自己的认识和评价，常常是通过与他人的比较而形成的，拿人之长，比己之短，逐渐形成心理定势，总认为自己不如人。其实，每个学生都是一个独特的、鲜活的生命个体，帮助他们找到绽放生命光华的一刹那，发现他们的潜能，寻找他们的亮点，就成为教师重要的工作内容。发现学生亮点和潜能的途径：（1）通过学生在学校的档案记录，初步了解其成长；（2）询问以前曾教过他的老师、他的同学，听听看法与印象；（3）与家长沟通，全面了解他的成长过程（看看他在哪一方面有特殊表现）；（4）与学生交流，看看他本人对自己的认知；（5）认真观察，注意他在班级活动过程中的表现，发现他与众不同的一面。总之，帮助学生找到他们的亮点，让他们意识到自己的可取之处。比如，他们有的思维奇特，想象非凡；有的人缘颇佳，具有良好品性；有的热爱劳动，富有团队精神；有的讲究卫生，重视生命健康；有的见义勇为，能伸张正义；等等。班主任若能看到这些"亮点"，因势利导，予以鼓励、欣赏、赞美，后进生就会找到自信，力求上进。

搭建"交点"

与后进生进行良好沟通并不容易，有的老师本意是想帮助学生，但三言两语，就和学生发生了顶撞，好心被完全曲解。要利用沟通技巧在师生间搭建"交点"，产生"自己人效应"，让学生感觉到老师和他是自己人。

一要把师生平等的观念落到实处。比如，对班级管理的某项要求，双方有分歧，这时候要和学生积极讨论，如果无法统一观点，可以暂时搁置，以后再谈，不能硬要学生听从。二要善于寻找和学生的共同语言。教师不能总是高高在上地"教育"和"训导"，要有意识地增加大量生活化的交流。聊聊"闲篇"，说点"废话"，更能增进师生感情，维系师生之间良好的关系，有助于教育问题的解决。三要学会对学生的事"感兴趣"。学生如果认为教师和自己有"代沟"，就很难产生"自己人"的感觉。对学生感兴趣，其实就是对自己从事的工作感兴趣，对人的心灵世界充满好奇心。所以，对学生说的话，即使你认为不重要，也要表示出明显的兴趣。四要试着使用一些改善人际关系的小技巧。比如，适当改变一下对学生的称呼；在了解学生脾气的前提下使用一些肢体动作，比如拍肩膀、摸头、握手、拥抱；在学生的一些重要日子（如生日），给学生制造一点惊喜；等等。一旦师生成为"自己人"，老师说话学生就容易听得进去，教育工作的阻力就会减到最小。

寻求"支点"

"培养人就是培养他对前途的希望"，后进生最易自暴自弃，他们的发展往往容易走向极端。这种情况下，教师要充当多种角色，当严师，当慈母，当哥姐，当知心朋友，当心理导师，学习上严格要求，生活上全方位关心。教师要在"帮"上下功夫，帮他们规划学习目标，安排每周的学习内容，并亲自督查。定期召开谈心会，畅所欲言，引导他们肯定自己的进步，把好的学习方法和成功的经验分享给全体同学，让他们觉得自己也是能人，增强自信心。上课时，设计有梯度、有层次的问题，给后进生更多机会，答对了，要鼓励，让他们有成功感、幸福感。只要教师善于发现他们身上的优点，主动与他们交友，以无私的爱去感化，以真诚的信赖去激励，消除疑惧心理和对立情绪，就能培养学生对生活、对前途的信心，从而找到自信的"支点"。

化解"痛点"

后进生最大的心理障碍是信任感缺失。因为不信任，对教师、父母多有抵触，这成为他们成长中最大的"痛点"。转化后进生固然需要一定的方法技巧，但前提是后进生信任、服从、爱戴教师。这就要求教师对后进生增加感情投资，与他们建立良好的师生关系，培养深厚的师生感情。一要理解和尊重后进生。在公众场合，要尊重他们的人格，语言忌讽刺，态度忌粗暴，给后进生创造一个宽松的心理环境，并教育其他同学也要尊重后进生，保持良好的同学关系，以期共同进步。二要关心后进生疾苦。如家庭缺乏温暖、知心朋友不多、生活空虚无聊等，教师应细心观察，多方了解，找准突破口，帮助后进生解决一些实际困难，使后进生愿意向自己倾吐心事。三要向后进生交心。教师应放下架子，走出办公室，主动创造与后进生心理沟通的机会，讲真话、说实话，敢于面对自己工作中的失误，以高尚的人格影响学生。唯其如此，后进生才会敢说敢讲，由怀疑到信任，由他律到自律，从而产生积极变化。

自测清单

总结这一节的收获，如果你做到了，请在相应内容序号前的括号里标注"★"。

（　　）1. 能够理解和接纳后进生的存在。

（　　）2. 能够主要给予后进生更多的关注和关心。

（　　）3. 能够认真分析每一个后进生背后的原因。

（　　）4. 能够积极发现并及时鼓励、表扬后进生身上的闪光点。

（　　）5. 能够杜绝对后进生大吼大叫、讽刺挖苦的行为。

（　　）6. 能够主动与后进生聊天。

（　　）7. 能够帮助后进生解决一些实际的困难。

（　　）8. 能够在课堂上给后进生提供更多发言或练习的机会。

（　　）9. 能够建立"兵教兵"的制度，给后进生找到"师傅"。

（　　）10. 能够赢得后进生对你的信赖。

44. 允许出格："乖孩子"不是培养目标

我从小就招人喜欢，不给人添麻烦。家里人忙的时候，我会自觉地窝在沙发上看书、看电视。只有当家里人闲下来，我才会跟他们聊天、嬉戏。为此，邻居常表扬我说："宝贝好乖。"

但小小的我并不是发自内心想成为一个乖孩子，只是，"乖"是那个年代大人对小孩最高的表扬。我早已知道，如果我不乱跑，不给大人添麻烦，就是乖。我如果乖呢，让大人高兴，他们会更疼爱我……

上小学，我的成绩很优秀，获得的奖状很多，周围人夸我又乖又聪明：爸妈经常出差，还那么有自制力，学得那么好，不简单！其实，他们不知道，我很羡慕那些有家长陪伴写作业的孩子。

上了初中，我也很乖，乖乖看书，不谈恋爱，不晚回家……别人对我的第一印象——文静。但乖了那么多年，在高中毕业那天，我忽然觉得很悲哀——青春期这么朝气蓬勃，我却沉稳得可怕：宿舍里那些刺激的话题，我插不进嘴；别人激情四射在台上舞动，我呆呆站在台下看……不知从什么时候起，我褪去了那个活泼的外壳，渐渐露出淡漠、麻木的本质。

这是一个女孩的自述，字里行间折射出一个教育规律："听话教育"正在伤害我们的孩子！

《龟兔赛跑》的故事广为流传，用心良苦的家长们对着活蹦乱跳的孩子讲述了一遍又一遍。但是，总会有好奇的孩子问：兔子怎么会输呢？输了，就没有第二次比赛了吗？满脸的疑惑。

深刻分析起来，"龟兔赛跑"不正是我们传统教育文化的一个折射吗？

人们对龟兔截然不同的态度，显然是受中庸思想的局限，循规蹈矩、亦步亦趋被推崇为美德。你看乌龟自始至终，乖巧听话、目不斜视地爬呀爬——多符合师长们心目中好学生的标准啊！特别是这种勤奋刻苦、一丝不苟的精神实在难能可贵、千金难买！哪像小兔子，自作聪明，自以为是，东张西望，不老老实实，居然在考试中还敢打瞌睡，是可忍孰不可忍啊！

所以呢，即使你才华出众，但你调皮捣蛋，只好挨批受辱了。谁让你不遵循规矩呢？就是你有再大的本事，就冲这一条，对不起，你也得被打入"差生"的行列。可现代教育研究表明，天才的显著特征之一就是调皮好动，我行我素，经常有出乎常规的言行。女作家冰心指出，女孩子好动是灵巧，男孩子好动是聪明。可我们的教育却无法容忍学生的好动与偶尔的出格，完全拘泥于我们划定的圈子，才是真正的"好"学生，擅越雷池者必遭口诛笔伐。看看，乌龟名震天下而兔子臭名远扬，就是再自然不过的结果了。

由此展开来思考我们的教育，竟然发现了一个令人吃惊的问题：我们所进行的教育，不正是这样一种"顺民教育"吗？中规中矩，唯唯诺诺，不敢越雷池半步，稍有"出格"，便会遭遇厉声斥责，甚或"迎头一棒"。

在这种思想的影响下，学生没有了灵性，没有了创造，只唯师，只唯书，不敢有独立见解，不敢针锋相对地辩驳，"所有的脑袋长在教师一个人的脖子上"，只会安逸地承接着教师的"阳光雨露"。

在这种思想的影响下，学生被培养成"乖乖宝"，只会顺从、服从，甚至盲从，不能独立，毫无主见。这种教育的结果只能培养两种人：一种是奴才，就是对的话也听，不对的话也听，好的话也听，坏的话也听，人云亦云，没有独立人格；一种是两面派，说的是一套，想的是另一套，两面三刀，阳奉阴违，成为"双面人"。

在这种思想的影响下，学生毫无个性所言，"一刀切"，"一锅煮"，培养出来的都是整齐划一、石雕泥塑的"人才"，仿佛流水线上出来的产品，规格、性能、外形毫无两样。"因材施教"完全成为一句空话。

在这种思想的影响下，师生关系无法实现"平等、和谐"，教师永远高高在上，可以随便不把学生当人，无视学生的主体地位，更无视学生的尊严、思想、情感，而把学生当作没有生命的"物"。李镇西老师曾这样论述："学生是机器——装道德的机器，装知识的机器。这种教育下培养的学生，多是温良恭俭让的'谦谦君子'，而少有善于独立思考勇于创新的开拓者。在这样的教育背景下，教师眼中的学生是学习机器，是考试机器，是成绩分数单，是录取通知书——惟独不是'人'！"

但愿我们的教师能够明白，我们的教育绝对不能一味地培养听话的"乖孩子"，否则，那就不只是教育的悲哀，也是我们这个民族的悲哀了！

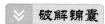 破解锦囊

给学生释放情绪的机会

当学生遇到问题的时候，不是急于做出对错的评判，或者站在高高在上的位置给出建议，而是倾听，让学生把内心真实的想法倾诉出来。这种情绪的释放，能够有效遏制学生自我压抑的心理倾向。如果学生告诉你做了什么"不该做"的事情，不要指责，不要生气，多听少讲。当学生认为和老师聊天没有"被惩罚的威胁"时，他才会对你无所不谈。做教师最主要的工作是去理解学生，做他们的朋友，然后鼓励他们、帮助他们。要学会用学生喜欢的语言方式进行交流，否则很难理解现在学生的所思所想。

给学生表达异见的机会

鼓励学生勇于发现问题、提出问题，发表不同见解。如果学生对问题有新的看法或设想，教师应给予必要的肯定，或指导、鼓励他继续探究，而不是"一棒子打死"。哪怕是错误的或者不完善的看法，教师也要首先给予重视和客观评价。只有这样，才能给学生带来顽强的毅力，使学生最大限度地发挥自己的聪明才智，生成更多富有创见性的想法。

给学生学会自立的机会

做好学生自理自立的教育，鼓励他们对自己的事情要学会做主，自己

能做的事自己去做，教师不要包办代替。遇到困难时，教师可以帮助他，但不要替代他。要和家长勤沟通，达成一致认识，让学生无论在学校、在家庭，都处于一种"促进型"环境中，激活学生的主体意识和自我认同，并在此基础上重建学生的自信、勇气和担当。

给学生成为主角的机会

2016 年，中国青年报社社会调查中心联合问卷网针对 2000 人的调查显示，48.4% 的受访者有"配角综合征"，在群体的社会角色分配中，他们"不喜欢向前闯，甘当团队的配角"。53.9% 的受访者认为，自己从小接受"乖孩子"理念，不去争取是导致"配角综合征"的主因。"乖孩子"成人后，脱离家庭的保护走入残酷的现实，往往会失去棱角和个性，甘当配角，不愿出头，缺乏自信，丧失否定、批判和想象的能力。之所以导致这个局面，往往源于他们内心深处的恐惧、自负以及焦虑。因此，要在学校教育中给学生提供成为主角的机会。譬如：每个人在班级里都有相应的岗位，有具体的职责，能够在集体中发挥自己的力量；学生在校期间，都要有机会至少参加过一次竞聘，要经历成为"主角"的尝试过程，这对学生的成长极为有益。

给学生融入集体的机会

建立良好的班级文化，鼓励同学之间相互交往，让学生融入集体之中，杜绝班级中相互排挤、恶性竞争的现象，让团结友爱的气氛来感染学生。通过与性格各异的不同伙伴交往，让学生与同伴越走越近，融入社会化的结构，感受到与人交往的快乐。

∨ 自测清单

总结这一节的收获，如果你做到了，请在相应内容序号前的括号里标注"★"。

（　　）1. 能够充分认识"乖孩子教育"的危害。

（　　　）2. 能够坚决摒弃"听话就是好学生"的片面观点。

（　　　）3. 能够主动鼓励学生有主见、有个性。

（　　　）4. 能够给学生提供更多的自主选择的机会。

（　　　）5. 能够给学生承担班级事务的机会。

（　　　）6. 能够创造学生参与各类竞选、竞聘的机会。

（　　　）7. 能够引导学生建立良好的伙伴关系。

（　　　）8. 能够不压制学生的情绪。

（　　　）9. 能够关心学生的全面发展。

（　　　）10. 能够接纳并支持学生的"与众不同"。

45. 变管为导：要疏通而不是堵塞

案例呈现

初做班主任，诚惶诚恐，既想搞好工作，又没有好办法，只有采取最原始的方法，从早到晚事无巨细、亲力亲为。我就像狱警管犯人一样，看紧学生，严防死守。一段时间之后，班上表面平安，学生看起来乖巧听话，但也如一潭死水，不温不火。自己也还满意，累就累点吧，好歹没出大问题。不过一次偶然的事件，给了我当头一棒。有一次我家里有事，请了三天假，等我返校时，才发现班里乱成了一锅粥，教室脏乱不堪，到处都是纸屑、粉笔头，学生不按要求穿校服的，打架的，违反课堂纪律的，顶撞科任教师的，层出不穷。我一下子傻了眼，这是那一群平时看来比较听话的学生吗？我终于明白，作为班主任，光当警察死管学生不是办法，可谓管得住人管不住心，所以不能蛮干，还要多动脑筋，在"导"字上下功夫，让学生打心里愿意遵守纪律、主动学习才是硬道理。为此，我通过学习一些好的教育理念，尝试改变自己的工作思路，由重管到重导，慢慢地，学生"活"了、"忙"了，我"静"了、"闲"了，班级状态越来越好，惊喜一波一波地向我袭来。

问题剖析

案例中这个班主任的故事，你是否也曾经历过？

很多时候，我们总寄希望于用最简单、最便捷的手段，做好我们的教育工作。所以，采取粗暴的"高压政策"就成为很多老师的首选，而教育赖以生存的说服、疏导等功能弱化或丧失，取而代之的只是简单的管理手段和惰性思维。这个案例，显然能够撩开教育苍白而乏力的面纱。

我们总是利用晨会、班会、升旗仪式、表彰大会等各种场合与途径，对我们的学生这样进行"德育"——"不许……""不准……""不能……""禁止……""如果违反了……，就要受到……的惩罚""我们大部分同学都能……，但仍有不少同学……"（前面你说再多的优点，只要"但"一下，学生就会认为，后面的不足与缺点才是讲话的重中之重）。大部分学校的违纪处理（处分）规定总是多于奖励办法……

很多班主任在平时的工作中扮演着"公安警员"的角色，不停地在班里或教室外"转悠""巡逻"，偷偷藏在屋门外，透过玻璃窗子向里"窥视"，看有没有学生犯什么错，以便及时制止、纠正和惩罚。学校的德育部门更是扮演着"消防大队"的角色——"哪里起火，冲到哪里"，处处被动，疲于应付。

我们这种"提醒缺点""事后处理"的德育方式方法，致使广大学生只追求不犯错，而对如何使自己发展得更全面、更出色，却极少主动思考和实践。于是，大家说起各自的缺点，如数家珍、头头是道，而对自己的优点却视而不见。可以想象，长此以往，学生的自信心从何而来？我们的学生如何以欣赏的眼光对待他人？在不断地被"提醒"后，那些缺点及不足，某种程度上在学生的心里得到了强化，在潜意识中时不时就"冒"了出来。

如何改变这种局面？我多次强调一个观点：要变管为导。

仔细观察不难发现，没有几个学生不希望自己是个优秀生，也没有几个学生愿意主动犯错。他们犯下错误，要不就是无心所致，要不就是背后还有更深层的心理原因，比如缺乏关爱，想通过犯错来引起老师、同学的注意等。因此，作为教师，一定要充分信任他们，不仅要告诉他们不该做什么，还要告诉他们为什么不该做，更要引导他们应该做什么、应该怎么做才能做得更好。对那些有心理缺陷的学生，在他们犯错时应该积极引导，帮助他们寻找有效的发泄途径和方式，创建有效的交流沟通模式。当然，这需要教师的耐心、恒心、爱心，也需要一定的教育技巧和艺术。

同时，为学生树立正面的榜样是不可或缺的好方法。尽管尊重教育、赏识教育日益成为常识，但不少学校和教师，仍对学生群体和个体的赏识异常吝啬。树立榜样，尤其是树孩子们身边的同龄人为榜样，正面影响力不可低估。

想要田野不长杂草，就请种满庄稼；想要灵魂不受纷扰，请用美德占据它。此处之"美德"，我们可以赋予非常丰富的内涵。除了平常所说的美德内容之外，还可以是丰富的文体活动、优秀的文学作品、优美的音乐与美术作品、走进自然、社会实践活动、聆听高品位的报告等，这要求教育者从简单地抓分数中抬起头来，给予学生更多的"文化"的东西。

"不是锤的敲击，而是水的载歌载舞，使鹅卵石日臻完美。"它启示我们，教育是个复杂而系统的工程，对有缺点和问题的孩子，不是奢望倚仗简单粗暴的"管"达到一劳永逸的目的，而是以"导"为主，遵循教育原理，投入足够的时间、精力和耐心，对症下药，因材施教，强调"一把钥匙开一把锁"，使我们的德育要求，真正内化为学生的思想水准。

破解锦囊

给点"光"，唤醒动力

这里的"光"，是指给学生激励、赏识、信任。

教育实践告诉我们："问题学生"在学习上缺乏争取成功的自信心，在思想深处背上了包袱，存在沉重的自卑感。对他们的教育决不能采取简单的批评与训斥，而要采取思想教育和心理疏导相结合的方法。首先，教师在思想上对他们要寄予较高的期望，相信他们经过努力会有较大发展，乃至成为优秀学生。其次，在行动上，教师要给予他们更多的关心和帮助，并选用一些曾一度受挫而处于后进地位、后经奋发努力而成才的名人，或发生在学生身边的由后进变先进的典型的人和事，去影响他们、鼓舞他们，帮助他们确立良好的学习心理状态。同时给他们创造"显山露水"的机会，让他们自我表现，使他们获得成功的体验，培养他们的成功意识，提高学习兴趣，从而出现豁然开朗的前景。

给点"权"，促成自立

这里的"权"，是指给学生锻炼、尝试、试错的机会。

信息社会中，教育已经不是成年人所独享的对未成年人的一种权力，而应是师生间一种相互影响的、教学相长的模式。教师应充分尊重学生在教学过程中的主体地位，通过启发、引导，强化学生自治、自律、自理能力的培养。一般情况下，"问题学生"自治、自律、自理能力普遍比较差，有时焦虑、冲动、暴躁，有时情绪低落，有时感情脆弱不能明辨是非。一方面，教师要用充满热爱、信任与期望的语言去帮助他们树立自信，引导他们明辨是非、美丑，自我矫治心理误区，排除心理障碍，控制"问题"的发生；另一方面，可以创设一些特定的环境，把他们放在"一定场合下"去锻炼，去培养各种适应能力，促使他们在充满生机与活力的世界中，把压力转化为动力，让他们在老师、同学信任的目光、微笑和掌声中感受"天生我材必有用"的乐趣，体验人生价值，把自己培养成学习和生活中的强者。

给点"暖"，修补创伤

这里的"暖"，是指给学生关注、关心、关爱。

"问题学生"在学校中受批评多，在家庭中受责骂多，在亲友中受歧视多，往往失去了学校、家庭的温暖，失去了同学、亲友的信任，心灵受到创伤，情感上得不到满足，内心苦闷，容易产生逆反心理、疑惧心理，或处于矛盾的心理状态之中不能自拔。心理学家勒温关于行为的研究表明："行为是人与环境的函数。"学生所处的成长环境中，教师的态度往往是促使他们发生转化的关键因素之一，他们第一需要的是得到理解与宽容，受到关心、爱护、信任和尊重。首先要进行情商因素开发，及时地对他们进行"感情投资"，架设师生间友谊的桥梁，及时将"师爱"洒向他们，修补他们欲求失衡的心理创伤，让师生之间在思维与心理上产生和谐共振，形成一种"共生效应"，进而因势利导，实现转化。其次，教师要言传身教，注意"隐性课程"对学生的心理影响。注重用真理的力量、智慧的力量、人格的力量去感染他们、引导他们。教师不能仅做"经师"（教学问），更要做"人师"，除了知识教育以外，学生的品质、学生的作风、学生的习惯，都要管、都要问。"人师"和"经师"二者合一，教师才能真正成为影响学生的人，并修复"问题学生"内心的伤痕，促成其健康成长。

自测清单

总结这一节的收获，如果你做到了，请在相应内容序号前的括号里标注"★"。

（　　）1. 能够坚持不用粗暴的高压政策管理学生和班级。

（　　）2. 能够不以"警察"的形象出现在学生面前。

（　　）3. 能够区分"管"和"导"的本质不同。

（　　）4. 能够坚持面对问题学生时的耐心、爱心和恒心。

（　　）5. 能够不断为学生树立身边的榜样。

（　　）6. 能够克制自己不断强化学生"缺点"的冲动。

（　　）7. 能够给"问题学生"提供更多锻炼的机会。

（　　）8. 能够不吝啬对学生的表扬和肯定。

（　　）9. 能够洞察不同学生的特点，力争"一把钥匙开一把锁"。

（　　）10. 能够在学生面前树立你的"温暖"形象。

46.成为同盟：别把学生推到对立面

一个班主任怒气冲冲地带着学生到我办公室控诉：

这个孩子我管不了，拿着我的话当耳旁风，说什么都不听，他爸爸一会儿就来，我倒要问问他，怎么教育儿子的？到底想管不想管？家里都管不了就别往学校送，干脆领回家……

他滔滔不绝地数落着，我却一直暗自观察着站在边上的那个男孩子。一开始他表情很凝重，略带不安，但随着老师"控诉"的深入，他忽然轻松了，甚至露出不屑和满不在乎的表情，仿佛已经看出老师"黔驴技穷"了……

显然，又一次教育行为失效了，这次"教育措施"不仅没达到应有的目的，相反，副作用明显。但义愤填膺的班主任依旧蒙在鼓里，妄图通过这种"声讨"的方式转变自己的学生。

"问题学生"的确让人头疼，但愈是如此，愈要讲求方式和技巧。教育绝不是一个简单和僵化的事情，可惜很多教师常常陷入一个误区，总渴望通过高压的方式获得学生的"臣服"，结果经常适得其反。后来了解到，事情的起因非常简单：该生的数学作业没有完成，在老师询问时，又没有拿出应有的沉痛忏悔的"姿态"，一下子点燃了老师满腔的怒火，平时该生的种种劣迹顿时涌上心头，陈芝麻烂谷子地一番数落和挖苦，矛盾由此而升级……

在师生关系中，最容易犯的毛病就是把学生推到对立面，这是教师最不明智的做法。试想：仅仅是一次作业没有完成，就闹到如此不可调和的地步，师生情感僵化，怒目相向，真的值得吗？难道没有更好的处理办法吗？

其实，任何一种状况发生之后都会有若干的处理方案，而最佳方案，往往只能在冷静的情况下诞生。遗憾的是，我们往往成为了情绪的奴隶，在最不理智的时候做出决定，从而导致最糟糕的结果。或许这位班主任并不认为自己是在头脑发热的情况下处理问题的，因为在他眼里，这个孩子就是一块最难啃的骨头，遇到问题不给个"下马威"，根本治理不了。殊不知，强制管理是管理，人文关怀也是管理，且更有效。如果从思想根源中就把学生摆在了与自己对立的层面，时刻摆开你死我活的"决战"架势，那教育还如何生效？就如同这个班主任，"下马威"倒是给了，学生真的服气了吗？"口服心却不服"，是教育最大的尴尬！

大家都在喊"师生关系的平等"，可惜往往成为了只落在纸面上的"文字符号"，教师口头上喊着"蹲下身子"跟学生谈话，喊着"自己也曾是学生"，但一回到现实，教师的"架子"和"面子"就放不下来了。

魏书生老师谈到过这样一个观点："教育学生的时候，力争不要在学生的对立面，让学生怎么样，不让学生怎么样，而要力争站在学生的心里，站在学生真善美那部分思想的角度，提出：我们需要怎样，我们怎样做能更好！"在这方面，他很有自己的一套做法。譬如，学生迟到了，如何处理？部分教师只是轻描淡写提醒学生下一次别迟到，这样的处理效果显然只是隔靴搔痒，也许还会助长学生的不良习惯；有的却是大发雷霆，威胁学生"下一次再这样，你就在教室门口站岗"，但只是雷声大雨点小，也不能收到很好的效果。魏书生老师是怎么做的呢？他会说："来，唱一首歌。"这是他们班级的一个班规：犯了一些小错误要当众唱一首歌。这是一种很有创造性的教育方式，既不会显得过于强硬，又能恰当地提醒学生所犯的错误。在一定程度上，还能密切师生、同学之间的关系，调节班级气氛。当学生站在讲台上，在自己的歌声中，在同学善意目光的注视下，会自觉地掸去心灵上的灰尘，提醒自己不要再犯错误了。这与我们很多老师动不动就把"战争"扩大化，把学生当作不可饶恕的敌人，把他们的错误理解为不可救药从而狠狠批斗的做法比起来，显然睿智了许多。

因此，解决问题的关键在于顺乎人的心理。"庖丁解牛"一样，找准筋骨缝隙，下起刀来才游刃有余。相反，不找破绽，只求一时痛快，手起刀落，恐怕矛盾没有解开，却落得铩羽而归的"卷刃"之结局。因此，教师必须站在孩子的立场上思考问题，即使孩子的行为出现了偏差，也不要轻易采取极端的方式，要么打击，要么"消灭"，否则我们在教育中就偏离了轨道，恐怕"逆反""软硬不吃"的孩子会越来越多。

如果案例中的老师当时是这么处理的——"忘了没关系，这些作业如果能做，马上补上，不能做的话，老师给你讲讲"，恐怕结局就不会这么令人尴尬了。

破解锦囊

允许学生出现"成长性"的不足或者幼稚

学生是成长中的人，不能用"完美"的标准苛求学生。他们经常表现出很幼稚、很不成熟，甚至"不可理喻"的一面。当学会与学生的问题共存的时候，学生往往就会成为自己身边的人了。

批评学生不能把错误与人品人格混为一谈

要学会就事论事，千万不要动不动就上纲上线。比如，学生没完成作业，就是不热爱学习；学生上课注意力不集中，就是不尊重老师；学生忘记了值日，就是逃避劳动，品行不端；等等。批评学生时不注意留有余地，是最容易把学生推开的做法。

用肯定、认可和引导代替指责、训斥，让学生把话说完

切记：不管学生多么不可原谅的行为，总会有它独特的心理背景。不要先下对错、肯否的判断，先接受它，从双方的感受谈起。和学生交流时，最好从"我"的感受开始，引导他们悟知对错，做出判断，改变行为。

要把握好处理学生问题的时间

学生极度恐惧、伤心的时候不要处理；上课之前不要处理；不要占用上课时间处理。

"硬"的批评后，还需适度补充"软"的教育

学会使批评从赞美开始，开启"很字工程"。比如：学生帮人打架了，教师给了评价"你很讲义气"；学生早恋了不能自拔，教师可以说"你很重感情"；等等。每个学生都有很多"很……"的潜质，也许你说他"很……"时，他还没有"很……"，但就因为你说了他"很……"，所以他就真的"很……"起来。这个过程，收获的是学生对教师的信任和亲切感。

体面地退一步，不与学生争一时高低，更不要"秋后算账"

很多时候，急火攻心、立判胜负似的处理方式，往往是两败俱伤。每犯错误，必将陈年往事一一摆出，这样的做法极其愚蠢可笑。

尽量避免公开处理，尽量避免家长的介入

那种动不动在教室、在办公室当着很多人的面训斥学生，或者动不动就给家长打电话、请家长到学校来的方式，看似很有"威力"，其实当事学生感觉到更多的，一是老师不顾及他的尊严，二是老师很无能，丧失的是学生对教师的认可度和信任度，得不偿失。

⌄ 自测清单

总结这一节的收获，如果你做到了，请在相应内容序号前的括号里标注"★"。

（　　）1. 能够不让学生成为自己的"对头"。

（　　）2. 能够有意识地维护好师生关系。

（　　　）3. 能够掌握一些与学生交流的技巧。

（　　　）4. 能够更多选择与犯了错误的学生单独谈话。

（　　　）5. 能够不当众批评学生，不抓住过去的错误不放。

（　　　）6. 能够不把找家长作为惩罚学生的手段。

（　　　）7. 能够在矛盾激化时主动退一步。

（　　　）8. 能够让学生把解释的话说完。

（　　　）9. 能够不用"黑与白"的二元思维看待问题。

（　　　）10. 能够保持点头、微笑，用目光和学生交流。

47. 巧对"逆反"：掐灭矛盾的导火索

案例呈现

张某，男，我校八年级学生。据父母反映，孩子从初一下学期开始变得异常反叛。在家经常和父母顶嘴，父母让干什么他就偏不干什么，父母眼里不对不好的事，他偏偏要尝试一下。父母强烈反对他吸烟，可他却想尽一切办法吸烟。在学校也不服管教，经常与老师顶撞，上课不认真听讲，扰乱课堂纪律，经常无缘无故自言自语，大声喧哗。与同学关系也很不好，爱挑剔别人的意见，言行偏激，常与同学打架斗殴，要老大欺负弱小。对老师的批评要么以沉默相对，要么肆意顶撞。学习成绩直线下滑，而且对成绩的下滑自己毫不在乎。

问题剖析

我们眼中的"问题学生"往往有较强的逆反心理，似乎是成心与老师作对，你让往东他们偏往西，你让站起来他们偏坐着不动。他们一旦在课堂上顶起牛来，常弄得老师左右为难。课堂之外，他们也是绕着老师走，喜欢给老师"出难题"，搞得老师十分头疼，觉得难以对付：又不准体罚，又不准停课，搞不好还要弄出寻死觅活、离家出走之类的事情。这可怎么办？这类"双差生"，成为了许多老师心中"解不开的疙瘩"。

其实，除了"问题学生"会出现逆反现象以外，相当多的中小学生，都会有一时性的或短周期的逆反表现，也会有针对特定对象或特定环境的逆反，一旦处理不当，就会导致教育失效或师生关系恶化。

学生为什么会逆反？除了少数有某种心理缺陷或受家庭负面影响的"问题学生"可以另当别论以外，学生的逆反大多是一种基于自我保护的发泄，是一时性的情绪冲动，往往是没有计划、没有准备的，带有极大的偶然性。也就是说，当一位平时表现一般或良好的学生，由于受到了意外的批评，遭到了不公平、不符合事实（至少是他本人认为不公平、不符合事实）的指责时，有时会本能地顶撞教师，会突然焦躁，变得固执或不听劝阻。这些，不过是他们心理失衡、恼怒而又不敢或不愿直接针对刺激去发泄，缺乏计划与准备的情绪性反应，所以通常表现为不理智，不计后果，行为夸张，反应过激。部分教师面临突如其来的学生的逆反，往往由于心理准备不足，处理方案欠妥，而使简单的问题复杂化，造成教育的失误。

学生的逆反表现，表面上是针对教师个人，实际上多数情况下是针对教师身份，是对教师职业给其带来的压力或伤害的一种抗拒。对这一点，教师要有清醒的认识。即使学生的表现可能是针对你这个"人"的，也应该学会把自己与"教师"区别开来，避免教师个人与学生个人的对抗。因为，只有区别个人态度与教师角色行为，引用学校要求或规定作为依据，才能分散学生的注意，转移学生的不满，以弱化学生过激的反应。

许多师生之间怨结的冲突，往往是从课堂意外肇事开始的，其中的关键多是教师不够冷静，不善于分解与转化。在突发事件出现的时候，特别是事实尚未弄清，教师切记不要冲动，说出不理智的话，诸如"所有人都不许上课""我再也不教你们了""不愿意学就滚回家""愿意去哪班就去哪班，反正别在这班里混日子了"之类，这种愤怒表现，最终导致的往往是教师自己下不来台。试想，不管事情的原因如何，你能够真正做到不再给学生上课，或者停所有学生的课吗？这不是某个教师能够决定的行为。其实，没有任何一个学生真正愿意与教师"对着干"，之所以出现这种情况，必然是自认为受了"委屈"。教师应该站位更高一些，在了解学生心理的基础上对症下药，切忌"火上浇油"，使学生的逆反升级。

学生的逆反表现，大都是非理性行为。问题解决，不能只靠说理。只要教师能够冷静处理，给学生时间，在尽早判断出矛盾冲突的导火索，并尽力消解的情况下，大多数问题可由学生自行解决。在冲突过后，许多学生会后悔、懊丧，期望有补救的机会。这时，教师就应该得理饶人，淡然处之，做出宽容大度、毫不在意的表示，尽量消解萌发的矛盾。这样不但不会有损教师的"尊严"，反倒会提升教师在学生心目中的威信。相反，揪住学生的"小辫子"不放，非要在某些问题上较劲，只能使教师的形象受损。

逆反心理，是引发或加剧学生学习困难的重要因素。科学认识、巧妙化解学生的逆反心理，是帮助学生克服学习障碍的重要方法。青春期的学生，正处于心理由不成熟向成熟的过渡期，情绪变幻无常属于正常现象，作为教师，必须深深了解这一点。

⌄ 破解锦囊

了解、理解与接纳

要了解青春期叛逆的相关知识，把叛逆视为学生逐渐成熟的过程。青少年正处于心理的过渡期，独立意识和自我意识日益增强，迫切希望摆脱成人的监护。他们反对成人把自己当"小孩"，而以成人自居。为了表现自己的"非凡"，对任何事物都倾向于批判的态度。他们感到或担心外界忽视了自己的独立存在，才产生了叛逆心理，从而用各种手段、方法来确立"自我"与外界的平等地位。应该对青春期叛逆有三点认识：逆反是渴望超越父母与教师认知的表现——想进步的表现；逆反是有主见、意志坚定的表现——要成功的表现；逆反是敢于对权威挑战的表现——高自尊的表现。学生叛逆的言行、思想是青春期心理发展的必然表现，透露出学生希望受到重视，渴望独立，渴望理解，追求创新的良好动机。所以，逆反不是青春期的专利，逆反也不是糟糕的代名词。逆反心理并非不健康的心理，而是由于父母、教师与孩子之间的价值观不一致产生的一种心理。有了这样的认知，我们就能够理性面对并接纳学生的叛逆。

关怀、尊重与赏识

具有敌对倾向的青少年，虽然外表看来满不在乎，但他们内心却充满了痛苦和不安。所以，教师、家长和其他成年人的关怀、体贴，必将有助于他们敌对情绪的缓和，以及对立双方心理上的沟通。要试着用平等、尊重的态度对待他们的想法，无论这些想法有多幼稚，但这毕竟是来自他们独立的思考，在这一点上一定要予以尊重，然后指出其中幼稚的成分，告诉他们怎样做才是成人的态度，教会他们把眼光放远，把心胸放宽。一般说来，经过这样的对比，学生发现和理解了自己想法中不成熟的地方，他们会主动调整和按照教师的指导去做。当然，这样做教师要付出更多的时间和耐心。一旦他们有了进步，就应该立即表扬，否则，学生的心理得不到强化，就会丧失信心。对于后进生，教师更应该善于发现他们身上的"闪光点"，在全面充分肯定他们优点的同时，恳切地提出希望，使他们看到自己的潜力和前程，进步得更快。

沟通、交流与信任

改变单纯"管制"的方式，创建民主的氛围，给学生一定的空间和自由，让学生参与进来，讨论、商量、制定班规，自己管理自己，让学生感到被尊重，满足成人感和独立的需要，建立良好的互信关系。当教师让学生感到可亲、可敬、可信赖时，学生就愿意接受教师的教育。尤其对那些遇到挫折而对生活失去信心，并用怀疑、敌视的态度对待周围一切事物的学生，要给予他们更多的安慰和关怀。家长、教师应学会理解学生，做学生的知心朋友，要尽量缩小代沟，不要把自己的观点强加给学生，做到同学生心理相容。亲子、师生感情越深，学生的逆反心理越弱。

平等、民主与引导

要避免简单生硬的"不许""不准"的管理方式，这些条款往往因为疏于必要的解释说明，激起学生天然的反抗。这一代学生是在信息时代成长起来的，他们对许多问题都有自己的一定见解，如果对于学生的禁止性要求，我们说不出充分的理由，他们往往会根据自己对事情的认识理解，提出拒绝服从要求的理由并做出相反方向的行为。学生不是没有情感的知识机器，我们决不可能只靠简单的命令来要求，特别是奢望依靠一条条冰冷的禁止规范，使学生不断"生产"出良好的品德和优秀的学习成绩，那只能是我们的一厢情愿。平等民主的教育方式，是消除叛逆心理的主要手段。教师在教育学生的时候，要充分尊重他们，多以平等、友好的态度与他们谈心，共同探讨、商议、制定相应的行为规则，决不能专制独裁。

心理教育与辅导

学生之所以产生逆反心理，主要是因为学生的认知与情感，或者是认知与意向发生矛盾。"心病还得心药治"，多渠道向学生介绍有关心理方面的知识，让学生认识到自身心理变化，调节好心理状态，改善心理环境，使他们的心理品格有所升华。也要引导学生充分认识自己容易情绪冲动的弱点，看问题还很不成熟，对事物缺乏全面客观的认识，所以，不要什么时候都坚持认为自己是完全正确的，或者对待问题情绪化，甚至总是与他人唱反调。引导他们不断地丰富知识，提高对社会的洞察能力和分辨是非的能力，多采纳别人好的建议，学会宽容，目光远大，不钻牛角尖，不走死胡同，学会冷静、客观地分析问题与解决问题。

主动倾诉与宣泄

引导学生利用感情倾诉、自娱自乐、体育活动等方式，将内心矛盾、不良情绪释放出来，以求得心理平衡，缓解或消除不畅。当然，感情的闸门不可任其乱敞，文体活动也不可没有节制。因为校有校纪，家有家规，自己也要自律。所以，对宣泄的时间、地点、对象和方式，要帮助学生合理地选择，做到既不违背常规和纪律，又不压抑自己，让心理情感得以顺利抒发。

⌄ 自测清单

总结这一节的收获，如果你做到了，请在相应内容序号前的括号里标注"★"。

（　　）1. 能够对学生的叛逆有正确的理解和接纳。

（　　）2. 能够不轻易把叛逆行为与品质优劣挂钩。

（　　）3. 能够理解所有的叛逆都是对爱和尊重的呼唤。

（　　）4. 能够摒弃简单生硬的"不许""不准"的管理方式。

（　　）5. 能够面对叛逆行为时不做"火上浇油"的事。

（　　）6. 能够平静地与各类学生进行交流。

（　　）7. 能够赋予学生参与班规或教学规则制定的权利。

（　　）8. 能够杜绝冰冷生硬的命令式管理方式。

（　　）9. 能够开设心理辅导课程或组织相关的主题班会。

（　　）10. 能够给叛逆学生提供宣泄负面情绪的机会。

48. 化解冲突：挖掘困境的教育价值

正在上课，突然，从一个男生位置飞出一个纸团，学生们不由得叫起来。我非常生气，快步走到那个抛纸团的学生旁边，严厉地说："你为什么上课乱抛纸？你看你现在对全班纪律造成的影响！"这个学生说："纸团不是我抛的。"我更加生气："做了错事还不肯承认？我明明看见纸团是由你这儿抛出去的，还想抵赖？"这个学生被我这样一说也发起了脾气："我说不是我就不是我，你凭什么批评我？"班级这下更乱了，班主任听到了，将学生带出了教室。课后我才了解到，那纸团确实不是该生抛的。

在教育教学过程中，难免发生学生顶撞老师的现象，处理不当，可能会导致严重的后果。这种冲突的形成，无外乎几种情况：一是学生"吃软不吃硬"，这样的学生也被称作"顺毛驴"。他们做错了事，一旦遭遇声色俱厉的训斥，不讲方式当众批评，就会造成逆反心理，跟教师对着干。二是单亲家庭子女，缺少父母的关心和爱护，对教师的严格要求接受不了，有时也会爆发为顶撞教师。三是认为教师处理事情有失公允，故意找自己茬，失了面子，伤了自尊，于是极为恼火，激起对教师的反感、抵触和不满。

可见，冲突的产生，与教师的师德、个人修养及工作方法有着直接的联系。比如对那些"吃软不吃硬"的学生，教师应先退一步，进行"冷"处理。事情过后，再坐下来心平气和地进行交流沟通，切忌采取简单粗暴的批评方式。有的教师误认为，对那些不服软的学生，一定要端起教师架子，给他们点颜色看看。其实，这往往是不当的行动策略。当冲突发生时，只要教师保持冷静，及时控制住自己的情绪，表现出一名教师应有的修养，那么顶撞现象通常可以消除。这样处理既表现出教师的高风亮节，也会提升自己在学生心目中的位置。

有个学生在跟我谈到与老师顶撞的心情时说："我知道自己错了，可看到老师板着脸，一副训人的架势，我就烦了。因此，就下决心与老师对着干。如果老师是一种心平气和的态度，我就没有勇气顶下去了。"这就告诉我们，遇到这类学生，更需要因势利导，引导他们体验到成功的欢乐，使他们感到，老师确实是在真正地为他们做事，真正关心他们、爱护他们、保护他们、尊重他们，而不是只落在嘴头的虚假关心。这时候，老师呈现出的良好品质、情操和道德风尚，就是消除学生抵触心理的重要保障。

教师动不动就发怒、指责、训斥、批评，甚至体罚，不仅使学生感到"自尊心的伤害"，也有损教师的自我形象。比如由于冲动，事情的原委尚未真正搞清，就急于在班上集体训斥或当众点名，这很容易使学生与教师产生对立情绪。有时急风暴雨式的发怒、训斥，不但折射出教师的无能，也会有意无意地损伤学生人格，降低学生心目中教师的威信。对于个别性格内向、感情脆弱的学生来说，打击会更大，甚至会产生难以想象的后果。

那些厌学的学生，学习成绩跟不上带来的挫败感极强。教师对这类学生，要更加关心爱护，因材施教，把标准放低一些、要求放宽一些，根据学生的实际能力，掌握与其相适应的教学方法，千方百计地培养这类学生的学习兴趣，使他们也能感到成功的欢乐。教师更需要做的是出主意，想办法，而不是一味地指责，或大讲特讲空而无味的大道理。

总之，要用发展的眼光看待学生、对待学生，时刻牢记，无论什么情况下，不能伤害学生的自尊心和人格。当我们不幸遭遇和学生的冲突，请切记两个字：冷静！

破解锦囊

避免过激行为

冲突发生时，教师头脑发热，出现过激行为，往往会激化师生之间的矛盾，恶化师生关系。比如学生作业做得太差，教师自然非常生气，当着全班同学的面，把该生叫到跟前，然后把作业本摔到学生身上。遭遇这种情况时，尽管大多数学生迫于教师的威严，选择了默默承受，但在学生的内心深处，会产生巨大的波澜。这种类似的过激行为，不但对学习无益，而且直接影响师生感情。学生对教师不是敬重，而是畏惧；不是心有灵犀，而是隔着一层可怕的厚障壁。在潜移默化中，学生也往往学会偏激，学会以牙还牙，一定程度上又加剧了师生之间的对抗。

杜绝语言暴力

冲突发生时，教师对学生使用嘲笑、侮辱、诽谤、诋毁、歧视、谩骂或贬损等不文明的语言，使学生的人格尊严、精神和心理健康受到伤害，极易让冲突升级。一是教师使用笑里藏刀的语言，看似不责骂，不讽刺，却具有很强的伤杀力。如："某某，这道题是你做的吗？""某某，这篇文章是你写的吗？"大庭广众之下直截了当地质疑，学生心中定会心生怨恨，如有矛盾，冲突便不可避免。二是带有谩骂攻击性质的语言，简直就是火药桶。如："滚！不想学就给我滚！""你是干什么吃的？""你怎么那么贱呢？"尖酸刻薄，会使听者怒火中烧。三是野蛮粗暴型的语言。怀疑、谩骂，进行侮辱性的人身攻击，对一个正在成长变化中的弱小心灵来说，是多么的不公与残忍，师生冲突不可避免，但不管最后结局如何，都不会有真正的赢家。

保持情绪冷静

有的"问题学生"，你和他讲道理，他和你讲歪理，甚至会激怒你，更有甚者，他比你脾气还要大，冲你发很大火。这个时候，切不可和他理论，更不要发生肢体冲突，一定要保持克制，让自己冷静下来。最好的办法就是，让学生先回去，过一天或半天，待双方都冷静下来了，再重回"谈判桌"。如果在双方愤怒的时候争论不休，理亏的一定是教师。所以，冷处理不失为一种好方法。

注意以理服人

教师在处理矛盾时，要坚持做到以理服人。真正的强者不是以蛮力来压过对方，品德高尚、自信豁达的人内心才充满了力量。蛮不讲理者可能暂时占了点小便宜，但从长远看，将会失去更多的朋友，得不偿失。教师如果简单以自己的身份，或者用请学生的父母等方式来压制学生，即使眼前占据了"优势"，也会为后续的师生矛盾埋下更大的祸根。

选择处理时机

在遇到突发性事件时，一般教师习惯迅速处理，殊不知，学生正在气头上，你也正在气头上，难免说出过激的话，做出过激的事。因此，在遇到突发性事件的时候，不管你有多么着急，都要冷静、冷静、再冷静。有时，冷处理反而比当头一棒效果更好，而且会避免师生之间的不愉快。注意两点：一是学生极度恐惧、伤心的时候不要处理。学生的挫折承受力有待加强，在重大失误面前会非常脆弱，有时会做出反常的甚至出格的事来。如果教师非要穷追不舍，有可能会产生恶劣的后果。二是放学前夕的事不要急于处理。放学前夕，时间紧张，遇到事故，如果不是非立刻解决不可，一定要缓一缓，尤其是下晚自习前，教师急于处理，往往会急躁，有时态度会把握不好。而学生在教师这里挨了批，在回家途中，如果得不到同学的安慰或解劝，情绪容易出现波动，往往构成安全隐患，一旦出了事故，教师将百口莫辩。

控制自我情绪

教师要摆正自己的位置，始终想着自己是一个教师，必须理性看待学生发生的各种问题，不能急躁。做学生工作时，应该动之以情、晓之以理，循循善诱，切忌发脾气，和学生相持不下，弄得不好收场，失去了教师的身份和尊严。

总结这一节的收获，如果你做到了，请在相应内容序号前的括号里标注"★"。

（　　）1. 能够在遭遇冲突时保持冷静。

（　　）2. 能够在面对情绪激动的学生时主动退让。

（　　）3. 能够杜绝对学生施加语言暴力。

（　　）4. 能够克制自己不与学生发生肢体冲突。

（　　）5. 能够对厌学的学生适当降低要求的标准。

（　　）6. 能够坚持以理服人。

（　　）7. 能够不把父母作为压制学生的工具。

（　　）8. 能够较好地控制自己的情绪。

（　　）9. 能够认真聆听学生看起来很片面的倾诉。

（　　）10. 能够不急于一时，选择合适的处理时机。

49. 创造成功：找到学生向好的起点

最近我在班上搞了一个"寻找闪光点，赠送座右铭"的教育活动，请全班同学找出班上三位学习成绩差、习惯不太好的同学身上的闪光点，并给他们赠送一句座右铭。在主题班会上，同学们讲了他们身上点点滴滴闪光的地方，如热爱劳动、有集体荣誉感、关心集体、爱好体育活动、乐于助人、对老师有礼貌等。他们自己也走上讲台，说出自己身上的优点、今后的决心。然后全班每位同学都赠送给他们名人名言、格言警句。这节班会课，一些后进的同学找到了自尊，增强了进步的信心和勇气。全班同学在为他们找闪光点的同时，也加深了对他们的认识，人际关系变得更加融洽。

我们的教育经历着一个尴尬的过程：从孩子怀着好奇心、兴高采烈地走进校园，到厌学情绪严重，视学习为"猛虎"、为"苦海"。中间究竟发生了什么？细心观察不难发现，我们的教育更多时候不是在激励和培养学生的信心，而是让学生在一次次的失败中寻求上进，学生始终伴随着批评、斥责和无尽无休的要求度日。

所谓"差生"由此而诞生。

事实证明，让一个学生成功的最好办法就是给他信心，唤醒他内心的渴望，这就等于给他自己体内安了一部发动机。而运转发动机的"机油"就是教师和家长给予的赞誉与信任。在优秀教师的眼里，应该没有"差生"这样的概念，有的是对学生的因材施教，发现他们的特长，给他们机会，让这些学生从失败的阴影中走出来。

关键是怎样引导学生有选择地走上成功之路。每个人都不会均等地拥有各种智能，而是有所侧重，有所薄弱。真正的教育是发现每个学生的所长，使其成为对社会有用的快乐的人。如果用一把固定刻度的尺子来要求所有人，最终的结论，自然是大部分学生不合规格。

因此，一个优秀的教师，头脑中要始终牢记"成功"的理念，并用这种理念来支配和调控我们的教育行为。善于用鼓励唤起学生的信心，用科学的方法燃亮学生的闪光点，唤醒学生心中沉睡的伟大的自我，让从来没有体验到成功快乐的"差生"，体验反复成功的快乐，让孩子变反复失败为反复成功，这是一个优秀教师应掌握的教育艺术。

一个班主任分享过这样一个案例：

我的班里曾经有一个计算机"天才"，他对计算机非常精通，几乎到了痴迷的程度，于是我就安排他担任电教委员。他还是一个摄影爱好者，经常拿数码相机拍摄一些新闻图片。但是他的思想比较幼稚，不能全面客观地分析问题，以致常常以偏概全，得出不合实际的结论，甚至觉得社会一片黑暗。怎样引导他走向正确的人生之路呢？我决定利用他的特长，聘请他为班级特约小记者，让他把班级的好人好事拍下来，制作班级相册；编辑班级杂志《脚印串串》，记录大家成长的历程；把《班级精神之歌》制成视频，留作永久纪念。他非常高兴，尽职尽责，班级的每一次活动，同学间每一个动人的瞬间，都在他的相机中变成了永恒。渐渐地，他的视线转移了，由寻找"阴影"变成了关注"阳光"，再也不像以前那样偏激了，思想也成熟了许多。

这位班主任就为学生提供了成功的机会，从而改变了他稍显灰暗的思想，唤醒了他的自信和面对人生的勇气。

很多学生从来没有在成功之途上前行过一步，因为他们认定那是一件"不可能完成的任务"。这种心态阻止了很多人的发展。其实，再巨大的任务也能被分割完成。教师应该做的，就是有意识地将大任务、大目标分解成若干个小的、容易完成的任务和目标，并逐一引导学生去完成。一旦学生将一个小成功收入囊中，他就拥有了一股不小的动力，开始相信自己完全能够成功，以前那些看起来无法逾越的困难，也许对自己而言，只是一个乐于面对的小挑战而已。

想让学生一步登上珠穆朗玛峰是不可能的，但如果每一步给学生的只是一个小小的台阶，学生就能够稳稳地前进了，直至抵达风光无限的顶峰。

破解锦囊

分解学习任务

优秀的教师总是善于在教学中将某些学习任务分解成若干个子任务，先由基础较差的学生回答难度较低的问题，使他们有较高的成功概率，尝试成功的喜悦，以增强他们的自信心；综合性强、难度大的问题，由基础较好的学生来说明、回答和总结，使不同层次的学生都体验到成功的快乐。具体而言，可以围绕九个字来做：（1）"低起点"——教学内容设置不宜过高，以"跳一跳，能摘到"为标准，贪多嚼不烂，过分求高、求大、求多，会给学生过多的挫败感。（2）"小坡度"——教学内容的衔接和过渡，思维跨度不宜过大，应努力体现一环扣一环，保持思维的连续性和流畅性，分散难点，抓住重点，把所学新知识按学生的认识过程划分为几个"坡度"，并且坡度要小，"频率"要高，学生才容易接受。（3）"分层次"——对中上生，让学生看书自学，小组讨论，质疑问难，以帮助其在理解的基础上掌握新知识，发展思维能力；中下学生主要由教师直接教学，帮助其复习基础知识，在新旧知识之间"搭桥"，进而引导他们掌握新知识和获取知识的思维过程。

实施延迟评价

比如，考试后，如果学生对自己的考试成绩不满意，老师可以根据实际情况提供二次机会，学生为此会感激老师，在行动上就会更加努力地学习，也希望能给老师一个惊喜。因为学习积极性提高了，学习努力了，就会有回报，考试分数自然就提高了。老师所给的二次机会，使学生找到了自信心，从而朝着良性循环发展。实际上，我们常说的学困生，在智力上和其他学生没有什么差别，只是由于在学习上没有掌握适合自己的一套方法，加上考试经常失利，造成心理上承受能力很差，时间一长就麻木了，没了生机和活力。延迟评价能让他们看到自己在一个时间段内的进步，从而感受到获得成功的喜悦，激发自己努力学习。

提供选择机会

缺乏选择机会和选择能力，也是学生丧失成功感的重要原因。我们常常打着爱的旗号，理直气壮地限制学生，强迫他们接纳自己的"善意"和"好心"，却从不体会他们的心理。在爱的光环下，选择权被无情地剥夺了。我们不懂学生的心理特点，不能体验更不能进入学生的心理世界，武断地用自己的思维方式代替他们的思维方式。这种环境下长大的学生，往往失去了独立思考和承担责任的机会，久而久之，变得遇事没有主见、犹豫不决、人云亦云，很难拥有成功体验。多给学生一些自主选择的权利，让他们对自己的事做主，是培养责任心的需要，更能锻炼学生克服困难、战胜困难的顽强意志，形成遇事冷静、有主见的良好心理素质。

设置多元奖励

打破传统的对学生的奖励办法，设置更加多元的、丰富多彩的奖项，扩大评奖范围，让每一个学生都有站上领奖台的机会。每个孩子都有不同的特点，他们可以根据自己的特点来争取奖项，这样既能起到鼓励作用，也可以彰显他们的个性。多一把评价的尺子，就多一个成功的学生，这种为每个学生量体裁衣的评价方法，能够有效帮助更多的学生获得成功体验。所以，在自己的班级里，有意识地设置各式各样的奖项，甚至针对某些特殊孩子，专门定制奖项，应该是教师的智慧之举。

自测清单

总结这一节的收获，如果你做到了，请在相应内容序号前的括号里标注"★"。

（　　　）1. 能够意识到长期挫败是制造"差生"的主要原因。

（　　　）2. 能够理解"成功才是成功之母"的含义。

（　　　）3. 能够不给学生制造挫败感。

（　　　）4. 能够主动给予学生更多的赞誉和认可。

（　　　）5. 能够不用一个标准评价所有学生。

（　　　）6. 能够在自己的教育教学中为学生创造成功的机会。

（　　　）7. 能够在班级事务中给学生更多选择权。

（　　　）8. 能够在作业、考试后尝试延迟评价。

（　　　）9. 能够根据学生特点设置奖励方案。

（　　　）10. 能够针对学生实际设置不同难度的学习任务。

50. 利用错误：教育发生的地方

案例呈现

有一天，陶行知校长在校园内看到一男生用砖块砸另一男生，当即制止了他，并要他放学后到校长室去。当陶行知走到办公室时，该生已早早来到校长室低头等着挨训。陶校长走来，一面先给了他一块糖，一面说："这块糖是奖给你的，因你按时到，我却迟到了。"该生惊疑地接过糖。接着，陶校长又掏出一块糖放到他手里说："这第二块糖也是奖你的，因为我不让你再打人时，你立刻住手了，这说明你尊重我，应该奖你。"学生更惊疑了，他睁大眼睛看着校长。陶校长又掏出第三块糖说："我调查过了，你砸他们是因为他们不遵守游戏规则，欺负女同学，说明你正直、善良、敢跟坏人作斗争，应该奖励你啊！"这名男生听到这里感动极了，流着泪说道："校长，你打我两下吧，我错了，我砸的不是坏人，是我的同学啊。"陶校长满意地笑了，他随即掏出第四块糖递过去说："为你正确认识错误，我再奖你一块糖。我的糖奖完了，我看我们的谈话也该结束了。"

问题剖析

这是非常有名的陶行知先生"四块糖"的故事。多么感人的一幕：学生打人了，陶先生没有训斥，却发掘了学生的四个优点——守时、尊重人、正义和勇于认错，用四块糖让学生一步步地完成对自己错误的认识过程，不得不让人感叹陶校长高超的批评艺术。

假设是我们遇到了这件事，会怎么做呢？恐怕很多老师就会抓住学生的小辫子，死活不肯放手，动辄端上一番大道理，苦口婆心，上纲上线，设想出夸张的恐怖结局，要让学生心服口服，写检查，在全班面前做检讨，保证"永不再犯"。更严重的是，这次错误将作为"污点"永远被记录在案，即使学生已经承认并改正，只要下次出现问题，这些"陈芝麻烂谷子"将被再次翻腾出来，作为教训学生、压制学生的把柄。

殊不知，正因如此，我们开始慢慢远离学生的内心世界，使自己的管理渐渐走入死胡同，甚至出现一些难以收拾的局面。因为与学生发生冲突而导致教师丢掉岗位、进行巨额经济赔偿、受到法律惩罚，以及学生及家长动辄向学校和老师抗议、向相关部门投诉，这样的消息在网络上层出不穷。这都是没有理性对待学生错误的结果。

那么，如何看待学生的错误，又如何利用学生的错误呢？

第一，要允许学生犯错误。从中小学生的年龄特点来看，他们渴望独立，但又缺乏真正的独立能力；渴望进入社会，又缺乏必要的辨别能力；渴望通过成功来向老师、向家长证明自己的实力，却又因为自己的不成熟，无法准确把握成功的途径和方法。当学生心理断乳期的这些愿望和想法无法得到实现，或无法得到家长、老师及社会的充分承认时，便会在思想和行为上出现偏差。因此，对思想无比单纯的学生而言，犯错是完全正常的，是他们成长的一种重要方式。作为老师，如果以"嫉恶如仇"或"眼睛里容不下半粒沙子"的态度来面对学生的错误，显然并不恰当。

第二，要遵循"预防为先、处理在后"的原则。允许学生犯错误，并不是面对学生错误不断而熟视无睹。事实刚好相反，对学生的这些问题，不但要管，而且还要在学生犯错之前，做好有针对性的预防性教育活动——"与其有病治病，不如预防在先"。

第三，面对学生错误要弄清事实，冷静处理。弄清事实是指在处理学生的各种偏差行为时，必须充分了解当事学生的个体情况，充分了解事件的起因、经过、结果，这是保证学生偏差行为得到公正、有效处理的前提。冷静处理是指在处理学生偏差行为，特别是突发性、重大性问题时，不要感情用事，不要先入为主，应该本着"惩前毖后，治病救人"的原则，公正、有效地处理好此类事情。

雨果在《悲惨世界》里写过这样的话："尽可能少犯错误，这是人的准则；不犯错误，那是天使的梦想。"学生作为一个不断发展的人，在成长过程中，有了错误是正常的，教师不用大惊小怪。真正优秀的教师，恰恰善于抓住学生"犯错"的机会，引导学生走向更加健康成长的方向。这时，错误不仅不可怕，反倒成为了重要的教育资源。

学校是允许学生犯错误的地方，一名教师在漫长的教学生涯中，和学生发生冲突会时有发生。特别是遇到脾气犟的又犯了错误的学生，更需要教师摆出一种宽容、理智的高姿态。如果处理不当，就会骑虎难下，损害到教师的"威信"。这是很多教师容易遭遇的尴尬，要特别谨记。

破解锦囊

用积极的眼光看待学生的错误

鼓励学生去大胆地实践，大胆地探索，敢于发表自己的见解，在这个过程中不怕学生犯错误。学生出现失误时，教师应及时给予帮助。否则，学生会因为犯错误以后害怕批评，不敢按照自己的想法继续去想、去做，学生的思维就会受限制，行为就会受约束，创新精神就会受压抑。

用发展的观点看待学生的错误

学生不是静止不变的，要以发展的观点看待学生的各类问题。学生改正错误的过程，本身就是学习的过程、成长的过程。相反，教师如果用静止的眼光看待学生，就容易把学生禁锢起来，犯一点错误也不行。那样，学生只好老老实实、规规矩矩，按照教师的要求"一丝不苟"地去执行。这样的教育只能培养出"千人一面"的学生。

用科学的态度利用学生的错误

要将错误作为一种促进学生情感发展、智力发展的教育资源，正确地、巧妙地利用。有了错误，在纠错的过程中去发现真理，去有所创新。通过对学生错误的剖析，让他们把自己的内心世界呈现出来，然后再告诉他们何为对，何为错，找到问题的症结所在，就能促使学生不断成长。教师工作容易走入一个误区：班级管理也好，课堂教学也好，似乎不愿意让人看到学生出错误，担心这样会被人看不起。因此，想方设法掩盖错误，或者错误出现了假装看不到，这样往往就错失了最好的教育机会。应该紧紧抓住错误不放，甚至有意识地"放大"错误，这样才能充分发挥错误这个教育资源的最大价值。

用赞赏的方式消解学生的错误

最忌讳的就是用过于苛责的语言来讽刺挖苦学生。心理学家讲，学生在成长中需要 50000 次的鼓励和赏识，才能成为一个有自信的人。教师要相信学生的发展潜力和发展前途，坚信学生是积极向上的，是追求进步和完善的，是可以获得成功的；要以接纳、赏识、赞美、激励的眼光看待每一个学生。针对学生出现的错误，在与学生互动中，将指责的语言改成鼓励赞赏的语言，可以针对具体的行为进行赞赏，也可以从不同方面和不同角度进行赞赏。学生一旦自信心提高了，认为自己有很多优点，那么错误问题也就迎刃而解了。

自测清单

总结这一节的收获，如果你做到了，请在相应内容序号前的括号里标注"★"。

（　　）1. 能够认识到学生是发展中的不完美的人。

（　　）2. 能够理解"学生犯错"本身也是一种成长方式。

（　　）3. 能够控制翻学生"老账"的冲动。

（　　）4. 能够坚持不弄清事实之前不妄下断论。

（　　）5. 能够鼓励学生积极探索，不怕错误。

（　　）6. 能够公平公正地处理学生的错误。

（　　）7. 能够对学生的错误有一定预见性并提前做好工作。

（　　）8. 能够用发展的眼光看待学生和学生的错误。

（　　）9. 能够减少苛责语言，增加赞赏语言。

（　　）10. 能够利用学生的"错误"资源做好工作。

51. 学会批评：爱学生的另一种方式

案例呈现

有一次，我班 ×× 同学课间在教室里追逐奔跑，看见我走进教室，急忙三蹦两跳，两手在桌子上一撑，人凌空弹起，双腿一下子跨到了座位上。此情此景让我心里直冒火，真想狠狠地批评他一顿，但又知道一味地说教对他早就不起作用了。于是我冷静下来，故意拖长声调说："2004 年跨栏王是刘翔，今年跨栏王将诞生在我们班。你们看 ×× 同学，充分利用课间 10 分钟，苦练跨栏技术和奔跑速度。×× 同学如果能这样坚持练下去，老师相信未来奥运会跨栏金牌非他莫属！不过，老师还是要郑重提醒你，在教室里练跨栏很危险，很容易跌倒摔伤，到那时，你可就只能参加残奥会了。"听了这番话，同学们都笑了，×× 羞红了脸，一直低着头。从那以后，教室再也没有出现过类似的危险行为。

问题剖析

学校教育似乎陷入了一个误区：学生批评不得，凡批评都会打击学生，影响学生的身心健康。这种夸大其辞的说法，让教师在面对学生的问题时"畏手畏脚"，不敢拿起合理的批评武器，加上弄不好就会戴上体罚的"大帽子"，谁还敢于批评教育呢？

其实，早在进入学校以前，儿童已经经历过各种各样的批评了。任何一个家长，都无法在只说好而不说"不许""不好"的条件下照看自己的孩子。所以，凡是身心发育正常的儿童，都有一定的耐受力，不会因为两句批评就消沉下去。

学校教育有一定的强迫性，也需要批评与惩戒。有人提出"无错原则"，并不是说学生不会犯错，也不是说学生犯错不需批评、不需纠正，只是说学生犯错很正常，不必大惊小怪，也不要随意夸大、揪住不放。作为教师，肯定学生的成绩，指出学生的不足，纠正学生的错误，促使他们尽快走向成熟，既是职责所在，也是教育价值所在。

当然，学生正处在思想由不成熟逐步走向成熟的关键时刻，如何正确地进行批评，直接关系到个人、家庭、社会的前途和命运。从这种意义上讲，教师掌握好批评这门艺术尤为重要，它能使学生不良的行为习惯受到谴责，能帮助学生消除思想作风上的污垢。但批评不当，也往往会产生不良后果。

有人提出了批评"六忌"：

一忌盛气凌人。一见学生犯了错误，马上叫过来大声斥责。被批评的学生慑于教师的骄横，嘴上不敢申辩，心里不服气。这样的批评容易使学生产生逆反心理。批评学生要注意师生的关系，使学生产生亲切感、信任感，愿意同你交流。这样才能使学生从思想深处认识错误、改正错误。

二忌不分场合。学生犯了错误，不分场合，在全班公开点名批评。结果，有的学生再也抬不起头来，有的干脆破罐子破摔。批评的场合恰当与否，关系到批评效果的好坏。教师应根据学生犯错误的性质、程度和学生的性格、脾气选择适当的场合开展批评，给学生创造认识和改正错误的良好环境。

三忌尺度不一。对自己喜欢的学生不愿批评，或者轻描淡写，而对待一般学生，特别是后进生，则极尽苛责。不管是先进还是后进，不管是班干部还是一般学生，犯了错误都应受到批评。如果该批的不批，不该批的狠批，会使学生产生反感，降低教师的威信，造成班级的不团结。

四忌出言刻薄。用挖苦的、刻薄的、极易损伤学生自尊心的话批评学生，被批评的学生就会产生仇视的思想和自卑的心理，在错误的道路上越滑越远。所以，批评学生时要尊重学生，不要讽刺挖苦，更不要恶语伤人。

五忌小题大做。把偶然的失误说成一贯如此，这种小题大做、扣大帽子的批评方式，不能使学生心悦诚服，也不会得到多数同学的支持。批评必须实事求是，有一说一，有二说二，不要任意夸大。

六忌片面武断。这种批评，表面上声色俱厉，实际上不可能有积极效果。教师既要看到他所犯的错误，又要看到他的一贯表现；既要看到主观原因，又要看到客观原因；既要看到犯错误的现实，又要看到改正的可能性。只有这样，才能使批评收到良好效果。

我国著名心理学家、教育家林崇德教授认为："表扬是爱，批评也同样饱含着对学生的爱。"不论采取何种方式的批评，目的只有一个：促进学生修正错误，增强上进心。如果达不到这个目的，甚至适得其反，我们就必须对批评的方式做出调整。

破解锦囊

态度诚恳

批评学生，必须是真心实意帮助学生改正错误，而不能因自己的权威受到了触动，丢了面子，把心中怒气发泄到学生身上。虽是批评，但要让学生体会到爱心和关切，从而真正敞开心扉与教师进行交流。如果当众发现学生的某种错误言行和举动，或者由同学举报，经过自己详细了解证实学生确有错误，不宜在班会或公开的场合批评，这样会伤害他们敏感的虚荣心，令他们感到难堪，自惭形秽，甚者导致一蹶不振，消沉下去。

实事求是

教师批评学生，评价要客观，对缺点和错误，既不能夸大，也不能缩小，不但要明确指出错在什么地方，还要帮助学生找到改进方法。尤其忌讳戴着"有色眼镜"看人，对待平时表现差的学生，吹毛求疵，鸡蛋里挑骨头，让学生感受到不公正的待遇，使教育效果彻底为零。

有的放矢

必须当场提出批评的，应及时批评；事态不严重的，事后提醒；学生已认识到个人的错误，且处于自责状态的，用委婉的语气批评或事后批评；

学生自认有理，且抵触情绪强烈时，可"冷处理"，避开正面严厉批评。批评学生还要考虑其个性特点，因人而异。对于有惰性、依赖心的学生，宜措词尖锐，语调激烈，但绝不能讽刺挖苦、肆意辱骂；对于自尊心较强的学生，则是逐步传达出批评信息，使对方逐步适应，逐步接受，不至于一下子谈崩；对于盲目性大、自我觉悟性差，但易于感化的学生，宜借助他人的经验教训，运用对比的方式烘托出批评的内容，使被批评者感受到客观上的某种压力，促其自我反省；对于脾气暴躁、性格倔犟、容易激动的学生，宜以商讨的方式，创造平心静气的友好气氛，使其自然接受批评意见；对于善于思考、性格内向、各方面比较成熟的学生，宜将批评的信息，以提问的方式传递给他们，学生自然就会意识到，并加以注意。批评有针对性，收效才会大。教师在台上大讲特讲，但讲得大，讲得空，一般学生摸不着头脑，犯错误的学生也不怕，依然我行我素。这是实施批评教育最忌讳的。

留有余地

在批评教育时，力求点到即止，留有余地，给学生一个自我批评、自我教育的机会。这样学生既易于接受，又对老师的宽容产生一种负疚感。如果对学生的错误喋喋不休，否定或者贬低学生自我认识、自我批评的积极性，学生就会产生一种逆反心理，结果会事与愿违。从学生的心理承受出发，恰当运用留有余地的批评方法，会收到意想不到的效果。

含蓄委婉

"一把钥匙开一把锁"，犯有错误的学生，自尊心表现得更为复杂，自卑、敏感、脆弱。实际上，他们的内心深处，仍有上进要求，渴望得到老师和同学的理解与帮助。对这些学生，在批评时既要讲原则，不迁就其错误的思想行为，又要讲感情，尊重他们的自尊心。美国著名管理家亚科卡说过："表扬可以印成文件，而批评打个电话就行了。"这说明，含蓄而不张扬的批评，有时比那种"电闪雷鸣"式的批评效果更好。

及时跟踪

要注意做好批评后的及时跟踪工作，如果发现学生确实在逐渐改正，并且已认识到自己的错误和不足，那么教师的工作是有成效的。而有些学生活泼好动，忘性大，在批评教育后仍然不思悔改，不配合教师的工作，那就需要教师多开动脑筋改变方法，直至达到预期目的。

自测清单

总结这一节的收获，如果你做到了，请在相应内容序号前的括号里标注"★"。

（　　）1. 能够有效掌握批评的武器。

（　　）2. 能够在批评中实事求是，不小题大做。

（　　）3. 能够公平对待学生，不"看人下菜碟"。

（　　）4. 能够在批评过程中态度诚恳，不盛气凌人。

（　　）5. 能够在批评过程中给学生找"出路"。

（　　）6. 能够针对不同性格的学生采取适合的批评方式。

（　　）7. 能够在学生情绪激动时主动进行"冷处理"。

（　　）8. 能够克服批评学生过程中过于"絮叨"的毛病。

（　　）9. 能够尊重学生，讲求批评的场合，并留有余地。

（　　）10. 能够做好批评的有效跟踪。

52. 学会赞美：赢得"问题学生"认可的关键

前几天同事有事儿，我给他代课。他班有一位男生学习基础很差，一开始上课他就试探性地问我："老师，我可以提前走吗？我要坐 11∶20 的车回家。""那么你几点钟走呢？"我不动声色地问。"大约 10∶50 吧。"他的脸上露出沾沾自喜的笑容，觉得这位老师很容易上当受骗。我顺水推舟，没有向其他同学调查事情的真相，佯装成没有识破他的谎言。事实上，他一开口，直觉告诉我这不是一个省油的灯，他一定还会为我不断出难题的。当时我组织学生进行一个小测试，测试结束时，我灵机一动：趁着小组合作、串批试卷的机会，让他帮我批卷，让他觉得他在我的眼里是一个好学生，他就没有捣乱的机会了，这一定是个不错的办法。于是，我说："××同学，你过来帮老师批卷可以吗？""我？"他满脸的疑惑，分明是在表示："我能帮你批卷？"我领会了他的意思，故意不动声色，笑着说："对啊，你来帮老师批选择题。"他犹犹豫豫、极没有自信地走向我，我用鼓励的目光看着他，告诉了他选择题的答案，他认认真真地批了起来，一张卷，两张卷……他批得特别认真，特别投入，竟然忘了"回家"的时间！

案例中这位老师无疑是智慧的，她用一种赏识学生的方式，巧妙化解了自己遇到的难题。

"问题学生"情况十分复杂，或成绩较差，或纪律涣散，或习惯不好，或脾气很犟。如果对他们引导、管理、教育不好，对班集体的损害将是很大的。一定要发挥赏识的作用，从各方面真心诚意地关心、爱护他们，最大限度地发挥他们的聪明才智，化消极因素为积极因素。只要我们对症下药，做好转化工作，就可以产生春风化雨、点石成金的效果。

我们来看一个故事：

"我一看你修长的小拇指就知道，将来你一定会是纽约州的州长。"一句普通的话，改变了一个学生的人生。

罗尔斯出生于美国纽约声名狼藉的大沙头贫民窟，这里环境肮脏、充满暴力，是偷渡者和流浪汉的聚集地。他从小就受到了不良影响，在就读美国纽约大沙头诺必塔小学时，经常逃学、打架、偷窃。一天，当他又从窗台上跳下，伸着小手走向讲台时，小学校长皮尔保罗将他逮个正着。出乎意料的是，校长不但没有批评他，反而诚恳地说了上面那句话，并语重心长地引导和鼓励。当时的罗尔斯大吃一惊，因为在他不长的人生经历中，只有奶奶让他振奋过一次，说他可以成为五吨重的小船的船长。罗尔斯记下了校长的话并坚信这是真实的。从那天起，"纽约州州长"就像一面旗帜在他心里高高飘扬。罗尔斯的衣服不再沾满泥土，语言不再肮脏难听，行动不再拖沓和漫无目的。在此后的40多年间，他没有一天不按州长的身份要求自己。51岁那年，他终于成了纽约州的州长。

对罗尔斯而言，校长的一句话，无疑给他树立了一个人生目标，指引着他向那个终极目标努力奋斗。这就是我们常说的"赏识教育"——没有绝对的"差生"，更没有绝对的坏学生，关键在于教师如何引导。校长保罗的引导和鼓励挽救了罗尔斯，成就了一位州长。作为教师，你是忽视、轻视学生，还是重视、赏识学生，很可能将意味着你是毁掉一个人，还是成就一个人。

赏识的前提是对学生理智的爱。心理学研究发现，如果在意着对方，有意或无意地寄以期望，对方就会产生相应的反应。教师对学生表示好感，学生就会在学业、品德、习惯方面表现出进步。教师如果对学生表示厌恶或失望，学生心理就产生负效应，表现为退步。

赏识的原则是对学生人格的尊重。每个人都希望得到别人的理解、信任和尊重，这是人之常情，也是每个学生保持愉悦的心情和旺盛的学习热情的需要，赏识能满足人们的这种需要。

教师应把注意力集中到发现和赏识学生的真、善、美的闪光点上，"美"的东西越赞越多。反之，如果把精力集中在专挑学生的毛病上，则毛病越挑越多。学会赏识学生，不仅能够调动他们的积极性，使他们相信自己的能力，体会到成功的喜悦，还能化解他们的心结，让他们用善意的目光看待世界，形成良好思维品质和心态。

当然，赏识一个优秀学生容易，赏识一个"问题学生"很难，这对教师是巨大的挑战。罗曼·罗兰说得好："要撒播阳光到别人心中，总得自己心中有阳光。"千万不要总是用怀疑、黯淡、失望的眼光看待学生，动不动就给学生戴上"多动症""智障""品性恶劣"的帽子，把教育责任推卸得一干二净，这是极端不负责任的行为。

破解锦囊

赏识的基础是"一碗水端平"

不能公平对待每一个学生，就不会有赏识。优生和"差生"不能平等享受老师对待的现象比比皆是：优生，因其成绩好，老师就偏爱，学习上开"小灶"，耐心辅导，勤于指点，即使犯了错误，老师也尽量原谅。而"差生"呢？因其成绩差，老师就认为是"朽木不可雕""不可救药"，上课从不提问，课后更不过问，动辄讽刺挖苦，即使微小的过失也纠缠不放。结果是往往造成老师与学生、学生与学生间的严重对立。优生优越感十足，骄傲自满，固步自封；"差生"则严重自卑，不求上进，自暴自弃。要学会忽略学生的"缺点"，把他们当作相同的"一个人"来看待，赋予他们正常的权利。有了这样的认知基础，赏识教育才有可能发生。

赏识的关键是"给学生自信"

美国电影《师生情》有这样一个片段：

一位白人教师到黑人社区任教小学一年级，在第一节数学课中，老师伸出五个手指问其中一名黑人孩子："这是几个手指？"小孩憋了半天才答道："三个。"老师没有指责他说错了，而是高兴地大声赞道："你真厉害，还差两个你就数对了。"教师要在学生的课堂行为表现中，多发现可以肯定的东西，对学生的答案或方法，正确的加以赞赏，错误的也可以从思维方式、答题方式或态度上加以肯定。还要以开放的心态、包容的气度和赏识的言语，正确地对待那些敢于质疑传统、挑战教师、个性鲜明的学生，爱护、关心并引导那些行为特别、好标新立异的"问题学生"。所谓善于赏识学生，并不是要求我们违心地去粉饰，美化他们的缺点和错误，而是不要忘记爱护和尊重学生的人格、个性和自尊心。我们只有不断地提高自身的道德修养，才能像电影中的老师一样，冷静地、设身处地地从学生的角度去考虑问题。

赏识的追求是"闪光辐射效应"

莎士比亚说："赞赏是照在人心灵上的阳光。"积极创造条件，尽力让学生的闪光点真正发出闪烁的光芒，支持有一定特长的学生，参加相关的社团、选修课程、兴趣小组和竞赛活动，借助其长处，发挥"闪光辐射效应"：一是转化效应。学生在某方面有了进步和成绩，我们都及时加以肯定和表扬，从而促使其向更好的方向转化。二是迁移效应。将学生在某些闪光点上所形成的积极心理情感，迁移到其必须矫正的主要问题上，以利于学生其他问题的解决。三是磁力效应。发现学生的优点，给予恰当的表扬，对其他学生产生极强的辐射和影响。

赏识的误区是"不讲科学性"

赏识孩子不能没有原则、不讲科学。"每一次夸奖都会留下划痕"，正因如此，当我们表扬孩子的时候应当谨言慎行，把握其科学性。关键在于赏识要适度、适量，不要走向另一个极端：无时无刻不在受到表扬，既听不到批评，也听不到任何忠告或指点。这种过度、过滥的赏识带来的最大危害是，孩子被自己的一时成功冲昏了头脑，因过度自负而不能准确地评估自己。一旦不能身处赏识的环境，他往往会产生比以前更强烈的失落感。这样，不利于学生健康心理的形成，导致精神脆弱，听不进批评。这是在害学生，是"捧杀"，这就让"赏识"走入了误区。

总结这一节的收获，如果你做到了，请在相应内容序号前的括号里标注"★"。

（　　　）1. 能够体会赏识对问题学生的重要性。

（　　　）2. 能够主动表达对"问题学生"的善意。

（　　　）3. 能够把注意力集中到发现和赏识学生的闪光点上。

（　　　）4. 能够克制对"问题学生""鸡蛋里挑骨头"。

（　　　）5. 能够做到不给"问题学生"扣各种"帽子"。

（　　　）6. 能够在处理学生问题时力求一视同仁。

（　　　）7. 能够鼓励学生在各类活动中展示自己。

（　　　）8. 能够发自真心而不是虚伪地表扬学生。

（　　　）9. 能够有意识地发挥赏识带来的辐射作用。

（　　　）10. 能够把握赏识教育中的科学性原则，做到适量、适度。

53. 学会共情：站在学生角度思考问题

案例呈现

接任初二一个班的班主任后，我发现有一个男同学，上学总是迟到，班干部多次好言相劝，该同学仍无动于衷，我行我素。同学们都很反感，他渐渐变得孤立无援，终日郁郁寡欢，独来独往。

了解到这一情况，一开始我采用了老师们通常用的做法，对他进行了严厉批评，教育他要遵守纪律，珍惜班级荣誉。但几次下来，他只是口头接受，行为不改。我开始觉出事情的严重性。我隐隐觉得，他总迟到可能另有隐情，我决定找其家长了解情况。原来该生父母几年前已离异，父亲再婚，他同父亲和继母住在一起，父亲经常在外经商，继母根本就不关心他。因为这个原因，他感到很痛苦，不愿与人接触，心理封闭，时间一长，患了神经衰弱症，睡眠质量很差，每天熬到次日凌晨才迷迷糊糊睡点觉。他住的地方离校很远，骑车需要半个小时以上，因此他才经常迟到。我还了解到该生还有坚强的一面，前些日子，他曾经借了同学一点钱，为了能够按时还上，他利用晚上的时间为街上的小吃摊洗盘子，洗了两个星期才挣到 15 元钱。

我为这个十几岁孩子的处境感到深深同情，被他的坚毅和仗义所感动，并为自己对他进行简单的批评而自责。我决定改变自己的做法。

我利用班会的时间专门讲了他的故事，只讲他如何克服困难坚持上学，如何辛苦挣钱对得起朋友，而对他不愿意透漏的家庭状况只字不提，并当众特许他可以迟到。课后，我专门安排了一位善解人意的女生和他同桌。

说来也怪，该生从此迟到的次数越来越少，几个星期后竟一次也不迟到了。同学们跟他交往也多了，他脸上笑容也越来越灿烂。再后来，他的睡眠质量也高了，神经衰弱不药而愈了。

我知道，这次是我的共情产生了积极效应。该生后来考上了重点高中，过年过节经常给我寄卡片，发短信。

问题剖析

这位班主任恰当使用了助推学生管理的有力"武器"——共情。积极和学生进行心灵沟通，仔细观察，在倾听中推断学生的感受、信念和态度，设身处地为学生着想，把握学生的心理，对学生的困惑及时予以排解，从而挽救了学生。

罗杰斯在《个人形成论：我的心理治疗观》一书中指出：共情就是要设身处地地为他人着想，站在别人的角度考虑问题，或是站在"一般人"的立场上去想别人"应该"有什么想法和感受，而不是只站在自己的位置去"猜想"问题。教师善于共情，有助于被学生接受、领悟，从而收获思想上的"共鸣"、行动上的"共振"。

首先，共情有利于建立良好的师生关系。受传统二元思维方式的影响，在教育过程中，教师总喜欢以权威的身份对学生进行"指导"和"说教"，极少考虑学生的感受，仅仅把学生看作教育的对象，苦口婆心，但收效甚微。究其原因，就是教师缺乏与学生的共情能力。教师把自己当作真理代言人，在交往中对学生的言行进行评价判断。这种评价，往往导致学生隐藏自己真实的需要和想法，将教师阻挡在自己的内心世界之外。因此，教师需要与学生进行非评价性交往，能与"问题学生""同呼吸共命运"。在交往中，以学生为中心，耐心地倾听和关注，不做评价，让学生感到轻松自如，感到自己被尊重、被理解、被接纳，从而向你坦露真实的内心世界。共情使教师与学生不再是一种权威与服从的控制关系，而是一种走近学生、与学生站在一起的同伴关系，体会学生的心情，理解学生的认知、人格，给学生带来充足的安全感。

其次，共情有利于学生人格健全发展。善于共情的教师能够及时关注学生，感受并理解学生的情绪变化。被教师理解的这种感觉，会帮助学生主动学习，有助于他们在学业成绩上的成功。从现实中不难观察到，大凡受到教师关怀和理解的学生，往往在学习中更多表现出积极快乐的学习态度。善于共情的教师，能使学生喜欢他、信任他，从而更容易对他所教的学科产生兴趣，更愿意学习；善于共情的教师，其学生更愿意思考，更富创造性，更能顺利完成学习任务。教师在教学过程中恰当地运用共情能力，不仅对课堂气氛、师生关系的构建起到积极的作用，还能影响学生在言行举止、生活态度、价值观等人际交往方面的表现。长期处在共情环境中的学生，能充分地建立和巩固自己的自尊与自信，形成自我价值感，有助于其亲社会行为的产生。而学生对教师及班级的信任，会促使他们形成对周围环境的普遍信任，让他们更加勇于探索和创新，有利于健全人格的形成。

简单说，共情就是以学生在意的方式，做学生认为重要的事情。学会共情，站在学生的角度思考问题，克服师生之间的沟通壁垒，理解彼此的内心和灵魂，才能重新建立彼此间信任的连接。

毫无疑问，这对出现逆反行为的问题学生而言，是打开心灵之窗的重要方式。

破解锦囊

运用"自己人效应"

与学生交流中，注意不要使用"你们怎么会这样……""我要求你们……""你们就是不把我的话……"这一类的句式，很显然，这时候教师是把自己和学生放在了不同的位置上，很容易带来师生的对立。在人际交往中，如果双方关系良好，一方就更容易接受另一方的某些观点、立场，甚至对对方提出的难为情的要求，也不太容易拒绝。这在心理学上叫作"自己人效应"。同样一个观点，如果是自己喜欢的人说的，接受起来就比较快和容易；如果是自己讨厌的人说的，就可能本能地加以抵制。是自己人，什么都好说；不是自己人，一切按规矩来。为矫正中学生"早恋"倾向，有位教师在讲座时这样开场白："记得自己年轻时，班上有一位异性，不知怎么搞的，我老是会想到她，在上课时也会禁不住看她一眼。"然后，这位教师指出，这是青春期性萌动的正常反应，再接着谈自己对"早恋"的看法。这样说的效果就比较好，学生们觉得亲切可信，从而对这位教师的建议愿意听取采纳。所以，善于寻找和学生的共同语言，学会对学生的事"感兴趣"，往往能够起到"自己人效应"，真正走近学生。

运用"角色置换效应"

在社会心理学中，人们把交往双方的角色在心理上加以置换从而产生的心理效应现象，称为"角色置换效应"。在交往时，人们不仅习惯于从自己的特定角色出发来看待自己、看待他人的态度与行为，而且还习惯于自我中心式的思维方式，从而引发出一幕幕角色冲突的悲剧。如果大家都能从对方的角色去思考一下，都能将心比心地换位感受一番，那么，许多冲突、矛盾就可以迎刃而解，这就是角色置换效应的积极作用。比如，我们在和学生谈话中，多采用这样的交流："我也是从你这么大过来的，我很理解你。""换作是我也可能会那样做的。""我也曾经有过和你一样的烦恼。""如果你是老师，你会怎么做呢？"这时候，巧妙的换位思维会一下子拉近教师和学生的距离。

运用"安全阀效应"

在组织行为学中，人们把将不同观点、情绪加以宣泄并使心理获得平衡，从而有利于组织内部矛盾、冲突的缓和与解决，有利于身心健康的现象，称为"安全阀效应"。心理学家海德的平衡理论认为，一个人的心理诸关系调和时就呈现出心理平衡状态，否则，就呈现出不平衡状态。这种不平衡状态就会引起人的心理冲突、增加人的心理压力、产生心理紧张状态，导致不满情绪的产生。如果消除了不满情绪就会使心理得到平衡。而发泄情绪不加以阻止，就会很快地使心理恢复平衡，因此，它就起到了安全阀的作用。当学生情绪出现较大波动时，教师要敢于做学生垃圾情绪的收集桶，对学生说"有什么你就冲着我来吧"，这有利于学生情绪的宣泄并形成平衡，这时候，教师就成为学生的"安全阀"。教师在很多时候，都可以发挥这样的作用，比如保护学生的隐私，成为学生可以信赖的人，在班级里设置学生信箱、交流热线等沟通方式，给学生铺设表达不同观点和情绪的机会，或者开展班级活动以缓解学生的压力，等等。能够时刻注意促成学生身心的和谐，就不容易把学生推到对立面。

运用"阿伦森效应"

阿伦森是一位著名的心理学家，他认为，人们大都喜欢那些对自己表示赞赏的态度或行为不断增加的人或事，而反感上述态度或行为不断减少的人或事。为什么会这样呢？其实主要是挫折感在作怪。从倍加褒奖到小的赞赏乃至不再赞扬，这种递减会导致一定的挫折心理，但一次小的挫折一般人都能比较平静地加以承受。但如果接下来不仅不被褒奖反而被贬低，挫折感会陡然增大，这就不大被一般人所接受了。递增的挫折感很容易引起人的不悦及心理反感。所以，和学生谈话，一上来，教师要把丑话说在前头，学生心里必然紧张、焦虑，担心老师对自己的印象不好。随着谈话的进行，褒奖的成分开始增加，学生的心情也随之变得晴朗。当学生和老师提出要求时，老师可以先予以拒绝并指出存在的困难，和学生一番讨价还价后再"勉强答应"，并可就此约法三章。这样的处理方式，更容易赢得学生的信赖。

⌄ 自测清单

总结这一节的收获，如果你做到了，请在相应内容序号前的括号里标注"★"。

（　　）1. 能够不做坏情绪的奴隶。

（　　）2. 能够不抓住学生过往的错误不放。

（　　）3. 能够善于角色置换，站在学生的立场上换位思考。

（　　）4. 能够不刻意通过对学生的强硬态度给自己"立威"。

（　　）5. 能够有创意地处理学生的错误。

（　　）6. 能够找到与学生交流的共同语言。

（　　　）7. 能够对学生感兴趣的事物有所了解。

（　　　）8. 能够运用"自己人效应"，不成为学生的敌人。

（　　　）9. 能够主动做学生坏情绪的垃圾桶。

（　　　）10. 能够运用"阿伦森效应"和问题学生谈话。

第五辑
家校共育中的挑战与超越

　　将部分积极性不强的家长带动到责任分配中来，使其自觉承担家庭教育责任，增进双方对教育角色的理解和尊重，建立平等对话平台，有效促进双方的沟通协作，形成真正的教育合力。

54. 建立同盟：发挥家校共育的作用

王小强（化名）的妈妈找到了我："老师，怎么办呀？我实在没办法了！"一见面，这没头没脑的话把我给问晕了。王小强是我们班里的机灵鬼，见识多，思维敏捷，善于观察，能言会道，经常以解决数学难题而出名。究竟发生了什么事？他妈妈平静下来，告诉了我事情的原委。原来王小强父母工作单位较远，每天放学只能让他独自回家。回家后，他就看电视、不写作业，总是等爸爸妈妈回来后才开始写，因此很晚才睡。后来他妈妈让退休在家的姥姥负责督促，可是孩子不听老人的话，经常顶嘴，气得妈妈没了办法，找我来讨教了。听了他妈妈的话，我这才知道他会钻大人空子，还敢与熟悉的亲人不讲道理，顶撞他们。我和王小强的妈妈说："王小强在校可是一个懂事的孩子，很多道理不用多说，他就明白。今天听了你的话，我这才发现他在家还有另一面。为什么你不早和我联系呢？"王小强妈妈说："我们怕麻烦老师。再说孩子要面子，一听说我们要找老师谈谈就认错，还哀求我们，所以我们也就算了。今天实在感到没办法了才向您反映。"听了她的话，我为我工作的不细致感到惭愧，同时也感到家校联系的重要。

我们都听说过"5+2=0"，它代表的含义是：学生接受5天的学校教育，但因为周六周日在家，家长过于放纵，结果5天的学校教育白费了，一切从零开始。因此，作为教育的两个主要阵地，家庭和学校应该密切配合，形成合力。但部分教师和家长缺乏对家校共育重要性的理解，也缺乏家校共育有效路径的研究，影响了家校关系的发展和教育功能的发挥。

在家校共育上，目前存在的主要问题有：

第一，教师与家长地位不平等。部分家长认为，教师年轻，没有经验，不能很好地胜任教学工作，直接对教师进行质疑，使得教师与家长间沟通存在困难；部分高学历家长认为，自己知识丰富，有能力去教导孩子，轻视教师对学生的教育作用，喜欢在某些方面去干扰教师；有的教师呢，会依仗学校和教师的权威，把自己摆在比家长高的位置，毫不顾及家长的感受，将家长呼来喝去，导致家长内心不舒服；部分教师片面的家庭教育观对家长产生误导，家长盲目服从，使家庭教育的特殊职能未能有效发挥……教师和家长双方地位的不平等，成为家校关系面临的一大问题。

第二，教师与家长观念不一致。苏霍姆林斯基曾强调："两个教育者——学校和家庭，不仅要一致行动，要向孩子提出同样的要求，而且要志同道合，抱着一致的信念，始终从同一原则出发，无论在教育的目的上、过程上，还是手段上，都不要发生分歧。"但教师和家长在教育、职业、环境等方面存在着差异，要求教师与家长教育观念、教育行为都保持一致，实属不易。有些家长常常会将个人思想灌输给学生，让学生对学校教育有了抵触情绪，直接损害教师在学生心目中的形象。有些家长觉得教师的教育不得法，违反了孩子的自然生长规律，教师的做法束缚了孩子。这些不一致阻碍了学生的发展，也给家校双方带来不少烦恼。

第三，教师与家长沟通不顺畅，缺乏即时对接手段，沟通实效性不足。例如，部分家长对于家长会缺乏参与意识，常因其他事务而推脱。家长会的内容多倾向于教师与优秀学生家长的互动沟通，或对表现较差的学生家长进行辅导，过度集中于好坏两极的学生情况汇报，缺乏对中等学生的关注。受家长会召开次数的限制，家校之间的沟通频率大约停留在每学期一次，存在的问题难以得到及时解决。此外，家长会时间有限，通常由班主任作为主导，向学生家长汇报一系列的班级学业成果和学习计划安排，无法保证在有限的时间内阐述每个学生的具体问题和学习情况。其他学科教师对家长会的参与度不大，没有针对科目学习给予家长全面的学生学习反馈，使得家长会开展成效并不突出。

第四，教师与家长边界不清晰，存在家校双方各自教育职责定位不清的现象，学生教育难以有效落实，也增加了家长和教师的摩擦冲突。家长缺乏对子女的品行教育和道德培养，主观上认为教育的全责在于学校和教师，对家庭教育的价值和教育的内容缺乏全面深刻的认识，导致家庭教育缺位。学校方面的问题主要在于部分教师失职，推卸责任，将工作职责转移到家长身上，给家长布置大量的作业、任务，使原本属于教师的学生学习评价和教学反馈工作，强行落到家长身上。

第五，教师与家长配合不默契。家长不够配合，造成教育效果不佳。比如：家长平时忙于工作，对孩子的教育不以为意，对于学校组织的家长会，经常迟到甚至不参加，孩子出现了问题也不理不睬；有的家长长期对孩子疏于教育，也管不了，干脆把希望全寄托在教师身上，这让很多教师既无奈，又身心俱疲。

破解锦囊

明确主体，形成合力

通过双方交流，明确各自工作内容、工作重点，理清边界。教师定期综合汇报学生的各方面情况，建立多元评价机制，打破单一分数评价的做法，评价内容涵盖学生优缺点，以及德智体美劳多方面的表现。在家校沟通形式上，家长会的主体不应是班主任个人，应该把更多的时间交给各个科任教师和家长，用于学生学习情况的汇报和教育的交流，从而明确各方职责分配，有利于多方共同参与。在家长会活动环节上，可设置让家长和教师角色互换体验的板块，任选主题，让家长站在讲台上分享自身的教育经验，再由教师根据自身对于教育工作的解读，进行经验分享，将部分积极性不强的家长带动到责任分配中来，使其自觉承担家庭教育任务，增进双方对教育角色的理解和尊重，建立平等对话平台，有效促进双方的沟通协作，形成真正的教育合力。

加强沟通，相互信任

家校之间要想建立合作关系，必须做到相互沟通、相互信任，如果只是在学生发生问题时双方才接触，就容易导致矛盾。只有教师经常与家长进行沟通，才能不断发现问题，遇到麻烦时思想才能统一。家长也应积极主动地向教师反映孩子在家的表现，遇到不懂的，可以向教师请教，共商教育方法，协调配合，达到共同教育好孩子的目的。可以建立以班级为单位的互联网平台，设置相应"直播群"，作为教育工作交流沟通、成效反馈、实况汇报、解决难题的渠道。教师可以通过网络平台，及时告知家长自己的教学工作计划和作业任务，汇报学生的学习进度，定期总结学生的学习情况和学习成效。可以由教师和家长共同担任平台管理员，按事先制定好的奖惩机制，让全体家长积极有效地参与到学生教育工作中，加强每个家庭和学校的沟通联系。

提供平台，加强指导

要为家长和教师的沟通提供平台，提供空间，建立制度。可以通过家委会、家长学校、家长会、家访、家长开放日活动、告家长书、家庭教育培训班、家校联系热线、亲子活动等，建立多维度的双方沟通渠道。可以利用发达的互联网信息技术建立微信群、QQ群等家校互动平台，高效地与家长沟通交流，完成教育经验分享，实现教师和家长在教育中的共同成长。可选拔和吸纳部分学生家长作为家长代表，聘请专业的教育学者和教育工作者，参与到家长委员会的工作当中，组织具有庞大人数基础的教育经验和教育案例分享论坛，为众多家长输送专业、系统的教育知识和教育理念，推动和谐家校关系的构建。可设立家长委员会驻校值班制度，促成家长对学校管理工作的积极参与，形成齐抓共管的局面。

自测清单

总结这一节的收获，如果你做到了，请在相应内容序号前的括号里标注"★"。

（　　）1. 能够成立班级家委会并积极运转。

（　　）2. 能够对家长认真宣传学校的办学理念。

（　　　）3. 能够建立多元化的通畅的家校沟通渠道。

（　　　）4. 能够制定清晰的家长群管理办法。

（　　　）5. 能够积极听取家长的意见和建议。

（　　　）6. 能够打破家长会班主任一言堂的局面。

（　　　）7. 能够不断为家长提供学习提升的机会。

（　　　）8. 能够为特殊学生制定家庭教育指导方案。

（　　　）9. 能够尽量避免给家长"留作业"。

（　　　）10. 能够与家长平等相处。

55. 和谐共处：不把家长当作出气筒

一个学生负责了一项社会调查工作，干得很出色，受到教师的赞赏，教师决定把他作为一个典型在班级里进行表彰，便邀请他的家长到学校来。但学生的父亲不知道为什么没有来。第二天，学生的父亲打电话来，很抱歉地说："对不起，昨天有点急事，实在去不了，但您放心，我已经揍过他了。"

看到上面的案例，你把它当成一个啼笑皆非的故事吗？

教育是一项系统工程。学校教育和家庭教育相辅相成，两者在教育学生成才的目标上是一致的。家长把孩子送到学校来，是希望学校把孩子培养成有用之才。家庭教育是学校教育的基础，学校教育是家庭教育的补充。但由于教育过程的复杂性、学生个性的差异性、教育方法和手段的多样性，教师与家长在教育上难免产生分歧和矛盾。

部分教师在处理与家长的关系时存在着误区，主要表现为：学生成绩不好，一味责怪家长，拿家长当出气筒，劈头盖脸地进行"再教育"，造成家长与教师的直接对立；不能主动与学生家长沟通联系，很少进行家访；少数教师把自己凌驾于家长之上，甚至当着其他教师的面任意训斥、指责来访学生家长，让家长下不来台；等等。这些现象比比皆是，造成教师与家长的沟通不畅，对立情绪严重。

类似案例中那个家长对到学校见教师感到担心、难堪的情形并不少见。这源于一种思维定式：教师请家长，一定是学生犯了错误；教师请家长，家长难免会挨批。自然，家长对接到教师的"邀请"便会惶惶不安了。

教师和学生家长既然在教育学生成才的目标上是一致的，两者就不存在领导与被领导者、教育与被教育者的关系。有些教师"恨铁不成钢"，学生一出毛病，就把家长请到学校，发顿怨气，批评一通，使家长有"难言之隐"，极大地挫伤了家长的自尊心，直至家长开始不"配合"，达不到预期的教育学生的目的。有些家长屡请不到便是最好的证明。因此，教师要意识到，凡是家长，几乎都要强、爱面子，都希望有个引以为荣的子女。教师绝不该"越位"，批评、训斥家长，把学生的过错强加在家长身上，把对学生的气撒在家长的身上，更不该俨然一个指挥者的形象，居高临下地说：我要你怎么做，你应该怎么做。应该放下教师的架子，心平气和地用商量、征询的口气，向家长解释，主动协调，共同探寻解决问题的途径。

　　许多家长非常重视孩子受教育的状况，对孩子的班主任、科任教师的教育教学水平，总想有个深入的了解。他们通过观察孩子的表现，会相应地对学校教育做出一些评价，但受信息单一和自身认知水平的影响，难免会有些偏颇或不恰当。这时教师要有较强的判别能力，冷静分析是非；在心理上，对家长的意见（有时甚至是尖锐的批评）要有宽广的胸怀，摒弃自己是"专业教育者""我懂你不懂"的一些想法，耐心地倾听家长的意见和建议；同时感谢他们对学校和自己工作的支持。只有这样，以情动人，才能取得家长的信任，达到同家长互相交流、找到最佳教育方法的目的。

　　与家长密切联系，不能只局限于学生出了问题的时候。学生有了进步，或取得了某些成绩，是非常好的教育时机，这时候，把家长请来，会给家长和学生带来更大的信心和上进心。千万不能把家长当作出气筒，当作推卸自身工作责任的借口，否则，我们的工作将不可避免地陷入窘境。

　　破解锦囊

用"尊重"赢得认可

　　首先要尊重家长的人格。把握家长的真实意愿，清晰地表达自己的教学用意，多商量，少指责；多联系，少隐瞒；多关心，少抱怨；多引导，少推脱。鼓励和引导家长及时修正教育方式，建立平等、合作、信任的家校关系。其次要尊重家长的权益，如知情权、发言权、参与权、自愿权、隐私权、子女监护委托权、子女受教育权等。学校的各种收费，政策性部分应当公示，使家长知情；服务性部分应当告知，尊重家长的选择。开学、放假、复课、重大学生活动，必须事前告知家长。子女的学业成绩、在校表现、道德品行、健康状况等情况，家长有知情权、要求隐私保密权。子女在法定在校学习期间，家长有子女监护委托权、子女人身财产受保护权、子女受教育权。尊重了家长的这些权益，不良的家校关系才有可能得到积极改善。

用"理解"赢得和谐

作为教师，要特别理解家长对孩子的关爱之情。因为这份爱，几乎所有的父母都觉得自己的孩子是最棒的，应该得到教师更多的关心和帮助。即使孩子犯了错误，他们也往往认为，这只是孩子一时糊涂，甚至是一种可爱。而孩子在学校碰破一点皮儿，受了一点委屈，家长就会非常心疼和紧张。因此，家长十分在意教师看待自己孩子的态度，这时候，正确地评价孩子就显得十分重要。教师在与家长沟通时，应多站在家长的角度去关心孩子，理解家长的心情，家长就会更容易接受意见和建议，并与教师积极配合。

用"专业"赢得信赖

解决好家校合作问题的关键是学生的认可度。努力提高我们的专业态度和专业水平，与学生和谐相处，用我们的爱心、民主、包容，用我们的博学多识，用我们新颖的教育教学方式去赢得学生才是最关键的。当我们成为学生爱戴的好教师，他们就会帮我们回家宣传，家长就会很快认可我们。这是处理与家长的关系的一副灵丹妙药。

用"智慧"化解分歧

教师与家长之间难免会有一些观点的分歧，要能够把真诚放在首位，将家长视为朋友，尊重家长的意见，虚心听取家长的建议，乐意与家长交谈，那么教师与家长的关系就会比较融洽。对"多事儿"的家长，教师要用平等而细致的耐心来对待家长的挑剔，以宽厚的胸怀来接受孩子家长不同的意见，以积极的态度和方法来改变家长的埋怨。与家长接触的时候，一旦有了什么小摩擦、小矛盾，有了什么没说通的地方，教师应该迅速地走出第一步，先去想自己身上的问题，发挥共情的力量，设身处地地为家长想一想，相信家长过后就能够理解我们的做法。需要注意的是，一旦有了分歧，处理时间不能隔得太久，时间拉得越长，教师与家长之间的隔阂就会越深。

自测清单

总结这一节的收获，如果你做到了，请在相应内容序号前的括号里标注"★"。

（　　）1. 能够在交流时尊重家长的人格。

（　　）2. 能够实事求是地向家长反馈学生的情况。

（　　）3. 能够为家长提供表达自己意见的机会并积极接纳。

（　　）4. 能够站在家长角度理解他们对待孩子问题的想法。

（　　）5. 能够不对学生家长撒气。

（　　）6. 能够在遇到误解时耐心向家长解释。

（　　）7. 能够在遇到分歧时主动反思自己的问题并积极改变。

（　　）8. 能够在面对家长的"挑刺儿"时保持平和心态。

（　　）9. 能够尊重家长的意见，虚心听取家长的建议。

（　　）10. 能够不把学生问题怪到家长头上。

56. 凝聚人心：有效组织家长会

某位教师接手了一个初二年级的"乱班"，由于上任班主任工作不力，这个班级几乎一团糟，班风差，纪律涣散，成绩也一塌糊涂。这位教师心里很急，于是匆匆忙忙地召开了一次家长会，希望通过家长会迅速改变不利局面。在会上，她毫不隐瞒，实事求是地向大家介绍了班级的实际情况，并逐一点出每一个学生身上的问题，毫不留情地批评了部分父母的"不尽心"，几乎把家长会开成了一个"批判大会"。结果，散会后，家长们面色凝重，唉声叹气，都为自己孩子的未来愁眉苦脸。

家长会自然要传递相关的信息，但最终目的是解决问题、凝聚人心。所以，判断一次家长会的成败，有个非常重要的标准，即通过家长会，教师和父母是不是更有信心，合作度更高了。很显然，案例中的这位教师，虽然很负责任，但过多地讲问题，缺乏具体的行动方向和策略指导，给家长群体传递的，不是自己一定能够带好这个班的自信，而是更多的焦虑和担心。这就没有达到家长会的目的，算不上一次成功的家长会。

家长会具有重要的意义，它为家长与教师更好地交流，建立一个平等的大平台。通过这个大平台，为彼此相互沟通，洞悉孩子情况，并据此寻求更加科学有效的教育举措提供机会。

对教师来说，家长参加会议是对自己教育工作的一种支持，有利于通过家长更好地了解孩子的习惯和爱好，做到因材施教，也有助于借此契机对家长进行必要的家庭教育常识的普及，提升家长的家庭教育理念和水平。

对家长来说，能通过家长会更清楚地了解孩子在校期间的学习、表现、优势和不足，了解学校的相关政策，教师的相关要求，有助于更加科学地、有针对性地培养孩子。同时也能结识孩子班级的更多家长，可以随时联系，更好地了解孩子的动向，共同讨论关于孩子某方面出现的问题，得到更多的建议。

对孩子来说，家长来参加家长会，是对自己的重视，有助于了解自己在父母心里的位置，一定程度上激励自己的上进心。

召开家长会，通常要遵循几个原则：不要公开宣读学生个体的考试分数，更不能谈成绩的排名情况；不要点名批评任何一个同学或一部分同学；不要过多地谈班内存在的问题，因为问题还得自己解决。

组织家长会没有僵化的模式，可以根据具体情况进行设计，一般可以包含以下内容和形式：班主任在全班家长面前汇报工作，或各科老师谈需要家长了解的学习状况及要求，以便让家长更好地配合；介绍学校管理的相关要求；学生发言（班干部汇报搞活动的情况，或谈学习经验及方法）；请家长分享家庭教育体会；利用座谈会的形式，讨论一些教育中的疑难问题；等等。

还要特别重视班级的第一次家长会。这是班主任老师最重要的一次亮相，要充分发挥"首因效应"。家长往往会通过这次活动，给你的水平打个分数，直接影响着他们未来对你的信任和支持度。所以，一定要了解更多父母的家庭情况，精心设计，详细准备，充分展示自己的水平。

像那种从头到尾由教师介绍，逐一点评，提出各类要求，布置各种任务，缺少家长的实际参与和信息反馈，家长会一结束，家长就匆匆而去的组织方式，往往不能达到家长会的理想效果。

破解锦囊

要有明确的主题

切忌胡子眉毛一把抓，看似面面俱到，但家长听了，留不下深刻印象。与其开全班的通报性质的家长会，不如分别开些目标更为具体的家长会，如：学生干部家长会（指导学生学习与社会工作两不误，进一步提高整体素养），学习困难学生家长会（指导学生改进学习方法、提高心理素质、不畏困难），进步趋势明显学生家长会（鼓舞干劲，指导学法，注重能力培养，从题海中走出来），纪律较差学生家长会（注重对意志、情感、兴趣、性格等心理素质的培养，完善道德人格）等。主题明确，有助于家长以极大的热情配合教师的工作。

要有精心的准备

会前有邀请信，说明会议的目的、议题、时间安排；接待工作要到位，每个学生的座位上粘贴姓名，这样是谁的家长一目了然，缺席的人数了如指掌；要有发言稿，发言要简洁，语言要浅显，普通话要标准，要做好 PPT。精心的准备本身就是对家长最大的尊重。

要有新颖的邀请

改变生硬冰冷的通知、下命令方式，让家长会通知变得更加温馨、富有新意。比如："尊敬的家长：您好！您的孩子进入小学半个学期了，有什么变化吗？他们适应小学的生活了吗？欢迎您本周五来学校坐坐，看看孩子们的表现，与老师和其他家长谈谈您的困惑、您的教育体会和您的经验。""家长您好：期终考试刚刚结束，您一定非常关注孩子的成绩和孩子在学校学习生活的情况；孩子长大了，在家肯定会有与以往不同的表现，您可能也会有些问题想跟别人交流。请您本周三在百忙中抽时间光临学校，参加我为您和孩子组织的座谈会。希望您带来宝贵的教子经验，与大家分享。"这样的表达会收到更好的效果。

要有温馨的场地

环境布置得整洁些，适当摆放一些鲜花盆景，张贴一些饱含情感的标语。在黑板上可以画一些气球或灯笼的图案，营造家长会的气氛。可以利用多媒体，播放学习和生活中你与学生的系列专题照片、集体活动的照片，让家长看到自己的孩子，感受到一份特殊的亲切。

要有和谐的氛围

注重谈话技巧，切忌语言生硬、态度死板。回答家长问题时要有耐心，做到实事求是，不夸大，不掩饰。对学生的优点要充分肯定，语气要舒缓、亲切，让家长感到教师对他们子女的关心；对学生的缺点错误，不要"告状"，而应严肃指出后果，积极地帮助家长分析学生犯错误的原因，提出矫正的措施和意见，使家长感觉到学校对所有学生一视同仁，让家长能够放心，并乐于配合教师做好工作。

要有具体的内容

可以说学校情况，宣传有关政策，避免误会、隔阂；可以说班级情况，介绍本班所获得的集体荣誉、班风学风，表扬有进步的同学、特长生和优秀学生干部；可以说家校配合，讲清对家长的希望，和家长达成家校配合的共识；可以说学生的成绩和表现，听听家长汇报学生在家里的行为习惯，然后根据学生情况，给家长提一些建议；等等。家长会内容一定要充实，不能空洞。其中一定要渗透着教师的教育思想，包括对家庭教育的认识、对父母角色定位的理解、对父母如何利用家长会信息的指导等，都可以在这个过程中传达给家长。只有讲话到位，才会对家长产生指导作用，得到家长的认可。

要有记录和总结

一定要做好家长会记录，特别是家长提出的问题和建议，便于会后总结、反思，进一步探讨，进行班级工作的优化。

∨ 自测清单

总结这一节的收获，如果你做到了，请在相应内容序号前的括号里标注"★"。

（　　）1. 能够尝试不同形式的家长会。

（　　）2. 能够在家长会前有明确的主题和预设目标。

（　　）3. 能够让家长会为班级发展注入积极力量。

（　　）4. 能够借助家长会传递自己的教育思想。

（　　）5. 能够坚决不把家长会开成"批斗会"。

（　　）6. 能够用家长会的精心准备表达对家长的尊重。

（　　）7. 能够让学生参与家长会的组织。

（　　）8. 能够利用家长会发挥科任教师的作用。

（　　）9. 能够对家长会做好精心设计、精心准备，保证内容充实。

（　　）10. 能够让全班家长积极主动愿意参加你组织的会议。

57. 细致谋划：成功家访的"六步曲"

家访时，我努力挖掘他的闪光点，让家长相信，他不是"一无是处"，只要我们给予他足够的爱心与帮助，他是会变好的。孩子出现这种情况，做父母的也应该负很大的责任，不要看他不顺眼就破口大骂或痛打一顿，那样只能使孩子更远离家长，远离爱，得不偿失。他父母还是比较关心孩子的，在我的耐心劝导下，向我保证以后不再打骂孩子，而用讲道理的方法来教育他。我趁热打铁，向他的父母提了一些建议：鼓励孩子改正以前的毛病，不要沉迷于网络；引导孩子积极融入集体；学会善待他人，学会正确表达情绪。我希望家长尽量抽出时间来，多与孩子沟通和交流，了解孩子的情感需求和想法，抽时间多带他出去玩玩，有进步要给予奖励。孩子和家长都表示会努力做到。最后，孩子还对我说："老师，我会为自己的行为负责，努力学习，不辜负您对我的信任和期望。"那时，我知道我的真诚与爱心已经打动这颗顽石了！

这是一位教师的家访手记。家访是沟通教师、学生和家长心灵的立交桥，是密切教师与学生、教师与家长关系的有效途径。这一传统形式，使学生成长的范围由原来彼此相对独立、封闭的家庭和学校，连通为家校协调的体系，将家长纳入其中，使其成为学校教育的坚固后方。

有些教师觉得都信息化时代了，和家长联系有了更便捷的方式，没有必要家访，或者认为家长很忙，也不愿意教师登门。其实，这是认识上的一个误区。有记者专门做过一个关于家访的调查，大多数家长都希望教师能来家里坐一坐，面对面、平等地交流孩子的学习、生活状况。在这些家长眼里，不管多么便捷的通讯方式，都不如面对面地交流更加真实。

面对孩子，很多具体细致的工作需要家长、教师共同完成，家庭、学校间的密切配合非常重要。作为专门从事教育工作的教师，应主动去获取家长的支持和帮助，适时做好家访工作可以收到事半功倍的效果。

家访有助于教师进一步了解和掌握学生的性格、特长、成长背景和全面表现，对学生的教育会更具针对性。在家访中，教师能真实地了解学生在家中生活、成长的情况，这是学校生活中无法涉及的方面，有利于教师依据学生的实际，改善教学方法，真正达到因材施教。特别是对于"问题学生"，有利于发现他们的长处，找准施教的切入点和突破点。

家访有助于教师了解家长在孩子教育上的认识，对家长教育孩子的方式提出看法并给予指导，有利于家长树立正确的教育观，提高家教水平。

家访有助于赢得家长对教师的尊重，取得家长对自己的支持。当学校教育与家庭教育的方向越趋一致、教师与家长的关系越趋融洽时，所形成的合力就越强大，对受教育者正向的影响就越明显。

家访有助于增强家长和孩子的信心。教师当着家长的面肯定学生的优点，既可以让家长重新认识孩子，也可以给孩子极大的动力。哪怕当着家长的面指出学生的不足，只要不是故意"告状"，也往往可以给学生带去必须改正缺点的责任感和使命感。因为学生看到老师来看自己，会感觉老师心中装着他，这对学生来讲，本身就是一个莫大的鼓励。

通过家访，把一个个名字代表的符号更具象化，这种面对面带来的交流、理解和宽容，是任何社交软件所不能替代的。

破解锦囊

明确家访目的

通常看，家访的主要目的有：及时向家长反映孩子近段时间的表现；了解孩子家庭各方面的情况，家庭教育环境对孩子的影响，孩子在家中的表现；一起探讨孩子的教育问题，指导好孩子的课余生活；增加双方感情，增强相互信任。家访前，教师要有明确的目的：这次家访我准备达到什么效果？解决什么问题？家访的目的是根据班级工作需要确定的，以目标为导向的家访，往往比漫无目的会取得更大的收获。

做好家访计划

家访前做好充分准备，这是家访成功的基础：一要掌握该生及其家庭的有关资料，做到知己知彼、心中有数，例如学生家庭住址、家庭成员关系（单亲、离异）、父母亲工作单位等信息。二要根据学生家庭信息，确定家访的时间和家访的路线。在家访前根据已经了解的情况，选择恰当的家访时间，做好路线设计，以免在家访中走错方向，错过约定的家访时间。需要特别强调的是，由教师自己主动安排家访更有效，这样能够心中有数，把工作做实、做细、做稳、做踏实。

把握谈话内容

一是谈话的内容要有中心，因为家访时间有限，要精心组织谈话内容，突出重点，分清主次，掌握好谈话次序。二是把握好谈话的主动权，要体现出对学生家长的尊重，谈双方感兴趣的教育话题；万一家长谈话过程中离题了，得想办法拉回来，保证在整个谈话中，牢牢把握好谈话的整体思路。三是注意谈话的鼓励性，切记家访不是"告状"，要以鼓励、表扬为主。如果家长责骂孩子，不应该添油加醋、落井下石，应多说点孩子的好话，使气氛缓和下来，大家心平气和地坐下来商量以后应该怎么做。这既有助于回到谈话的主题上来，还能取得学生对自己的信任。

注重三方互动

家访时没有特殊情况，不要避讳学生的存在，否则容易引起学生的误会。可以采取"三方会谈"的方式，在与家长的谈话过程中，让孩子坐在自己身边，对孩子提一些简单的问题，让孩子也参与到对话中。这样，在融洽的气氛中，原本有些敏感的问题，学生也能欣然接受。

突出专业水准

要坚持做到几点：一是"谈缺点必先谈其优点"，不要劈头盖脸地批评学生，要学会转折的表达方式，便于家长和学生接受；二是"有问题必有解决方案"，反映学生身上的毛病，就一定要给出解决问题的"药方"，让家长和学生知道接下来该怎么做；三是"谈自己必先谈学校"，自己的想法与学校的规则、要求保持一致，不能相违背，这样的交流思路更容易被接受、被理解。

做好家访记录

每次家访后，应及时写出详尽的家访记录，把家访过程、家访达成的共识、家访中受到的启发及发现的问题一一记录下来，并根据学生在校内的学习、行为表现，结合家访中了解的材料，对学生进行重新分析评估，明确方案和措施，进一步对学生进行深化教育。

⌄⌄ 自测清单

总结这一节的收获，如果你做到了，请在相应内容序号前的括号里标注"★"。

（　　）1. 能够坚持定期组织家访。

（　　）2. 能够在家访前明确预期目标。

（　　）3. 能够在家访过程中不"告状"，不"诉苦"。

（　　）4. 能够带着解决学生问题的方案进行家访。

（　　）5. 能够借助家访，增强家长和孩子的信心。

（　　）6. 能够在家访前做好精心的备课，突出专业水准。

（　　）7. 能够在家访中始终占据谈话的主导权。

（　　）8. 能够和科任教师一起家访。

（　　）9. 能够做好家访后的记录并及时调整策略。

（　　）10. 能够让你的家访受到家长和学生的欢迎。

58. 多向互动：畅通家校交流的渠道

我刚走上班主任岗位时，有一次非常失败的沟通经历。记得那是一个问题家庭，刚开始，我并不了解那个学生的家庭情况，只知道他们一家人都比较难沟通。父亲是一名退伍军人，对自己所学的一切深信不疑，而母亲曾患有忧郁症，虽然已经痊愈，但与她交谈中，能感受到她对老师有着明显的敌意。第一次与学生母亲的沟通还算成功，她对我产生了信任感，什么都愿意对我说，而我自然也就毫无保留地将孩子在学校的不良表现如实告诉了她。但是我太缺乏沟通经验和技巧，说话太过于直白，这位母亲对我产生了逆反情绪，言谈话语间多了些不愉快，气氛比较尴尬。当天晚上，他父亲下班来到学校找我，问他孩子的适应情况，并为孩子的母亲在下午对我的无理控诉道歉。我跟他说了自己的想法，告诉他，孩子被关注过多，导致无法承受别人对他的批评，逆反情绪过于强烈，除了需要鼓励外，还需要经受一些挫折教育。这时候分歧又来了，他的父亲坚持认为，孩子只要一生快乐，根本不需要什么挫折教育。来来往往中，谈话再次陷入僵局，我与这位家长的沟通失败了。

教师与家长的关系是一种重要的教育资源，双方良好的沟通、合作、互动，可以更好地开发这一教育资源。

良好沟通可以增进教师和家长对学生的了解。教师如果不了解学生在家里的生活情况，就不可能对学生存在问题的原因真正全面了解。家长如果不了解孩子在学校里的情况，也会产生诸多教育的疏漏。只有教师和家长之间有了良好的沟通，才能使双方都对学生有比较全面深入的了解。

家长与教师在沟通中呈现出的关系，也会影响学生接受教育的态度。家长和教师关系不好，在学生面前表现出对教师的不满，批评教师的态度和行为，指责教师知识上的缺陷或教学中的漏洞，都容易造成学生对教师的不信任、不尊敬，甚至抵触和反抗，就会大大降低教师教育的有效性。

就像上述案例中的教师和家长一样，双方往往由于种种原因，造成一些矛盾和隔阂，其根本在于，教师与家长双方缺乏对彼此关系的正确认识。这种不正确的认识有来自家长的，也有来自教师的。

首先是家长存在不正确的认识和态度。一是不关心子女教育。有的家长认为，"教育孩子是学校的事"，尤其是寄宿学生的家长，有相当一部分把孩子"寄存"在学校，就是为了自己可以毫无"后顾之忧"地忙自己的事情，不关心子女的教育，不配合教师的工作。二是认为教师决定孩子的一切。有的家长认为，孩子的学习好坏学校要负责，家庭起不了什么作用。有的家长虽然把希望寄托在子女身上，但往往把子女学习的成败完全归因于教师。三是缺乏沟通，担心孩子在学校的处境。有的家长认为，自己的孩子在教师手中，不敢发表自己的意见和看法，担心教师会对自己的孩子打击报复。四是对教师不信任，在与教师交往时感到紧张和恐惧。

其次是来自学校和教师方面的不正确的认识和态度。有些教师错误地认为，家长将孩子送到学校来接受教育，是有求于自己，和家长没有平等关系，对家长不尊重，任意地向家长提出无理要求，而家长则只能服从，毫无发表意见和建议的权利；有些教师把学生学业和品德上的问题，统统归因于家长管教不严，要求家长对学生的问题负全部的责任，视学生的问题为家长的问题，迁怒于家长；有些教师以权谋利，利用学生作"人质"，向家长收红包或提出无理要求，造成家长对学校和教师的不信任，不愿与教师交往，更不可能有良好的意见沟通。

最后是教师与家长因角色差异而引起的矛盾。对同一个问题，由于教师和家长所站的角度不同，看法也不尽相同。教师面对的是全体学生，而家长关心的则是他自己的孩子；教师强调普遍性，而家长则强调特殊性；教师对学生的评价一般做的是横向比较，而家长对自己的孩子是纵向比较；家长认为自己的孩子已经很努力了，进步很大了，可是教师仍然认为他不够努力，仍然处于后进者的行列。这种差异是很正常的，但它确实经常造成一些矛盾。这就需要教师和家长换位思考，理解对方，矛盾就好化解了。

因此，除了前面提到的家长会和家访之外，应该建立更加通畅的沟通渠道，否则，极有可能使双方的矛盾和隔阂越来越大，互不理解，互相指责，彼此推诿，不仅削弱了学校教育的力量，也削弱了家庭教育的力量。

破解锦囊

利用电话促进家校沟通

定期给不同的家长打电话，沟通学生在校的情况，特别是那些学困生。打电话时注意以下几点：一是多赞美、少批评。没有一个家长喜欢听老师只是诉说罪状。多多表扬学生的优点、成绩，例如"这孩子长得很可爱""孩子挺用功的""小家伙非常机灵、反应很快""孩子可关心集体啦"，越是这样，家长就越有可能听得进孩子的缺点，接受老师的一些意见和建议。二是注意电话中的措辞和语调。打电话看不到对方表情，所有的感觉、印象都来自电话中的声音，不论家长的语气、言语如何，都要控制自己的情绪，自始至终以亲切、自然、流畅的语调，心平气和地与家长交谈。三是千万不能只在学生犯错后打电话，没有特殊情况下的交流，效果会越好。

利用网络促进家校沟通

可以利用网络开通"直播课堂"，让家长通过观看直播的形式，了解更多学校和老师的活动，了解孩子在学校丰富的生活状态。可以利用微信群、QQ群，把班级近来的活动、学生的表现及时发送给家长，并与家长们交流，听取他们的意见和建议，有效地进行班级建设的宣传及教育话题的深入研究。但要注意，一定要建立相关的运行规则，并告知家长。在此基础上，可以建立班级通讯网络，把全班学生分成多个小组，每组设立一个联络员，负责把老师的要求传达给家长，同时家长也可以通过电话或网络，向同学或老师了解情况，形成一种互动交流机制。

利用家校联系卡促进家校沟通

通过家校联系卡，将学生在学校的品德表现、学习情况、家庭作业完成情况，以及其他需要和家长沟通的信息传递给家长。同时家长将学生在家里的情况反馈给老师。特别是对一些"问题学生"，老师、家长能共同发挥督促职责，对学生良好行为习惯的形成有非常重要的作用。

利用校讯通促进家校沟通

利用现代网络平台，学校、老师通过短信，在第一时间将学生在校情况传递给家长，同时还可以将学生的到校、离校时间及时告诉家长，方便、快捷，让不在孩子身边的家长更多地参与孩子的成长。

利用面对面约谈促进家校沟通

适时邀请家长入校，和家长面对面交谈，可以从中获得学生的全面信息。帮助家长了解孩子存在的问题，改进对子女的教育方法，增强家长的责任感。

利用提供家庭教育资源促进家校沟通

为家长提供家庭教育方面的资源，促成家长的学习成长，帮助家长寻找合适的应对孩子问题的基本策略：孩子作业磨蹭，不妨读一读《孩子拖拉磨蹭背后的真相》；家长教育粗暴，推荐看一看《你越吼，孩子越差劲》；青春期的孩子叛逆难管，那就去学一学《重新理解青春期》。通过推荐家长阅读经典好书，能有效对家长进行家庭教育指导，提升教师和家长之间联系的紧密度。

利用传送喜报促进家校沟通

设计班级喜报，把传送喜报作为交流的手段。学生有趣的发言、比赛的结果、好人好事、学习成绩等点滴进步，都可以用喜报的形式向家长汇报。这种形式的交流可以密切教师、学生和家长之间的关系，增强学生的自信心。

▼ 自测清单

总结这一节的收获，如果你做到了，请在相应内容序号前的括号里标注"★"。

（　　）1. 能够主动与家长建立联系。

（　　）2. 能够坚持日常联系家长而不是学生出问题时才联系。

（　　）3. 能够坚决不接受家长的"礼品""礼金"。

（　　）4. 能够给家长提供发表意见与建议的机会。

（　　）5. 能够在任何形式的沟通中保持心平气和。

（　　）6. 能够主动为家长提供家庭教育学习资源。

（　　）7. 能够建立双方认可的家校沟通路径。

（　　）8. 能够定期邀请家长面谈。

（　　）9. 能够制作并使用家校联系卡（本）。

（　　）10. 能够建立清晰的微信群运行规则并执行。

59. 慎请家长：不要用家长来惩罚学生

　　小黄是我们班一名特别让老师操心的学生，学习基础及学习态度很差，平时又好惹是生非，这让我非常着急。看来，必须充分调动家长的力量，光靠老师是远远不够的。可他是单亲家庭，妈妈很忙，在家长眼里，孩子只要能在学校就可以了。我决定找她好好谈一谈。那天，我把家长找来，先是肯定该生的一些亮点，比如有些时候课堂表现还不错，能积极举手发言，平时也很热情，能帮老师做一些小事。然后我指出孩子基础差了些，虽然老师平时有空就会给他辅导，可由于回家不能及时复习巩固，成绩一时难以提高。谈话伊始，我完全站在为学生考虑的角度，为孩子提高成绩着想，家长比较容易接受。随后，我将孩子在学习上的表现告知家长，希望能得到家长的支持。这次沟通，我感觉到家长非常希望配合老师，提高孩子的学习成绩。不久，我又进行了家访，先肯定孩子的进步，同时指出一些问题，一起探讨，教给家长一些具体的解决策略。考试前夕，我又站在家长的立场，指导家长怎样帮助孩子复习。家长非常感激老师做的一切，变得更积极主动地配合老师了。

　　班级管理过程中，请家长到学校解决学生问题，是每个班主任都会遇到的。但是，很多时候，请家长并不能达到预期的合力教育学生的目的，相反，经常发生因为叫学生家长而引发的师生冲突甚至悲剧。

　　我曾见过一个初二的学生，看到班主任把他的父亲请到了学校，凶狠狠地说："是你不要我上学的，我现在就不上了，你记住了！"说完，头也不回地就跑出了学校。后来才知道，这个男孩和父亲矛盾很大，每次他在学校犯了错，都会遭到父亲的暴打。老师请他的父亲来，就被他理解成老师用这种方式来惩罚他，因此无法接受，对班主任充满怨恨。结果，不仅没有达到请家长的目的，反倒让问题愈发难以解决。

因此，教师请学生家长时一定要谨慎。如果真的需要家长参与解决问题，一定要有细致的安排。

首先，要明确请家长的前提。通常情况下，学生是很不愿意请家长来学校的，所以班主任一定要认真思考一下，是否确实需要家长来进行三方交流。如果学生强烈反对，不建议强行直接请家长来。也不建议在学生不知道的情况下，直接通知家长，尤其对性格倔强的学生来说，这往往不是明智之举。当然，如果有了重大违纪，不得不请家长，那就要正式告知学生，让他明白请家长的目的，最大程度地保证实际效果。

其次，要明确请家长的目的。这是我们计划请家长之前必须想清楚的。我们一般会简单地认为，请家长是为了帮助学生解决问题，是为了学生"好"。但这只是我们单方面的理解，关键是学生的看法。如果学生理解为你请家长来是为了教训他，那么从一开始，他就会站到老师和家长的对立面。而且就我的观察而言，我们有些老师请家长的目的，的确抱有惩罚学生的想法。当我们把家长当作了打击学生的"工具"，学生就会敏感地意识到，老师想的并不是要"解决问题"，而是找家长来"解决他的"，痛恨的情绪就容易让矛盾升级。因此，请家长来，要做到让学生明白目的是帮助他解决问题，这点非常关键。这需要我们发现机会或创造机会。比如，一个学生存在各种不良习惯，但总体看都是小问题，平时与老师关系也很融洽，如果贸然请家长就很突兀，会让学生很警觉。但如果在某一次考试中，他的成绩出现了较大的退步，契机就到来了。可以先要求学生分析成绩退步的原因，然后从中寻找家庭因素或家长的问题。一旦找到，提出要家长配合的想法就顺理成章了，也容易被学生接受。在"三方会谈"的过程中，教师要讲究点技巧，可以当着学生的面，提出对家长的一些要求。这样，既有对学生的要求，也有对家长的要求，很显然，让家长来就不再是针对"学生"的，而是针对学生"问题"的，学生通常就能欣然接受。

第三，要明确接待家长的规范。教师要对家长的到来表示感谢，注意穿着得体、言语礼貌，尽可能简洁地交流，不做无关事情而占用家长时间。有人提出接待家长的"六个一"准则，很有参考价值。

做　法	理　由
一张笑脸	微笑能缩短人与人之间的距离，可化解敌意、消除紧张。即便家长在自己忙碌、劳累时未经邀请而来，也一定要笑脸相迎。
一把椅子	主动请家长就座，体现平等、尊重，消除敌意和紧张情绪。如果天气好，征得家长同意后，在校园里边漫步边交谈，也是不错的选择。
一杯水	主动递给家长茶水，让人感到老师的关心。
一双倾听的耳朵	对家长的表达一定要耐心倾听，不随意打断，不过早表达自己的判断。如果家长突然来访，您又马上有课，也可以客气地和家长说明，约定谈话时间。
一条具体可行的建议	"回去好好教育孩子"这样的话，不会产生任何效果，给家长的建议必须具体可行，才能让家长明白我们的意图并采取行动。
一纸记录	与家长的谈话，包括电话往来，必须留下记录，方便我们建立家校联系档案，而且也保留了我们工作的第一手资料。一旦和家长发生分歧、争执，这些记录可以很好地帮助我们回忆细节、澄清事实。

> ∨ 破解锦囊

因为矛盾事件接待家长时，双方关系容易紧张，如果处理不当，很容易发生矛盾冲突。可遵循以下步骤进行交流：

第一步：允许家长充分表达

面对怒气冲冲或敌意甚浓的家长，第一件事就是要请家长充分表达："您的孩子做了这件事，学校准备给处分，您对这件事怎么看？""您别着急，请坐下，把事情详细讲给我听听好吗？""您的孩子回家跟您都说了什么？您希望怎么处理这件事？"工作要点：在家长倾诉的时候，一定要耐心、专心地倾听，家长的怨气很有可能在倾诉时得到释放直至消除。一定不要心急，在倾听时，可以有时间揣摩家长的需求，找到家长的顾虑，有的放矢地开始下一步谈话。有经验的老师会在家长停下来时，根据需要引导家长继续说下去："您刚才说到……是这个意思吗？""有个细节，您能再详细讲讲吗？"让家长充分表达，这是取得会面成功的法宝。需要注意的是，如果我们对事情的详情不甚了解，谈话应该先暂停。我们可以和家长说："您反映了××同学和您孩子之间的矛盾，我很重视，今天咱们先谈到这儿，我需要问问××同学，然后再和您联系。"这样就避免只听一面之词，处理失当。

第二步：就事论事讲清规则

"按照学校的校规，考试作弊的行为应该受到纪律处分。"这种通报是必需的，这是我们开展工作的依据。向家长通告这些内容时，态度要诚恳而坚决。如果学生在场，我们也可以问："××，你说说看，按照校规，你的行为该怎样处理？"如果家长提出了超越规则的要求，自己把握不好，可以说："您说的这件事我很重视，您先等我一会儿，我向学校领导汇报一下。"当事情自己拿不准时，一定要及时上报。这样，就不至于造成因为家长的请求没有得到回应而使矛盾升级。

第三步：关注家长核心问题

往往第二步还没结束，家长就会插话，帮助孩子解释，甚至为孩子求情。即使我们在倾听阶段已经掌握了足够的信息，我们仍然应该让家长充分表达。一来表示我们对他的尊重；二来可以印证我们的判断是否准确。家长说完后，我们可以针对他最担心的问题予以解释。比如，我们可以这样说："您顾虑对孩子的处分会记入档案，将来影响孩子一辈子。我可以负责任地说，如果孩子改正了错误，处分可以撤销，撤销后孩子的档案中是不会有记录的。"也可以这样说："您担心公布对孩子的处分，会引起同学们对她的嘲笑，我们也想到了这一点。根据这件事的具体情况，学校决定，对孩子的处分只限于自己班级内，不在全校公布。我们一定会选择最有利于孩子的教育方式。"这样抓住家长关心的核心问题，既让家长感觉到老师了解他的想法，在主动化解他的难题，也为后续的谈话奠定了基础。

第四步：跳出事件予以升华

这个阶段的目的，在于引导家长平和心态，告知家长专业知识，为今后家校合作的良好开展做铺垫。"您觉得孩子不是故意打碎玻璃的，赔偿起来有点儿冤，这我能理解。但我们如果抓住这个机会，从赔不赔钱、赔多赔少上跳出来，教育孩子做事稳重、勇于承担责任，那我们就站得比孩子高了。在让孩子今后成长得更顺利这一点上，咱们家长、老师是一致的。"

⌄⌄ 自测清单

总结这一节的收获，如果你做到了，请在相应内容序号前的括号里标注"★"。

（　　）1. 能够坚持不为了赌气、发泄情绪而请家长。

（　　）2. 能够做到请家长时照顾到学生的态度。

（　　）3. 能够不把请家长当作惩罚学生的手段。

（　　）4. 能够在请家长前征得学生同意。

（　　）5. 能够在接待家长时做到有礼有节。

（　　）6. 能够不冷落家长。

（　　）7. 能够给出家长解决孩子问题的具体建议。

（　　）8. 能够做好与家长交流的必要的记录。

（　　）9. 能够耐心倾听家长的想法，不轻易打断。

（　　）10. 能够在面对情绪较大家长时讲求沟通策略。

60. 组建核心：发挥家委会的关键作用

某中学家委会以为教室安装空调为由，强制家长"众筹"购买校方指定空调的事情，引发舆论热议。一时间，发生在幼儿园、中小学家委会中的部分乱象被曝光。家委会，一座连通学校与家长的便捷之桥，正逐渐变为家长们相互攀比、众筹送礼、独裁控评的"一言堂"，偏离了建立初衷的家委会，岂能不让人嗟叹？不正之风，绑架了家长为孩子一味付出的心理。许多家长表示，加入家委会后，自身工作之余，还要被安排完成学校卫生评比前的大扫除、校门口值守、午睡值班等杂事，或是假借各类名义，收取班费购买教辅资料，家长们常常有苦难言。

家委会在教育教学中发挥着巨大的作用，让家长充分参与学校和班级管理，有效体现家长对学校教育教学工作的知情权、评议权、参与权和监督权，完善学校、家庭、社会三位一体的教育体系，能够营造良好的教育环境，促进学生的全面发展。但就像前文案例所讲，在家委会的建设和作用发挥上，存在着各种问题：

一是思想认识不足。部分教师还没有意识到家长是重要的办学力量，班级管理上也没有家长参与的概念，单纯把家长当作被教育的对象。即使组成家委会，也是为了应付学校要求，随便找几个家长捏合在一起，没有发挥任何实质性的作用。

二是功能定位有误。设立家委会，是为了解决教育责任缺位，以及家校信息不对称等问题。然而，大多数家委会变成了学校扩展"资源"的工具，谁的官大、谁能协调的社会资源多，谁就加入家委会，出现了媒体家长管宣传、运输公司家长管交通工具、景区家长管门票、文化部门家长管活动场地、餐饮家长管接待的局面。有的家委会成了学校践踏上级政策红线的挡箭牌，学校不能干的事让家委会来干。节假日补课让家委会牵头，教辅资料征订让家委会组织，有些收费以家委会名义收取，涉及学生安全的活动责任让家委会承担。而家委会推进学校民主管理、维护受教育者权益的本质工作，却基本没有体现。

三是机构成为附属。家委会成员基本由班主任指定，代表性不强，大多只能利用自己的工作便利为班级提供一些帮助，根本没有独立开展活动的权利。家委会基本成为"摆设"，纯粹是为了应付上级检查，把家委会成员当成减负、资料征订、收费等方面的信息通报员，家校矛盾的化解员。

四是工作形式主义。缺乏实质性的对学校、对班级工作的介入和参与，家委会应该做什么、应该怎么做，没有要求，更提不上有效的督查措施。更多时候就是帮老师打打下手，做做服务，协助老师开展一些文体活动，造成家委会的工作有名无实。

家委会能发挥多大作用，主要取决于教师的认识程度。我们必须转变观念，把家长当作教育孩子的"同盟"。家委会成立后，主动把家委会推到台前，在各种场合树立家委会的形象，明确他们的管理地位，使其真正参与各个方面的班级工作。这样才能发挥家委会的"核心力量"。

要界定家委会的职责，明确具体分工，建立家委会运行机制，使家委会的工作正常开展。家委会日常工作的开展应该围绕四个关键词展开：

一是"沟通"。及时让家长了解自己工作的计划、重点和难点。家委会也及时把他们的意见、建议和工作打算向班主任反映，进行双向沟通。

二是"协调"。家长的意见不便直接向学校反映，可通过家委会提出。班级面临的困难和对一些问题的处理，也可由家委会向家长做协调工作，增进相互理解和信任。

三是"谋划"。家委会的谋划，是在沟通、协调的基础上，群策群力，想办法，出主意。一旦形成方案，就分头去落实。

四是"反馈"。组织家委会，经常把家长意见反馈给班级，让他们参与班级工作的管理。如通过网上家长学校、调查问卷、家长座谈会等形式反馈信息。

总之，家委会是教师管理最可靠的同盟军。完善家委会建设机制，发挥家委会的功能，是一个系统而艰巨的工程，需要不断探索和改进。

破解锦囊

精选人才，组建家委会

虽说家委会成员无职无权无待遇，但并不是随随便便找个人就能胜任的。班主任在全面调查了解、做好家访工作、掌握一手材料的基础上，要将具备热心、爱心和能力、实力的家长选入家委会，或进行家委会成员的竞聘，使真正优秀的家长成为班级管理的组织者、指挥者、领导者。

定期会议，提高共识度

每学期至少举行一次家委会专题会议，由班主任向家委会做出工作汇报，并就班级建设、学生培养等充分交流，广泛征集意见建议，在重要问题上达成共识。会议要精心准备，从主题确定、通知起草下发，到科任教师的邀请、时间地点的安排、会后的宣传报道，要一一做好部署，用仪式感凸显家委会的重要地位。

加强培训，增强胜任力

定期举办家委会培训活动，推荐优秀家庭教育著作，分享阅读体会和感受，以促进家长提高自身水平，真正成长。利用家长会、家长进课堂、参加校园活动等机会，组织家长学习家庭教育的理念、方法，宣传家庭教育的重要作用，不断提高家委会的工作技能和工作效率。

融入班级，成为管理者

家委会成员常态化参加班级的有关活动，为活动提供帮助与支持，了解班级各项规章制度，督促班级教育教学的规范运作。家委会成员有权随时出入学校，到班级进行考察，向班主任提出合理化建议。对于学校和班级管理的一些举措，要及时向委员传达，征求意见，以取得家长的理解和支持。在这个过程中，扩大家委会的影响力，提高家委会在家长中的地位。

维护班级，成为宣传员

通过家委会辐射家长，使家长们真实、客观、公正、全面地宣传、介绍班级教育教学情况，提升家长对班级、对教师的认可度。

维护安全，共筑防火墙

家委会定期、不定期地检查各项安全防范措施的落实情况，及时反馈安全隐患以及可采取的措施，参与上学放学的安全疏导工作，为校园安全提供必要的帮助。

自测清单

总结这一节的收获，如果你做到了，请在相应内容序号前的括号里标注"★"。

（　　）1. 能够正常组建家委会，并扩大其影响力。

（　　）2. 能够形成清晰的家委会职责和运行机制。

（　　）3. 能够主动借助家委会的力量来参与班级管理。

（　　）4. 能够定期组织家委会会议。

（　　）5. 能够定期向家委会通报班级工作情况。

（　　）6. 能够认真听取家委会提出的意见和建议。

（　　）7. 能够组织家委会听课、参与学生的各类活动。

（　　）8. 能够借助家委会做好班级管理制度等的宣传。

（　　）9. 能够借助家委会适当处理一些家校矛盾。

（　　）10. 能够与家委会成员保持常态化的沟通。

后　记

　　当新年的第一缕曙光照亮天空的时候，这本书正式完稿了。冬天，是最适合我干活儿的时间，这一次又验证了我一直以来这个莫名其妙的观点。

　　这个冬天，天气变化频繁；2022 年这个特殊的年份，诸多的不确定性冲击和考验着我们每一个个体。而这也恰恰淬炼出这一年我的关键词——"多变"与"敢于尝试"。

　　离开工作了 32 年的校园生活，我开始了新的闯荡和探索。

　　细想想，自己也算个"不够安分"的人。粗略划分一下，我的工作周期恰好可以分为五个"八年"：第一个八年，乡村教师；第二个八年，语文教研员；第三个八年，公办学校管理人员；第四个八年，民办学校校长；而第五个八年，我离开学校，以另外一种身份开启自己的教育之旅，算是"跳出庐山"，寻找新的风景吧。而恰恰是这个八年之后，我将迎来传统意义上的退休……

　　跳出舒适区，直面未知的世界，是选择，也是宿命。我一直相信，越是在艰难与不确定面前，人的呈现生命力的渴望与冲劲就会越大。

　　这一年，我背着简单的行囊，在城市，在乡村，在"殿堂"，也在"庙宇"，游走在大江南北，一个人的旅途与一群人的梦想交织在一起，生命被一次次点燃，教育信仰也愈发坚定。他人眼中，忙碌而疲惫；而我的内心，新鲜而蓬勃。舞台上教育主张的宣讲、校园里与老师们的交流、教室内与孩子们的会心一笑、灯光下一个人苦苦地思索，让一个崭新的我破壳而出——尽管对这个"新我"最终的样子一无所知，但那又怎样？刀口一样锋利的世俗世界并没有切割掉我灵魂中的坚毅与丰盈，"新"的生命又为我注入了无尽的可能与希望。不曾停滞，一路风雨一路歌，人生，还有什么比这更重要？

这一年，对教育的无奈和不堪，我也有了更深切的体悟。这甚至是我以前身处教育现场时从未体会过的。不同区域，不同文化，教育千差万别，良莠不齐。而我只是心疼那些孩子，那些在教育的苍白里苍白成长的孩子。存于一隅，尽己所能，我一次次走到孩子们身边，躬下身子，轻轻拍着他们的肩膀，传达着一份温暖与渴望。我一次次"向世界发出自己的声音"，哪怕渺小孱弱，我仍然相信，这正是改变世界的终极力量。

这一年，不是一段可以用时间概念来衡量的路，而是一段心灵之旅。教育，让我爱恨交加，却又欲罢不能，或许，我早已习惯了与它相依为命，夹杂其间的，只有复杂的情感与深深的热爱。我期待这是一种回归，是一种确认自己存在的方式。一个人，只有在回归自我的路上，才有实实在在的存在感，才不会由于"虚无"的缠绕而迷茫、彷徨、恐惧。这种回归的实质，就是教育者自身的觉醒，就是教育者由内而外散发出的一种光芒，就是教育者成为真正的自己，与爱、与美、与公平、与正义，同在。

世界上有两种最耀眼的光芒：一种是太阳，一种是我们努力向上的样子。

而我们的努力，就是让教育者成为教育者。于皆浊中独清，于混沌中澄明，于迷醉中独醒，于挑战中超越，这才是教育的希望。

教育的希望，在你，在我！

王福强

2023 年 1 月

图书在版编目（CIP）数据

教育挑战与超越：给教师的 60 个成长锦囊／王福强著．
—上海：华东师范大学出版社，2023
ISBN 978-7-5760-3750-0

I. ①教 …　II. ①王 …　III. ①教育工作　IV. ① G4

中国国家版本馆 CIP 数据核字（2023）第 043032 号

大夏书系 ｜ 教师专业发展

教育挑战与超越：给教师的 60 个成长锦囊

著　　者	王福强
责任编辑	卢风保
责任校对	杨　坤
封面设计	淡晓库

出版发行	华东师范大学出版社
社　　址	上海市中山北路 3663 号　邮编 200062
网　　址	www.ecnupress.com.cn
电　　话	021-60821666　行政传真 021-62572105
客服电话	021-62865537
邮购电话	021-62869887
地　　址	上海市中山北路 3663 号华东师范大学校内先锋路口
网　　店	http://hdsdcbs.tmall.com/

印 刷 者	北京季蜂印刷有限公司
开　　本	700×1000　16 开
印　　张	19
字　　数	282 千字
版　　次	2023 年 5 月第一版
印　　次	2023 年 5 月第一次
印　　数	6 100
书　　号	ISBN 978-7-5760-3750-0
定　　价	68.00 元

出 版 人	王　焰

（如发现本版图书有印订质量问题，请寄回本社市场部调换或电话 021-62865537 联系）